国際保険取引の法的課題

国際保険取引の法的課題

―― 海外直接付保規制と保険契約準拠法 ――

吉 澤 卓 哉

学術選書
256
保険法

信 山 社

は　し　が　き

　日本および多くの諸外国において，保険契約は，基本的には自由な越境取引が禁止されている。そのためであろうか，国際的な保険取引は原則として存在しないと考えられてきており，国際的な保険契約に関する法学研究は従来，十分にはなされていない。例外的に自由な越境取引が認められている外航船舶および外航貨物に関する海上保険において，日本の保険会社が使用する保険約款では準拠法の分割指定が行われているが，分割指定自体の有効性や限度が議論されてきた程度である。

　このように自由な越境保険取引が原則として禁止されているとしても，少なくとも次の2点に関して，保険の国際的側面に関する法学研究を深める必要があると思われる。第1は，保険の自由な越境取引を禁止する法的枠組みである海外直接付保規制や免許制に関する研究である。仮に規制目的に正当性が認められるとしても，規制の合理性や規制間の整合性が問われるべきだからである。第2は，海上保険以外の国際的な保険契約に関する契約準拠法に関する研究である。越境保険取引が禁止されているとしても，当該規制に違反して保険契約が締結されてしまうことがあり得るので，そのような保険契約の準拠法が問題となるからである。本書は，この両論点，すなわち，国際的な保険取引に対する監督規制のあり方と，国際的な保険取引に関する契約準拠法の捉え方を検討するものである。

　なお，国際的な保険契約に関して今後も議論を深めるべき法的論点としては，本書で取りあげたもの以外に，一つには，保険法（平成20年法律56号）で創設された保険先取特権（保険法22条1項）の準拠法がある。ただ，この論点に関しては筆者自身が既にまとまった論稿を著しており（吉澤（2019）），また，裁判例が現れたことにより国際私法学者の研究も期待できるので，本書では取りあげなかった。もう一つには，国際私法に保険契約に関する契約準拠法の特則が存在する場合には，国際私法における保険契約概念が問われることになる（Yoshizawa（2024））。ただ，今のところ法の適用に関する通則法にそのような

v

はしがき

特則を設けることは予定されていないので，将来の課題となろう。

　本書の各節は，既発表論文を基礎とするものであるが，全てを見直したうえ
で，書籍として一貫性のある記述に改めている。なお，第2章第3節の基礎と
なる論文は，横溝大教授（名古屋大学大学院法学研究科）との共著論文（吉澤＝
横溝（2018））が基盤となっている。この場を借りて謝意を表したい。

　本書出版にあたっては京都産業大学出版助成金の助成を受けた。

　最後になってしまったが，かように営利性の乏しい専門書の刊行をご快諾い
ただいた信山社の今井貴社長と稲葉文子取締役，そして，丁寧にご助言をくだ
さった同社編集部の今井守氏と疋田剛士氏にお礼申しあげる。

2024年10月吉日

吉 澤 卓 哉

目　　次

序 ………………………………………………………………………… 3

第 1 章　国際的な保険取引に対する監督規制のあり方

第 1 節　海外直接付保規制のあり方(1)
── 海外保険者に対する参入規制の整合性の観点から ………… 9

1　本節の目的 ………………………………………………………… 9

2　外国保険会社免許制と海外直接付保規制の関係 ……………… 10

　(1) 外国保険会社免許制 ………………………………………… 12

　　①　「保険業」(13)

　　②　「外国保険業者」(17)

　(2) 海外直接付保規制 …………………………………………… 19

　　①　保 険 契 約 (21)

　　②　「外国保険業者」(23)

3　日本への進出形態による海外直接付保規制の相違 ………… 26

　(1) 外国保険会社免許を受けていない「外国保険業者」………… 27

　　①　海外直接引受の可能性 (27)

　　②　海外直接引受の方法 (30)

　(2) 外国保険会社免許を受けた「外国保険業者」……………… 31

　　①　海外直接付保規制 (31)

　　②　海外直接付保規制に関する複数の捉え方 (32)

　　③　海外直接付保規制の規制内容 (35)

　(3) 日本に内国保険会社を設立して日本に進出している
　　「外国保険業者」………………………………………………… 36

　(4) その他の内国保険会社 ……………………………………… 38

vii

目　次

　　(5) 検　討………………………………………………………… 40

　4　小　括…………………………………………………………… 43

第2節　海外直接付保規制のあり方(2)
　　── 通信による越境保険取引規制の観点から …………… 47

　1　本節の目的……………………………………………………… 47

　2　日本の規制内容と環境変化…………………………………… 49

　(1) 外国保険会社免許を受けた「外国保険業者」…………………… 50

　(2) 外国保険会社免許を受けていない「外国保険業者」………… 51

　(3) 保険の越境取引をめぐる環境変化 ………………………… 53

　3　先進国における越境保険取引規制の概要………………… 56

　(1) EU/EEA …………………………………………………… 57

　(2) フ ラ ン ス ………………………………………………… 59

　(3) ド イ ツ …………………………………………………… 60

　(4) 英　国 ……………………………………………………… 63

　(5) 米　国 ……………………………………………………… 66

　　　① 規制の概要（66）

　　　② ニューヨーク州の規制（68）

　　　③ サープラスライン規制（70）

　4　証券分野における越境取引規制の概要………………… 72

　(1) 海外の規制動向……………………………………………… 73

　(2) 日本の規制動向……………………………………………… 74

　5　検　討……………………………………………………… 76

　(1) 通信越境取引に関する先進諸国の規制枠組み ……………… 76

　(2) 海外直接付保規制の維持…………………………………… 79

　(3) 海外直接付保規制の検討課題……………………………… 81

　　　① プロに関する適用除外の創設可否（82）

　　　② 自発的アクセスに関する適用除外の創設可否（84）

　　　③ 海外直接付保に関する保険募集規制の明確化（88）

viii

目　次

④　海外直接付保規制違反契約の効果規定の創設（91）

6　小　括……………………………………………………………95

第3節　日本の事業会社によるキャプティブ 保険会社の設立・利用……………………99

1　本節の目的…………………………………………………………99

2　キャプティブ保険会社の設立………………………………………101

(1)　日本国内で設立する場合（内国キャプティブ）………………101

①　内国元受キャプティブ（101）

②　内国再保険キャプティブ（103）

(2)　海外で設立する場合（海外キャプティブ）……………………107

3　リスク移転契約の法的性質…………………………………………107

(1)　内国キャプティブ…………………………………………………108

①　内国元受キャプティブ（108）

②　内国再保険キャプティブ（111）

(2)　海外キャプティブ…………………………………………………113

①　海外元受キャプティブ（113）

②　海外再保険キャプティブ（114）

4　親会社・キャプティブ保険会社間の通謀…………………………116

(1)　元受キャプティブ —— 保険引受等の信頼性…………………116

(2)　再保険キャプティブ —— 特別利益の提供等…………………117

5　キャプティブ保険会社の倒産リスク………………………………120

(1)　キャプティブ保険会社に特有の問題……………………………120

(2)　エージェンシー問題………………………………………………121

(3)　フロンティング保険会社の保険契約者保護のための 出再規制………………………………………………………123

6　小　括………………………………………………………………125

ix

目　次

第 2 章　国際的な保険取引に関する契約準拠法の捉え方

第 1 節　外国居住者を保険契約者兼被保険者とする生命保険契約の準拠法 ………………………… 133

　　1　本節の目的 ……………………………………………………… 133
　　2　本件裁判の概要と検討の進め方 …………………………… 134
　　　(1) 東京地判平成25年 5 月31日の概要 …………………… 134
　　　(2) 検討の進め方 ……………………………………………… 137
　　3　準拠法条項が存在する場合 ………………………………… 140
　　4　黙示指定の一般的な存否 …………………………………… 142
　　5　準拠法指定が存在しない場合 ……………………………… 146
　　　(1) 法例施行下で締結された保険契約 …………………… 146
　　　　① 保険者の事業所所在地（147）
　　　　② 付保対象リスクの所在地（148）
　　　(2) 通則法施行下で締結された保険契約 ………………… 152
　　6　消費者契約の特例の適用可否 ……………………………… 152
　　7　外国で提訴された場合 ……………………………………… 155
　　　(1) 裁判管轄 …………………………………………………… 155
　　　(2) 準　拠　法 ………………………………………………… 158
　　8　小　　括 ……………………………………………………… 160

第 2 節　短期在留外国人を保険契約者兼被保険者とする定期保険契約が本国帰国後に更新されたときの更新後契約の準拠法 ………………………………… 163

　　1　本節の目的 ……………………………………………………… 163
　　2　更新後定期保険契約の独立性 ……………………………… 168

3　更新後定期保険契約の準拠法 ………………………………… 172
　（1）黙示の準拠法指定 …………………………………………… 172
　（2）準拠法選択がない場合 ……………………………………… 174
　　　① 現実の履行地を「債務履行地」と捉える立場（176）
　　　② 契約上の履行地を「債務履行地」と捉える立場（181）
　　4　小　括 ………………………………………………………… 188

第3節　外国の越境保険取引規制の特別連結 ………………… 195

　　1　本節の目的 …………………………………………………… 195
　　2　第三国の越境保険取引規制の特別連結 …………………… 197
　（1）第三国の強行的適用法規の特別連結 ……………………… 197
　（2）第三国の越境保険取引規制の強行的適用法規性 ………… 198
　　3　外国人を被保険者とする死亡保険契約に関する2件の
　　　裁判例 ………………………………………………………… 198
　（1）保険金請求事案 ……………………………………………… 198
　（2）保険契約無効確認請求事案 ………………………………… 200
　　4　越境保険取引規制の特別連結 ……………………………… 205
　（1）海外渡航による越境保険取引規制違反契約の締結 ……… 205
　（2）日本居住者が越境保険取引規制違反を犯す場合 ………… 206
　（3）外国居住者が越境保険取引規制違反を犯す場合 ………… 210
　　5　小　括 ………………………………………………………… 214

結　び ……………………………………………………………… 217

　参 考 文 献（223）
　判 例 索 引（237）
　事 項 索 引（239）

xi

国際保険取引の法的課題

序

　国際的な保険取引に関する法律問題を扱う著書や論文は非常に少ない。その一方で，保険実務においては，切迫した問題である。保険監督法に違反すると，保険会社自体が行政処分を受けたり罰則を科されたりする可能性があるからである。また，保険契約法に関しても，保険契約の準拠法としてどの法域の法が適用されるかは，保険給付の可否等に直接影響するからである。

　そこで，本書では，まず第1章において，国際的な保険取引に関する保険監督法の論点を取りあげる。

　国際的な保険取引（以下，越境保険取引ともいう）は，海上保険・航空保険と再保険を除き，日本のみならず，ほとんどの諸外国（各法域を含む。以下，同じ）においても制限されている。そして，越境保険取引を制限する法的枠組みとしては，保険業の免許制で対応する国と，海外直接付保規制で対応する国とがある。ところで，日本は海外直接付保規制を基に国際的な保険取引を原則として禁止している。そのため，越境保険取引の規制に関する研究の中心課題は，海外直接付保規制のあり方の検討となる。

　具体的には，第1節「海外直接付保規制のあり方(1)── 海外保険者に対する参入規制の整合性の観点から」では，日本の保険市場への参入規制の観点から海外直接付保規制の分析と検討を行う。第2節「海外直接付保規制のあり方(2)── 通信による越境保険取引規制の観点から」では，インターネットなどの通信を用いた，日本と海外との越境保険取引に関する規制の観点から海外直接付保規制の分析と検討を行う。第3節「日本の事業会社によるキャプティブ保険会社の設立・利用」では，内国キャプティブ・海外キャプティブ，元受キャプティブ・再保険キャプティブのそれぞれについて，日本の事業会社がキャプティブ保険会社を設立したり利用したりすることに対する規制のあり方を検討する。ここでキャプティブ保険会社を取りあげるのは，キャプティブ規制のあり方が，海外直接付保規制のあり方と深く関連しているからである。

　次に第2章において，国際的な保険取引に関する保険契約準拠法の論点を取

3

序

りあげる。

保険契約の準拠法に関しては，日本の保険会社が使用する英文海上保険約款における準拠法の分割指定（日本法と英国法）が裁判で取りあげられ（東京地判昭和52年5月30日・判時880号79頁，東京高判平成12年2月9日・判時1749号157頁，東京地判平成13年5月28日・判タ1093号174頁，東京地判平成14年2月26日・判例集未登載（LEX/DB28082189）），また，分割指定（dépeçage）自体の有効性や限度が学者によって盛んに論じられてきた。他方，海上保険以外の一般的な保険契約に関しては，準拠法に関する議論がほとんどなされていない。日本の損害保険会社が使用する保険約款には日本法を準拠法とする準拠法条項が存在しているからであろう。また，日本の生命保険会社が使用する保険約款には準拠法条項が存在しないものの，日本の生命保険会社が日本国内で締結する保険契約に関しては，日本法が準拠法となることが当然のように考えられてきたからであろう。けれども，渉外性のある事案に関しては，その契約準拠法を仔細に検討すべき場合があると考えられる。

特に，生命保険契約に関しては，たとえ日本居住者と思われる者を保険契約者兼被保険者として日本国内で保険契約が締結されたとしても，契約締結時において実際には海外に居住している者であるかもしれない。あるいは，契約締結時においては日本居住者であったとしても，その後に海外へと移住したり帰国したりすることもある。また，上述のとおり，日本の生命保険会社が使用する保険約款には準拠法条項が存在しないことが多い。こうした事情からすると，特に生命保険契約の準拠法に関する検討が不可欠である。

そこで，第1節「外国居住者を保険契約者兼被保険者とする生命保険契約の準拠法」では，外国居住者を保険契約者兼被保険者として，日本の生命保険会社が日本国内で締結した生命保険契約について，その契約準拠法を検討する。第2節「短期在留外国人を保険契約者兼被保険者とする定期保険契約が本国帰国後に更新されたときの更新後契約の準拠法」では，短期在留外国人を保険契約者兼被保険者として日本の生命保険会社が日本国内で定期保険契約を締結したものの，当該保険契約者兼被保険者が本国帰国後に更新された更新後契約について，その準拠法を検討する。これらの検討によって，外国居住者や外国人を保険契約者や被保険者として日本の生命保険会社が引き受ける生命保険契約

4

に関しては，外国法が準拠法となることもあり得ることが判明する。

　ところで，そのような生命保険契約は，当該外国の監督法の立場からすると，第1章で検討したとおり，免許制違反や海外直接付保規制違反と評価されるべきものとなる可能性がある。そのため，そのような生命保険契約について日本の裁判所が裁判を行う場合には，当該外国の保険監督法を特別連結すべきか否かが理論的には問題となる。そこで，第3節「外国の越境保険取引規制の特別連結」では，越境保険取引に関する外国の保険監督法を強行的適用法規として特別連結すべきか否かを検討する。

　最後に，「結び」において本書を総括する。

第 1 章

国際的な保険取引に対する
監督規制のあり方

第1節 海外直接付保規制のあり方(1)
── 海外保険者に対する参入規制の整合性の
観点から

1 本節の目的

日本に所在・居住する事業者や消費者が私保険に加入する場合，日本におい
て事業を行っている保険会社と保険契約を締結するのが一般的である。けれど
も，海外で事業を行っている保険者と直接に契約交渉を行い，保険契約を締結
する事態も想定し得ない訳ではない。こうした場合に適用され得るのが保険業
法（以下，本章において単に法ということがある。また，同法施行令，施行規則を
単に令，則ということがある）で規定されている海外直接付保規制である（法
186条1項，185条6項）。

ところで，海外保険者が，日本に居住する人や日本に所在する財産等に係る
保険契約を引き受けるには，海外から直接引受を行う方法の他，日本に「支店
等」を設けて外国保険会社免許を受けたうえで日本国内において保険引受を行
う方法や，日本に保険会社を設立して内国保険会社免許を受けたうえで日本国
内において保険引受を行う方法もある。したがって，海外直接付保規制のあり
方を検討するには，保険契約者保護を確保するだけでなく，海外の保険者によ
る日本市場参入に関する規制構造全体の整合性を確保する必要がある。そして
同時に，いわゆる日系の内国保険会社との競争条件の均衡にも配慮する必要が
ある[1]。

けれども，こうした観点からの研究は，特に旧・外国保険事業者に関する法
律（以下，旧外者法という）を取り込んだうえで保険業法が大改正された1995
年以降を見ても，十分にはなされていないようである（そもそも，海外直接付

---

[1] 外国保険事業者規制の理念確定にあたっては，保険契約者保護の視点とともに，自
由な国際的競争の促進の視点が重要だとされている。落合（1992）252-256頁参照。

第1章　国際的な保険取引に対する監督規制のあり方

保規制（1963年導入）に関する研究の蓄積自体が少ない）。1995年保険業法改正時に立法論としていくつかの研究がなされたものの[2]，改正後の保険業法に関しては，改正法全般に関する解説を除けば[3]，海外直接付保規制あるいは海外保険者の参入規制に特化した研究としては木下（2002）と吉澤（2013）が存在する程度である。

　そこで本節では，吉澤（2013）を基にして，いわゆる日系の内国保険会社との競争条件の均衡に配慮しつつ，海外保険者による日本保険市場参入に関する規制構造全体の整合性を検証することにより，海外直接付保規制のあり方を検討することにする。以下では，まず，海外保険者が日本の保険市場にアクセスする方法を，保険業免許を取得して日本において「保険業」を行う方法と，海外から直接引受を行う方法に大別し，両者間の規制の整合性を検討する（次述2）。次に，「外国保険業者」に対する海外直接付保規制には2種類のものがあるが，さらに海外直接付保規制の適用を受けない内国保険会社も含めて，規制間の整合性を検討する（後述3）。そして最後に結論を述べる（後述4）。なお，本節では法令用語の意味内容の検討も行うので，定義された法令用語として記述する場合にはカギ括弧を付した。

2　外国保険会社免許制と海外直接付保規制の関係

　ここでは，海外保険者が日本の市場にアクセスする方法を，保険業免許を取得して日本において「保険業」を行う方法と，海外から保険契約の直接引受を行う方法に大別したうえで，両者に関する規制内容の整合性を検討する。詳細は以下で述べるが，免許制と海外直接付保規制の内容を一覧にすると，【表1：海外保険者に対する免許制と海外直接付保規制の適用】のようになると考えられる[4]。

---

(2)　落合（1992），神谷（1993），山下（1994），石田満（1995）参照。

(3)　保険研究会（1996a）173頁，同（1996b）279頁，東京海上火災保険（1997）169頁以下［小林登］，関西保険業法研究会（2004）［木下孝治］，安居（2016）587-649頁，細田（2018）293-316頁，石田満（2019）364頁以下，吉田（2023）505頁以下参照。

(4)　作表にあたっては，保険研究会（1996a）15頁の図の内容を一部取り入れた。

10

第1節　海外直接付保規制のあり方（1）

【表1：海外保険者に対する免許制と海外直接付保規制の適用】

外国において保険引受を業として行う者				類型	[P] 日本における「保険業」の実施（免許制）	[Q] 日本所在財産等に係る保険契約の、外国保険者による海外直接引受（海外直接付保規制）
外国において「保険業」を行う者	外国の法令に準拠して、外国において、保険業法上の「保険業」を行う者	内国保険会社＝保険業法上の「保険会社」（法2条2項）		[A]	合法（法3条1項）	個別許可があれば合法（法186条2項）？ 個別許可がなければ違法（法186条1項）
		保険業法上の「外国保険業者」（法2条6項）	外国保険会社免許を受けた「外国保険会社等」（法2条7項）＝保険業法上の「外国保険会社等」	[B]	合法（法185条1項）	違法（法185条6項）
			外国保険会社免許を受けていない「外国保険業者」：日本に「支店等」を設けていない「外国保険業者」	[C]	NA（「支店等」を設けていなければ、原則として「保険業」の実施に当たらないと一般に考えられている）	個別許可があれば合法（法186条2項）個別許可がなければ違法（法186条1項）
			日本に「支店等」を設けている「外国保険業者」	[D]	違法（法3条1項）	合法（日本に「支店等」を設けているので法186条1項の適用なし。また、外国保険会社免許を受けていないので法185条6項の適用もなし）
	外国の法令に準拠せずに、外国において、保険業法上の「保険業」を行う者（当該外国では無免許営業）	「外国保険業者」以外の外国の外国保険者		[E]	違法（法3条1項。ただし、「支店等」を設けていなければ、原則として「保険業」の実施に当たらないと一般に考えられている）	合法（「外国保険業者」に該当しないので法185条6項も186条1項も適用なし）
外国において保険業法上の「保険業」以外の保険引受を業として行う者	外国の法令に準拠している者			[F]		
	外国の法令に準拠していない者			[G]		

（筆者作成）

第1章　国際的な保険取引に対する監督規制のあり方

(1) 外国保険会社免許制

　日本において「保険業」（法2条1項）を行うには，内閣総理大臣の免許が必要である（法3条1項）[5]。そして，日本で設立され，この免許（以下，内国保険会社免許という）に基づいて「保険業」を行う会社が内国保険会社である（保険業法上は「保険会社」と称されているが（法2条2項），紛らわしいので本書では内国保険会社という）。

　なお，この内国保険会社に関しては，外国の保険者も全部または一部を出資して会社設立のうえ内国保険会社免許を受けることができるから，内外無差別の規制となっている。したがって，「外国保険業者」が出資して日本で法人を設立した場合も，当該日本法人が内国保険会社免許を受ければ，当該日本法人は内国保険会社となる。ここで「外国保険業者」とは，外国の法令に準拠して外国において「保険業」を行う者のうち，内国保険会社以外の者をいうと定義されている（法2条6項）。

　この大原則の例外の一つが，「外国保険業者」自身が，日本で新たに法人を設立することなく申請可能な保険業免許である。すなわち，「外国保険業者」は，日本に「支店等」（支店，従たる事務所その他の事務所，または，総代理店[6]の事務所）を設けて，内閣総理大臣の免許（以下，外国保険会社免許[7]という）を受ければ（外国保険会社免許を受けた「外国保険業者」は，保険業法上は「外国保険会社等」と称されているが（法2条7項），紛らわしいので本書では外国保険会

---

(5)　他にも，少額短期保険業の免許を受けて「保険業」を行うことや（法272条），「免許特定法人」（法223条）の「引受社員」となって「保険業」を行うことができるが（法219条），ここでは捨象する。

(6)　保険業法185条1項にいう「日本における保険業に係る保険引受けの代理をする者」が総代理店（general agency）にあたる。

　　やや古い資料であるが，1960年代初頭において日本に進出していた外国保険会社の進出形態は次のとおりである。すなわち，生命保険は12社であり，うち1社が支社形態，残る11社が総代理店方式であった（ただ，当時は，外国保険会社には，日本人を対象とする円貨での保険契約が許されていなかった）。損害保険は36社（12系列）であり，うち3社（3系列）が支店形態，うち18社（8系列）が総代理店方式，うち15社（1系列）が「事務所の支部とでも言うべきもの」であった。市川（1964）110-113頁参照。

(7)　正確には，外国生命保険会社免許または外国損害保険会社免許である（法185条2項）。

第1節　海外直接付保規制のあり方 (1)

社免許を受けた「外国保険業者」という），保険業法3条1項の規定にかかわら
ず（したがって，内国保険会社を設立することなく），当該「外国保険業者」自体
が，外国保険会社免許を受けた「保険業」を，「当該支店等において」，行うこ
とができる（法185条1項）。

外国保険会社免許制はこのような規制概要であるが，ここで検討する海外直
接付保規制との規制内容の整合性の観点からは，免許の対象である「保険業」
の概念と，外国保険会社免許を申請できる「外国保険業者」の概念とが問題と
なる。

① 「保険業」

免許制は，日本において「保険業」を行う場合に適用される。したがって，
内国保険会社免許（表1のA類型）または外国保険会社免許（表1のB類型）
を受けずに，日本において「保険業」を行うと違法となる（表1のC類型〜G
類型。法3条1項違反）。

ただし，保険引受に関する事業であっても「保険業」に該当しないものであ
れば，日本において当該事業を行っても保険業法の免許制に抵触することはな
い[8]。ここで，保険業法にいう「保険業」とは，

(ア) 一定の保険について，

(イ) その引受を行う事業のうち，特定のものを除いたもの

である（法2条1項）。

換言すると，保険引受に関する事業の全てが「保険業」に該当する訳ではな
い[9]。保険業法上の「保険業」に該当しないものであれば，保険引受（経済的

---

(8)　関西保険業法研究会（2004）157-158頁［木下孝治］参照。

(9)　1995年の保険業法全面改正時に廃止された旧外者法では，「外国保険事業者」が日本
で行う「保険事業」が免許の対象とされていたが（同法3条1項），「保険事業」に関す
る定義規定はなかった。また，1995年改正前保険業法にも「保険事業」に関する定義規
定はなかった（なお，両法における「保険事業」の意義は同様のものと解されていた。
新生命保険実務講座刊行会（1966b）346-347頁［中大路義方］参照）。そのため，「保険
事業」の範囲については議論があった（たとえば，長崎（1952）11-13頁［同（1991）
168-169頁］，大森（1957）318-319頁，生命保険実務講座刊行会（1958）278-280頁［松
本十郎］，新生保実務講座刊行会（1966b）272-274頁［中込達雄］，青谷（1974a）105頁
［塚口純行］，関西保険業法研究会（1989）229-238頁［古瀬政敏］参照。なお，1995年

13

第1章　国際的な保険取引に対する監督規制のあり方

な保険の引受）を業として行っても免許制には抵触しないのである[10]（なお，表1のP列は，日本において「保険業」を実施することが免許制に抵触するか否かを検討したものであり，「保険業」に該当しない保険引受は表中には記載されていない）。

(a) 適用除外保険

上記(ア)に関しては，法3条4項（生命保険業免許の対象となる保険）各号および法3条5項（損害保険業免許の対象となる保険）各号のいずれにも属さない保険（以下，適用除外保険という）の引受を業として行うとしても，「保険業」には該当しないと考えられる[11]。少なくとも法文上は，そのような保険引受は「保険業」に該当しないし，免許制違反者には刑事罰が科されることからすると（法315条1号），安易に拡張解釈や類推解釈をすべきではないからである（ただし，そのような保険引受が他の法令や公序良俗に反するか否かについては別途検討を要する）。

適用除外保険に該当する可能性のあるものとしては，従来，たとえば，物定額保険が挙げられることが多い[12]。法3条5項1号の損害填補原則に則らな

保険業法改正時の立法論として岩崎（1992）を参照）。

また，現行保険業法では「保険業」の定義が一応はなされたものの，実質的な定義ではない（山下（1996）参照）。

なお，1995年改正前保険業法も現行保険業法も，「保険」の定義を置いていない（保険の意義は，1995年改正前後の保険業法で基本的に変わらないものとされている。岩原（1994）36-37頁，東京海上火災保険（1997）12-13頁［山下友信］参照）。また，「保険」の定義を今後も「定めないことが適当」であると再確認されている（金融審議会金融分科会第二部会（2008）3頁）。

(10)　少なくとも旧外者法の時代には，「法定上の［保険］事業を営んでいない外国保険事業者（つまり免許を要しない外国会社）…が相当存在して」いたようである（市川（1964）102頁参照。なお，［　］部分は筆者が補った）。

(11)　山下（1996）2頁，4頁，東京海上火災保険（1997）13頁，15頁［山下友信］参照。他方，吉田（2023）90-91頁は，適用除外保険も保険業法の規制対象に該当すると解釈する。

(12)　関西保険業法研究会（1998）199-200頁［古瀬政敏］参照。ただし，山下（1996）6-7頁は，「解釈論的な工夫」により，「保険業」に当たるとする。

なお，そもそも，物定額保険のうち，発生損害額の範囲内の金額を定額給付するものについては損害填補原則に則っているので，通常の損害保険契約（法3条5項1号）に該当すると考えられる（ちなみに，こうした損害保険商品はインデックス保険などと称

第1節　海外直接付保規制のあり方（1）

い可能性があるためである。

　また，現物給付型の人定額保険も挙げられることが多い。法3条4項1号，2号により，人定額保険は金銭給付型のものに限定されているからである[13]。なお，保険法（平成20年法律第56号）立法時に，現物給付型の人定額保険に関する規律の導入可否が議論されたが[14]，結局，現物給付型の人定額保険は保険法の規律から外された[15]。

　他にも，たとえば，人の出生，生育・成長，老化といった人の通常の変遷過程や，失踪，行方不明といった人の状況が分からない状態や，脅迫，強要といった人の精神的自由が束縛されている状態や，セクシュアル・ハラスメント，

されている）。吉澤（2023）第2章参照。

(13)　関西保険業法研究会（1998）201頁［古瀬政敏］，金融審議会金融分科会第二部会（2008）4頁参照。

　　　ただし，山下（2009a）15-16頁は，現物給付型の定額人保険のうち，現物給付を実際に行う者に対して保険者が金銭を支払う方式のものを営むことは，「保険業」に該当するとする。

(14)　法制審議会保険法部会（2007）第3　1(1)，法務省民事局参事官室（2007）第3　1(1)参照。また，吉澤（2007）128-144，遠山聡（2009）を参照。

(15)　金融審議会金融分科会第二部会は，保険業法が生命保険契約における現物給付を認めない理由として，①そもそも生命保険契約に現物給付が馴染みにくいこと，②保険契約者等保護の観点からの懸念があること，③保険会社に対する監督・規制の観点からの懸念があること，④先進諸外国においてもほとんど導入されていないことの4点を挙げている（金融審議会金融分科会第二部会（2008）3-4頁）。このうちの①が根本的な理論問題であり（損害填補ではない現物給付に関する実需の存否），仮に人定額保険に現物給付を導入するにあたってはこの点の整理が不可欠であると思われる。

　　　なお，その後の保険業法施行規則改正により，「提携事業者」が提供する商品・権利・役務の内容または水準について保険者が保険金受取人等に説明を行い（石田勝士（2016）318頁），そのうえで保険金受取人等が当該「提携事業者」と商品・権利・役務の購入契約等を締結し，その対価として，保険者が当該保険金受取人等に代わって当該「提携事業者」に保険金の全部または一部を支払うこと（「直接支払サービス」と称される）を，通常の保険金支払と並んで保険金受取人等が選択できる方式が，正面から認められるに至った（則53条の12の2。2016年5月29日施行）。この「直接支払サービス」も金銭給付の一形態であって，「提携事業者」と契約関係に立つのは保険金受取人等である（この点において，保険者自身が「提携事業者」等と契約関係に立つ現物給付と決定的に異なる。遠山優治（2020）49頁も同旨）。

第1章　国際的な保険取引に対する監督規制のあり方

パワー・ハラスメントといった人の精神が侵害等を受けている状態であって，傷害や疾病が生じていないもの（保険業法施行規則４条に列挙されるものを除く）を保険事故とする人定額保険も，適用除外保険に該当する可能性がある。人定額保険でありながら，人の生死や傷害疾病を原因として保険給付がなされるものではないからである[16]。

　さらには，インシュアテックの一形態であるP2P保険（peer-to-peer insurance）では，P2P保険のうち，相互扶助制度（あるいは，相互救済制度），事後拠出制，暗号資産による拠出および保険給付といった特徴があるものについては，適用除外保険に該当する可能性がある[17]。

　したがって，日本の保険者（内国保険会社または外国保険会社免許を受けた「外国保険業者」であるか否かを問わない）であろうと，外国の保険者（「外国保険業者」であるか否かを問わない）であろうと（そもそも，外国において保険引受を業としているか否かを問わない），法３条４項各号および法３条５項各号のいずれにも属さない保険（適用除外保険）の引受を日本において業として行う場合には，保険業法の免許制は適用されないと考えられる（この点において，規制内容の是非は別として，内外無差別の規制となっている）。

　(b) 適用除外事業

　上記(イ)に関しては，法３条４項各号，５項各号が規定する保険の引受を業とする場合であっても，特定の除外事由（法２条１項各号）に該当する場合には（以下，適用除外事業という），「保険業」には該当しないので保険業法上の免許はやはり不要である。適用除外事業としては，いわゆる制度共済（法２条１項１号），団体内保険（法２条１項２号），少人数保険（1,000人以下の者を相手方とするもの。法２条１項３号，令１条の４第１項）[18]の３種が規定されている。

　そのため，たとえば団体内保険に関しては，外資系企業の日本法人または日

---

(16)　吉澤（2011）29-32頁参照。

(17)　吉澤（2023）45-50頁を参照。

(18)　少人数保険は，少人数共済と呼ばれることもある。けれども，「共済」という呼称は，「特定の者を相手方」としたものと理解されることが多いが（たとえば，新川（2005）40頁参照），少なくとも少人数保険（法２条１項３号）に関しては特定性が要件とされていないので，「少人数共済」という呼称は誤解を与えやすい。

第1節　海外直接付保規制のあり方（1）

本支社の従業員が世界に広がる当該企業グループの団体内保険制度に加入する場合には，たとえ日本国内で当該団体内保険制度の運営がなされる場合であっても，保険業法2条1項2号のイ〜トのいずれかにが該当すれば保険業法の免許制は適用されない。

またたとえば，少人数保険に関しては，外国の法人または個人が日本において少人数保険の引受を業として行っても，保険業法の免許制は適用されない。

このように，日本の保険者（内国保険会社または外国保険会社免許を受けた「外国保険業者」であるか否かを問わない）であろうと，外国の保険者（「外国保険業者」であるか否かを問わない）であろうと（そもそも，外国において保険引受を業としているか否かを問わない），適用除外事業を日本において行う場合には，保険業法の免許制は適用されないと考えられる（この点において，規制内容の是非は別として，内外無差別の規制となっている）。

(c) 適用除外保険と適用除外事業

以上のように，経済的な保険（その一つ一つの構成要素である契約が保険契約である）を引き受ける事業は，その全てが保険業法上の「保険業」に該当する訳ではない。適用除外保険の引受業や適用除外事業は，保険業法上の「保険業」には該当しない。経済的な保険を引き受ける事業のうち「保険業」に該当するものだけが，免許制の規制対象とされているのである。

② 「外国保険業者」

外国保険会社免許を受けることができるのは，「外国保険業者」（法2条6項）に限られている（法185条1項）。そして，「外国保険業者」とは，外国の法令に準拠して外国において「保険業」を行う者のうち，内国保険会社以外の者のことである（法2条6項）。また，保険業法2条6項にいう「保険業」とは，同法2条1項が定義する「保険業」と同義であると解されている[19]。

そのため，外国において，当該外国の法令に準拠せずに「保険業」を行っている者（表1のE類型）や，外国において「保険業」を行わずに「保険業」以外の保険引受を行っている者（表1のF類型，G類型）は「外国保険業者」に当たらないので，そもそも外国保険会社免許を受けることができない[20]。

---

(19)　関西保険業法研究会（2004）157頁［木下孝治］参照。

第1章　国際的な保険取引に対する監督規制のあり方

　表1のE類型，G類型は，外国においても無免許業者であるので，日本において外国保険会社免許を受けることができないと規律することは当然である。日本の監督当局としては，「外国保険業者」の本国において適切な保険監督がなされていることを前提として，日本における「支店等」に関して外国保険会社免許を与えるものだからである[21]。

　他方，表1のF類型は，保険業法にいう「保険業」は行っていないものの，「保険業」に該当しない保険引受（典型的には，法3条4項各号にも法3条5項各号にも該当しない適用除外保険の引受。前述①参照）を，外国において業として適法に行っている者である。けれども，当該業者が日本において「保険業」に参入しようとしても，外国保険会社免許は与えられない[22]。つまり，保険業法は，そもそも本国において，保険業法における「保険業」に該当する事業を行っていない者に対しては，たとえ本国において保険業法における「保険業」には該当しない保険引受を業として行い，しかも，当該事業が適切な監督下にあるとしても，日本において「保険業」を行うことを認めないと割り切っていることになる。日本の保険業法にいう「保険業」を本国において行っていないのであるから，保険業法における「保険業」に関する経験や実績等が存在せず，その結果，保険業法における「保険業」に関しては本国でも監督下にないため，外国保険会社免許の対象としないことには合理性が認められる。なお，当該事業者は，日本で保険会社を設立すれば内国保険会社免許を受けることが可能である。

---

(20)　そのため，そうした者が日本において「保険業」を行うと無免許事業となる。安居（2016）588頁参照。

(21)　EUにおいても，EU域外の事業者に対してEU域内支店の設置を認めるにあたり，当該事業者が本国において保険業を適法に営んでいることを要件としている（Directive 2009/138/EC, 162条2項(a)）。

(22)　旧外者法では，免許を申請できる「外国保険事業者」とは，「日本以外の国の法令に準拠して，主として日本以外の国において保険事業を営む者」と定義されていた（同法2条1項）。この点は現行保険業法と同様である。けれども，外者法には「保険事業」の定義が存在しなかった（前掲注9参照）。

第1節　海外直接付保規制のあり方 (1)

(2) 海外直接付保規制

保険業法は、「外国保険業者」が行う保険の越境取引に対して海外直接付保規制を設けている（法185条6項，186条1項）。この海外直接付保規制の立法趣旨は、免許を受けた保険会社との権衡維持，日本市場の攪乱防止，日本の保険事業の健全な発達，保険契約者等の保護にあるとされている[23]。

ただし，海外直接付保規制の規制対象となるのは，全ての保険契約ではない。第1に，規制対象となる保険契約は，日本に住所または居所を有する人や[24]，日本に所在する財産や[25][26]，日本国籍を有する船舶や航空機（以下，この3

---

(23)　保険審議会答申「非免許の外国保険事業者に対する付保の規制に関する答申」（1963年1月25日），第43回参議院委員会議事録10号（1963年2月26日大蔵委員会），青井（1963）20頁，22頁参照。

(24)　人保険契約における保険の対象である被保険者が日本国内に居住する場合には，たとえ保険者，保険契約者，保険金受取人の全てが海外に所在・居住し，かつ，海外で保険契約の締結がなされるとしても，海外直接付保規制に抵触する。金融庁「広く共有することが有効な相談事例（保険業法関係）」Q2を参照。*Ref.*, https://www.fsa.go.jp/news/30/20180713-2/20180713_2.html. また，細田（2018）300頁参照。

　　他方，山下（2018）205頁は，「直接付保規制は，属地主義の原則に従うとすると日本国内での行為に対してのみ適用があることになる。そうであるとすると，日本に住所を有する人を対象とする生命保険契約等でも，当該人が外国にある間に契約の締結を外国で行う場合には規制に反するものとはいえないということになる。」と述べる。ただし，山下友信教授自身が海外直接付保規制に関して属地主義の立場であるか否かは，この記述では分からない。

(25)　本文で述べたように，海外直接付保規制には，保険契約者等の保護の他にも，免許を受けた保険会社との権衡維持，日本市場の攪乱防止，日本の保険事業の健全な発達という規制目的がある。そのため，たとえば損害保険契約では，たとえ保険者，保険契約者，被保険者の全てが海外に所在・居住する場合であっても，こと日本に所在する財産に関しては，海外直接付保規制が適用されるのである。ちなみに，監督当局も，少なくとも人保険についてはこのような態度をとることを表明している（前注参照）。

　　なお，細田（2018）298-301頁の立場では，このような損害保険契約には海外直接付保規制が適用されないことになるが（同（2018）300頁注13），海外直接付保規制の趣旨からすると不適当だと考えられる。

(26)　グローバル企業が，全世界のグループ企業が抱えるリスクを包括的に付保すべく，本社が保険契約者となり，国内外のグループ企業を追加被保険者とするグローバル保険プログラムを手配することがある。このグローバル保険プログラムは，国外グループ企

第1章　国際的な保険取引に対する監督規制のあり方

者を合わせて日本所在財産等という）に係る保険契約に限定されている[27]。換言すると，日本所在財産等に該当しない人や財産に係る保険契約には海外直接付保規制は適用されないので，「外国保険業者」は，保険業法の規制を受けることなく海外直接引受を行うことができる。

　たとえば，米国のハワイ州にコンドミニアムを所有する日本在住者を保険契約者兼被保険者として，当該物件を保険の目的物とする火災保険契約を，米国の「外国保険業者」がハワイ州から直接に引き受けたとしても，海外直接付保規制には抵触しない。またたとえば，米国のニューヨーク州に長期留学中の学生（日本には住所も居所もないものとする）を被保険者とする生命保険を，当該学生の親権者（日本在住）を保険契約者として，米国の「外国保険業者」がニューヨーク州から直接に引き受けたとしても，海外直接付保規制には抵触しないと考えられる[28]。

　第2に，日本所在財産等に係る保険契約であっても，再保険契約や一定の保険契約については海外直接付保規制が適用されない（法185条6項，則115条。法186条1項，令19条，則116条）[29]。

　業の所在国の付保規制との抵触が常に問題となっている。飯島（2023）43-49頁参照。
(27)　日本所在財産等に係る保険契約が海外直接付保規制の規制対象とされているのは，「これらの保険対象が日本において免許を受けた保険業者の主たる契約対象となって日本の保険市場を形成している事実に着目したからである。」とされている（青井（1963）21頁参照）。
(28)　細田（2018）298頁参照。
(29)　2種類の海外直接付保規制（法185条6項，法186条1項）において，海外直接付保規制の適用除外となる保険契約の範囲が異なっている（なお，再保険契約に関しては，両者とも適用除外となる）。
　すなわち，国際海上運送，国際航空運送，宇宙運送，海外旅行に関する保険契約に関しては，外国保険会社免許を受けていない「外国保険業者」には海外直接付保規制が適用されないが（法186条1項，令19条，則116条），外国保険会社免許を受けている「外国保険業者」に対する海外直接付保規制の適用除外とは明示されていない（法185条6項，則115条）。
　また，一定の条件付で外国保険会社免許を受けた「外国保険業者」である「条件付免許外国生命保険会社等」（則115条2号）は，米軍の構成員や軍属等を保険契約者とする外貨建て生命保険契約（法188条，令20条）について海外直接引受をすることができる。

第1節　海外直接付保規制のあり方 (1)

　海外直接付保規制の概要は以上のとおりであるが，ここで検討する外国保険会社免許制との規制内容の整合性の観点からは，規制の対象となる保険契約の概念と，規制対象者である「外国保険業者」の概念とが問題となる。

① 保 険 契 約

　海外直接付保規制の規制対象は，あくまでも個々の保険契約の締結である（法185条6項，186条1項）。換言すると，免許制（前述2(1)①参照）のように「保険業」を行うことが規制対象となっている訳ではない（海外直接付保規制においては，「保険業」という用語は使用されておらず，あくまでも保険契約が規制対象である）。つまり，外国保険会社免許制と海外直接付保規制は，それぞれ，「保険業」（法2条1項に定義がある）と保険契約（保険業法に定義がない。なお，再保険契約などの一定の保険契約が海外直接付保規制から除外されることは明定されている。則115条，令19条，則116条）という異なる概念に立脚している。そのため，両規制に離齬が生じる惧れがある[30]。

　なぜなら，「外国保険業者」に関する海外直接付保規制は，「保険業」免許の対象となる保険契約のみならず，「保険業」免許の対象とならない保険契約にも及ぶ惧れがあるからである。具体的には，適用除外保険の保険契約（法3条4項各号，5項各号のいずれにも属さない保険の保険契約[31]），および，適用除外

　　他方，「条件付免許外国生命保険会社等」でない「外国保険業者」は，外国保険会社免許を受けているか否かを問わず，当該生命保険契約についても海外直接付保規制の適用を受けることになる（法185条6項，186条1項）。

(30)　同様の論点は，「保険募集」に関する募集規制（法275条）にも当てはまる。なぜなら，「保険募集」は，やはり保険契約概念に基づいて定義されているからである（法2条26項）。

(31)　保険業法には，保険契約という概念の定義が存在しないのみならず，保険という概念の定義も存在しない（保険法2条1号。ちなみに，2010年に施行された保険法には「保険契約」に関する定義規定が設けられたが，監督法である保険業法にそのまま類推適用されるものではない）。ただ，法2条1項柱書の規定ぶり（「…その他の保険で，…に掲げるもの」）からすると，保険業法は，法3条4項，5項に規定する保険以外にも保険が存在し得ることを前提としていると解される）。

　　けれども，保険業法施行規則においては，保険業法3条4項各号，5項各号のいずれにも属さない保険は想定されていないようである。なぜなら，日本に「支店等」を設けない「外国保険業者」（表1のC類型）への海外直接付保を保険契約者が許可申請する

21

第1章　国際的な保険取引に対する監督規制のあり方

事業（法3条4項各号，5項各号のいずれかに属する保険であっても，「保険業」から除外される事業。法2条1項各号）として行われる保険の保険契約が問題になる（前述2(1)①参照）。

(a) 適用除外保険

まず，適用除外保険の保険契約については，もし海外直接付保規制が及ぶとなると，保険業法3条4項各号，5項各号のいずれにも属さない保険引受を日本において行う場合には，誰が行う場合であっても（すなわち，外国保険者が行う場合であっても），そもそも「保険業」の免許が不要である（免許制の対象外）。その一方で，外国保険者のうち，外国保険会社免許を受けた「外国保険業者」（表1のB類型）の海外本支店や日本に「支店等」を設けない「外国保険業者」（表1のC類型）が，日本所在財産等に係る保険契約について海外から直接引受を行う場合には，少なくとも法文上は，海外直接付保規制が及ぶことになってしまう。

外国保険会社免許制と海外直接付保規制は連続性のある規制と捉えるべきであり，あるいは，外国保険会社免許制と海外直接付保規制は平仄の合った規制構造として捉えるべきであると思われる[32]。したがって，この場合には海外直接付保規制は適用されないと解すべきであろう。すなわち，海外直接付保規制の対象となる保険契約からは，適用除外保険が除かれるものと解すべきである。

たとえば，暗号資産で拠出や保険給付を行う経済的な保険は適用除外保険に該当すると仮定すると，そのような保険契約を「外国保険業者」が海外から直接に引き受ける場合には，形式的には海外直接付保規制の規制対象となる可能性がある。けれども，仮に同じことを「外国保険業者」が日本国内で行えば免許制に抵触しない。このような規制間の不整合を解消すべく，適用除外保険を海外から直接に引き受ける場合には海外直接付保規制も適用されない，と解す

際の申請書としては（法186条2項，則117条1項），保険業法3条4項の保険契約に関するもの（則別紙様式第9号）と，同法3条5項の保険契約に関するもの（則別紙様式第10号）しか存在しないからである。

[32]　海外直接付保規制は免許制を始めとする諸規制の実効性を確保する意義も有している（たとえば，保険研究会（1996b）279頁参照）ことからすると，免許制と相当程度に平仄を合わせる必要がある。

第1節　海外直接付保規制のあり方（1）

べきであろう。

　もちろん，保険契約者保護の観点から，日本国内で保険引受を行う場合には免許制の対象外としつつ，海外直接付保については規制を及ぼす，という規制の仕方もあり得ない訳ではないが，合理的な根拠に乏しいように思われる。

(b)　適用除外事業

　次に，適用除外事業を日本において行う場合には，そもそも「保険業」の免許は不要である（免許制の対象外）。その一方で，外国保険会社免許を受けた「外国保険業者」（表1のB類型）の海外本支店や，日本に「支店等」を設けない「外国保険業者」（表1のC類型）が，日本所在財産等に係る保険契約について海外直接引受を行う場合には，少なくとも法文上は海外直接付保規制が及ぶ惧れがある。具体的には，団体内保険や少人数保険が想定されるが（法2条1項2号，3号），適用除外事業についても海外直接付保規制を適用する必要性に乏しいと思われる。外国保険会社免許制と海外直接付保規制は連続性のある規制と捉えるべきであり，適用除外保険と同様に，適用除外事業についても海外直接付保規制は適用されないと解すべきであるとも考えられる。

②「外国保険業者」

　海外直接付保規制は「外国保険業者」に対して適用される（法185条6項，186条1項）[33]。換言すると，「外国保険業者」でない者には海外直接付保規制

---

(33)　正確には，海外直接付保規制が適用されるのは外国保険会社免許を受けた「外国保険業者」（表2のB類型）と，日本に「支店等」を設けていない「外国保険業者」（表2のC類型）である。したがって，外国保険会社免許を受けずに，日本に「支店等」を設置している「外国保険業者」（表2のD類型）は，日本における「保険業」については免許制（法3条1項）違反となるものの，海外直接付保規制は適用されないので，海外直接引受自体については海外直接付保規制違反とはならない（青井（1963）21頁，保険研究会（1996b）280頁参照）。

　　この類型に海外直接付保規制が適用されないのは，もし海外直接付保規制を適用すると，免許制（法3条1項）違反にも（罰則は法315条1号），海外直接付保規制（法186条1項）違反（法316条4号）にもなるので，法条競合を避けるためだと言われている（旧外者法における同様の規制（同法3条4項）について東京海上火災保険（1983）146頁［田辺博通=三浦尚］参照）。しかしながら，免許制の対象となる行為（すなわち，日本で「保険業」を行うこと）と海外直接付保規制の対象となる行為（すなわち，日本所在財産等について外国から直接に保険契約を引き受けること）とは別の行為であるか

23

第1章　国際的な保険取引に対する監督規制のあり方

は適用されない。ここで「外国保険業者」とは，外国の法令に準拠して外国において「保険業」を行う者のうち，内国保険会社を除く者のことである（法2条6項）。

　したがって，第1に，内国保険会社（表1のA類型）が除外される。すなわち，たとえ内国保険会社の海外支店が日本所在財産等に係る保険契約を海外から直接に引き受けたとしても，海外直接付保規制は適用されない[34]。内国保険会社であれば，たとえその海外支店が海外から直接引受をした場合であっても，過剰な域外適用にならない範囲内で，日本の監督当局が当該内国保険会社に対して必要かつ適切な規制を及ぼすことが可能であると考えられるので，この規整は特に問題がないと思われる[35]（ただし，内国保険会社の海外支店による日本所在財産等に係る海外直接引受について，日本の監督当局がどの程度に実態を把握しているかは不明である）。なお，内国保険会社は，「外国保険業者」が日本法人を設立のうえ，当該日本法人が内国保険会社免許を受けることでも成立するが（前述(1)冒頭参照），こうして「外国保険業者」が設立した内国保険会社は，その海外の本支店は日本所在財産等に係る保険契約を直接に引き受けることができるので，内外無差別の規制内容となっている。

　ところが，第2に，たとえ外国において保険業法における「保険業」を行う者であっても，外国の法令に準拠していない者[36]，すなわち，当該外国における無免許業者は，保険業法における「外国保険業者」に該当しないのである

　ら，法条競合にはならないものと思われる。

(34)　吉田（2023）505頁参照。

(35)　山下（1994）546-555頁参照。

(36)　旧外者法における「外国保険事業者」の定義規定（同法2条1項）における「日本以外の国の法令に準拠して」とは，法人については設立準拠法を意味するものとも解されていた（青谷（1974b）644頁［藤本泰治］，東京海上火災保険（1983）142頁［田辺博通＝三浦尚］，石田満（1995）639頁参照。反対：落合（1992）257頁）。

　けれども，現行保険業法における「外国保険業者」の定義規定（法2条6項）における「外国の法令に準拠して外国において保険業を行う」とは，外国における「保険業」の実施が当該外国の法令に準拠していることを意味すると考えられる。

　なお，「外国保険業者」の「本国」概念については，「保険業」開始にあたって準拠した法令を制定した国，または，法人設立にあたって準拠した法令を制定した国と定義されている（法187条1項1号括弧書）。

第1節　海外直接付保規制のあり方（1）

（表1のE類型）。こうした外国における無免許業者が日本所在財産等に係る保険契約を海外で直接引受を行った場合に，日本の保険契約者に生じ得る悪影響は，海外における免許業者である「外国保険業者」が日本の監督当局の許可を受けずに海外直接引受を行う場合（表1のC類型）よりも遙かに大きいと考えられる。けれども，これを禁ずる明文規定は保険業法に存在しない[37]。したがって，何らかの立法手当てが必要であると思われる。

　さらに，第3に，外国において，保険業法における「保険業」を行わずに，保険業法における「保険業」には該当しない保険引受を行う者（すなわち，適用除外保険の引受業や適用除外事業を行う者）も，保険業法における「外国保険業者」には該当しない（表1のF類型およびG類型）。こうした事業者が日本所在財産等に係る保険契約（適用除外保険ではなく，保険業法の適用対象となる保険

（37）　また，当該外国における無免許業者（表のE類型）に海外直接付保された保険契約が私法上，ただちに無効となる訳ではないとも考えられる。ただ，そうなると，海外直接付保規制に反して「外国保険業者」（表のB類型，C類型）に海外直接付保された保険契約が私法上も無効となる（山下（2018）206頁参照）ことと均衡を失することになってしまう。

　なお，外国においても無免許の保険者（表1のE類型，G類型）が海外直接付保規制の規制対象とされていないのは，当該外国の監督当局との連携が期待できないことにあるのかもしれない。ちなみに，資金決済に関する法律においても，同法62条の2（外国資金移動業者等の勧誘の禁止），63条（外国電子決済手段等取引業者の勧誘の禁止），63条の22（外国暗号資産交換業者の勧誘の禁止）は，いずれも規制対象を外国で登録等を受けている業者に限定しているが，その限定理由は，「外国において…業が登録等を必要としていない場合には，監督当局間の連携も期待できないこと」にあると説明されている（高橋他（2023）313頁，384頁，453頁）。しかしながら，たとえ監督当局間の連携が期待できなくても，外国においても無登録の業者による勧誘は，外国において登録されている業者よりも不適切な勧誘や取引が行われる可能性が格段に高いのである。そして，こうした危険性は，当該外国において登録等を必要としていない場合にも，また，当該外国において登録等が必要であるにもかかわらず登録等をしていない場合にも，懸念されるところである。さらに，違反者に関しては金融庁のウェブサイトで公表することが想定されているが，この公表には外国における登録の有無は影響しない筈である。以上からすると，外国で登録等を受けていない業者による勧誘も禁止すべきであろう。なお，同法36条（外国において発行される前払式支払手段の勧誘の禁止）に関しては，外国における登録等の有無は要件としていない。

第1章　国際的な保険取引に対する監督規制のあり方

契約）を海外から直接引受を行ったとしても海外直接付保規制に抵触すること
はない。

　たとえば，海外では適用除外保険の引受を業としている者が，日本所在財産
等については保険業法の適用対象となる保険契約を海外から直接引き受けても，
当該保険者は「外国保険業者」には該当しないので，海外直接付保規制は適用
されない。

　またたとえば，少人数保険は保険業法における「保険業」には該当しないの
で（法2条1項3号），外国で少人数保険を行う者は「外国保険業者」には該当
しない。そのため，当該事業者が直接に日本所在財産等に係る保険契約を引き
受けても，たとえそれが日本国内における少人数共済に該当しなくても，海外
直接付保規制は適用されないと思われる。

　したがって，やはり何らかの立法手当てが必要であると思われる。

　このように，上述の第2および第3の点に鑑みると，海外直接付保規制をた
とえば，次のように改正すべきかと思われる。すなわち，内国保険会社以外の
者（「外国保険業者」に限定しない）による海外直接引受を一律に禁止したうえ
で，外国保険会社免許を持たない「外国保険業者」が保険者となる場合に限定
して，個別保険契約毎の許可を条件に例外的に直接付保を求めるという規制内
容である。

3　日本への進出形態による海外直接付保規制の相違

　ここでは，「外国保険業者」による日本の保険市場への進出に対する規制の
整合性を検討する。

　海外直接付保規制は「外国保険業者」に適用されるが[38]，「外国保険業者」
の日本の保険市場への進出方法としては，①日本の保険会社免許を受けていな
い「外国保険業者」が，海外から直接引受を行う方法，②「外国保険業者」が
日本に「支店等」を設置のうえ，外国保険会社免許を受けて，設置した日本の

---

(38)　したがって，外国で保険引受を業として行う者のうち，「外国保険業者」に該当し
　　ない者には海外直接付保規制が適用されないので，ここでの検討から外れることになる。

第1節　海外直接付保規制のあり方（1）

「支店等」で保険引受を行う方法，③「外国保険業者」が日本に内国保険会社を設立のうえ，内国保険会社免許を受けて，設立した日本の内国保険会社で保険引受を行う方法，の3段階が一般に想定され，また，そのことを前提とした議論がなされていると思われる[39]。けれども，この規制の適否を論じるには，上記②や③における海外直接引受の可否も考慮すべきであるし，また，④「外国保険業者」以外の者が設立して内国保険会社免許を受けた内国保険会社（典型的には，いわゆる日系の内国保険会社）による保険引受との均衡も考慮すべきである[40]。そこで，ここでは，それらの点も考慮に入れた検討を行うこととする。

　詳細は以下で述べるが，「外国保険業者」の日本市場への進出形態別に，日本における「保険業」の実施可否と海外直接引受可否の内容を，「外国保険業者」以外が設立した内国保険会社のものも付加して一覧にすると【表2：日本への進出形態と海外直接引受の可否】のようになると考えられる[41]。

（1）外国保険会社免許を受けていない「外国保険業者」
① 海外直接引受の可能性
日本で外国保険会社免許を受けていない「外国保険業者」（表2のC類型）

---

(39)　元受保険契約に限らなければ，日本の保険会社と提携のうえ，日本の保険会社が元受けした保険契約を海外再保険で引き受けることにより，間接的に日本の保険市場に参入することも可能である。海外再保険（受再）によって実質的な市場参入が可能である点に保険事業の特色がある。たとえば，生命保険における国際団体保険市場がこれに当たる。国際団体保険市場については，月足（1989），井口（1994）9-16頁を参照。

(40)　日本で保険業免許を受けている保険会社は，生命保険については2023年6月26日現在で，内国保険会社が42社，外国保険会社が0社である（従前は外国保険会社が数社存在したが，全て内国保険会社に改組した。損害保険については，2023年4月13日現在で，内国保険会社が33社（うち再保険専業が2社），外国保険会社が21社（うち再保険専業が6社，船主責任保険専業が6社）である。以上，金融庁「免許・許可・登録等を受けている業者一覧」（https://www.fsa.go.jp/menkyo/menkyo.html），生命保険協会「会員会社の変遷図」（https://www.seiho.or.jp/member/chart），日本損害保険協会（2023）58頁による。なお，内国保険会社は，海外所在の保険者が設立したものばかりではない（いわゆる日系の内国保険会社も含まれている）。

(41)　作表にあたっては，保険研究会（1996a）15頁の図の内容を一部取り入れた。

第1章　国際的な保険取引に対する監督規制のあり方

[表 2：日本への進出形態と海外直接引受の可否]

日本への進出形態	類型	[P] 日本における「保険業」の実施（免許制）	[Q] 日本所在財産等に係る保険契約の、「外国保険業者」による海外直接引受（海外直接付保規制）	[R] 日本所在財産等に係る保険契約の、内国保険会社の海外支店による海外直接引受
日本で保険会社免許を受けていない「外国保険業者」	[C]	不可（法3条1項）	個別許可があれば可能（法186条2項）個別許可がなければ不可（法186条1項）	N A
日本に「支店等」を設けて日本に進出している「外国保険業者」	[B]	日本の「支店等」において可能（法185条1項）	不可（法185条6項）	N A
日本に内国保険会社を設立して日本に進出している「外国保険業者」	[A-1]	内国保険会社として可能（法3条1項）	個別許可があれば可能（法186条2項）個別許可がなければ不可（法186条1項）	N A
（参考）一般の内国保険会社	[A-2]		N A	海外支店による海外直接引受が可能（「外国保険業者」に該当しないので、法185条1項にも法186条1項も適用なし）

（筆者作成）

第 1 節　海外直接付保規制のあり方 (1)

は，日本において「保険業」を行うことができない（法 3 条 1 項，185 条 1 項）。

　また，日本で外国保険会社免許を受けていない「外国保険業者」（正確には，「日本に支店等を設けない外国保険業者」）は，日本所在財産等に係る保険契約について海外直接引受を行うことも，再保険契約や，国際海上運送や国際航空運送に関する船舶・貨物・賠償責任に関する保険（以下，MAT 保険（MAT insurance: maritime, aviation and transport insurance）という）や海外旅行保険といった一定の保険契約（令 19 条，則 116 条）を除き，原則として禁止されている（法186 条 1 項）。

　けれども，個別契約単位とはなるが，海外の先進的な保険商品を日本市場に対して臨機応変に直接投入できる可能性がある。

　なぜなら，第 1 に，日本で販売されていない保険商品や，日本で入手が困難な保険商品や，日本で購入するよりも有利な条件で販売されている保険商品については（法 186 条 3 項 2 号を参照），個別の保険契約に関して保険契約者（保険契約成立前であるので厳密には顧客であるが（法 186 条 2 項は，「保険契約の申込みをしようとする者」と称している），本書では保険契約成立後の者も含めて，保険契約者と呼ぶこととする）が監督当局の許可（同項）を受ければ[42]，例外的に海外直接引受ができる可能性があるからである。換言すると，外国保険会社免許を受けていない「外国保険業者」は，日本で販売されていない保険商品や，日本市場で販売されている保険商品と比較して競争力のある保険商品を，海外直接引受という方策で日本市場に臨機応変に投入できる可能性がある。個別契約毎に監督当局の許可が必要となるが，1 保険契約あたりの契約の大きさ（たとえば，合計保険金額）に制限は設けられていないので，保険料が巨額となる保険契約の海外直接引受も可能である[43]。

---

(42)　2021 年 4 月 19 日より許可申請手続が若干簡素化された。金融庁「『保険業法施行規則の一部を改正する内閣府令（案）』に対するパブリックコメントの結果等について』」参照。*Ref.*, https://www.fsa.go.jp/news/r2/hoken/20210419/20210419.html.

　　なお，海外直接付保の許可申請は保険契約者自身が行わなければならないが（法 186条 2 項），代理人を介することもできよう。

(43)　ただし，保険契約としては 1 契約であるとしても，多数の経済主体のリスクをカバーする場合には（典型的には，団体保険契約），当該保険契約の引受だけで「保険業」を営んでいることになる可能性が全くないとは言い切れないであろう。なお，保険契約

第1章　国際的な保険取引に対する監督規制のあり方

　第2に，外国保険会社免許を受けていない「外国保険業者」は，日本において「保険業」を行うことができないものの，日本において保険契約を締結する義務（法185条6項）も負わない。日本所在財産等に係る保険契約を引き受ける海外拠点は，日本以外であれば世界中のどこの拠点でもよく（当該「外国保険業者」の本店でなくてもよい），この点について少なくとも法律上の制約は存在しないからである[44]。

②　海外直接引受の方法

　ここで原則禁止の対象となる日本所在財産等に係る保険契約の海外直接引受の方法は，通信による越境保険取引（本章第2節参照）に限定されない。日本に居住・所在する人や団体が海外に赴いて保険契約を締結する場合も規制対象となる。また，外国保険会社免許を受けていない「外国保険業者」が来日して保険契約の締結を行う場合も，たとえ当該行為が偶発的・単発的であるがために免許制の対象とならないとしても，海外直接付保規制の対象となる。

　ところで，上述のとおり，例外的に海外直接引受が可能であるが，外国保険会社免許を受けていない「外国保険業者」は，日本国内で他人を利用した「保険募集」を行うことができないことに留意する必要がある。「保険募集」は原則として禁止されているからである（法275条）。

　生命保険募集人や損害保険代理店等や少額短期保険募集人は，日本国内での「保険募集」が認められているが，その「所属保険会社等」（法2条24項）のために行う保険募集に限定されている（法275条1項1号～3号）。また，保険仲立人も，同じく日本国内での「保険募集」が認められているが，外国保険会社免許を受けていない「外国保険業者」が保険者となる保険契約に関しては，再保険契約およびMAT保険（令39条の2，19条1号～3号，則212条の6）を除き，日本国内で「保険募集」を行うことができないからである（法275条1項4号）。

　したがって，海外直接付保の許可がなされた保険契約に関しては，それは外国保険会社免許を受けていない「外国保険業者」が保険者となる保険契約であ

　　　数が一定量を超える場合の考え方について後掲注(70)を参照。
（44）　海外直接付保の許可申請書の書式（保険業法施行規則別紙様式第9号，第10号）には，引受拠点は記載事項として要求されていない。ただし，日本の監督当局が海外直接付保の許可を判断する際に，引受拠点が判断材料となる可能性は否定できないと思われる。

30

第1節　海外直接付保規制のあり方 (1)

るから，日本国内においては基本的には誰も「保険募集」を行うことはできな
いと考えられる（なお，通信越境取引に関しては後述第1章第2節5(3)③を参照）。
それでも，当該「外国保険業者」の代表権を有する役員が契約締結行為を行う
場合には「保険募集」には該当しないので（「保険募集」とは，保険契約の締結
の代理または媒介のことである。法2条26項），代表権を有する役員による契約締
結行為は可能であると考えられる[45]。

(2) 外国保険会社免許を受けた「外国保険業者」

　日本に「支店等」を設けて外国保険会社免許を受けた「外国保険業者」は，
日本において「保険業」を行うことができる（法185条1項。表2のB類型のP
列）。なお，「支店等」の設置を求めるのは，日本国内において日本の監督当局
が監督の実効性を確保するためである[46]。

① 海外直接付保規制

　けれども，外国保険会社免許を持つ「外国保険業者」は，海外の先進的な保
険商品を日本市場に対して臨機応変に直接投入することが容易ではないかもし
れない。なぜなら，再保険契約および「条件付外国生命保険会社等」が保険者
となる保険契約を除き（則115条。外国保険会社免許を受けていない「外国保険業
者」（前述(1)参照）とは異なり，MAT保険や海外旅行保険等に関しても海外直接引受
ができない），日本所在財産等に係る保険契約を引き受けるには，「日本国内に
おいて」保険契約を締結しなければならない（法185条6項）。これが，外国保
険会社免許を受けた「外国保険業者」に関する海外直接付保規制である。この
規制の内容次第では，海外からの直接引受ができない可能性があるからである。
　ここで問題となるのは，日本所在財産等に係る保険契約の締結地に関する条
件が「日本国内において」と規定されており（法185条6項），「当該（＝日本に

---

(45)　内国保険会社である生命保険会社や損害保険会社に関しても，代表権を有する役員
　　による契約締結行為は「保険募集」に該当しない（そのため，そもそも生命保険会社の
　　代表役員は「生命保険募集人」に該当しないとされており（法2条19項），また，損害
　　保険会社の代表役員は「保険募集」が可能な者から除外されている（法275条1項2
　　号））。
(46)　保険研究会（1996b）276頁参照。

第1章　国際的な保険取引に対する監督規制のあり方

設けた）支店等において」（外国保険会社免許に関する法185条1項。括弧内は筆者）と規定されている訳ではない点である。この点に関しては㋐～㋒の解釈が存在し得る（次述②）。

　ちなみに，旧外者法では次のように規定されていた。すなわち，外国保険会社免許に関する規定（法185条1項）の前身は旧外者法3条1項であるが，そこでは，「外国保険事業者が日本に支店等を設けて[47]日本において保険事業を営むには，大蔵大臣の免許を受けなければならない。」と規定されていた。文章構成が変更されるとともに，「日本に支店等を設けて日本において保険事業を営む」という免許対象事由に関する文言は，「保険業を当該支店等において行う」に変更された[48]。一方，外国保険会社免許を受けた「外国保険業者」に対する海外直接付保規制（法185条6項）は，旧外者法3条7項を基本的にはそのまま引き継がれたものである[49]。そこでは，「第1項の許可を受けた外国保険事業者は，日本にある人若しくは財産又は日本国籍を有する船舶若しくは航空機に係る保険契約については，大蔵省令で定める場合を除き，日本においてこれを締結しなければならない。」と規定されていた。

② 海外直接付保規制に関する複数の捉え方

㋐ 契約締結地説

　「保険業」の実施に関する保険業法185条1項（「当該支店等において」）と，海外直接付保規制に関する同条6項（「日本国内において」）とで文言が異なることを重視するならば，そして，同条6項について素直な文言解釈をするならば，同条6項は日本所在財産等に係る保険契約の契約締結地が日本国内である

---

(47)　旧外者法3条1項に「日本に支店等を設けて」という文言が付加されたのは1963年改正（本章2節2冒頭参照）においてである。

(48)　法改正によって「日本において」という免許対象地域に関する文言はなくなったが，当然のこととして含意されているものと思われる。

　　ちなみに，当該業法改正の基となった保険審議会報告「保険業法等の改正について」（1994年6月24日）の「第9外国保険業者」1(1)においては，外国保険会社免許が必要となる地理的範囲が「日本において」と明記されていた）。

(49)　旧外者法を取り込むこととなった1995年保険業法改正時には，海外直接付保規制はウルグアイ・ラウンドに基づくサービス貿易自由化にかかわる問題であるため，検討対象として取り上げられなかったとのことである（岩原（1994）43頁参照）。

第1節　海外直接付保規制のあり方（1）

ことを求めていることになるとする考え方である。

　保険業法185条6項の前身である旧外者法3条7項は，「日本において」保険
契約を締結する義務を課していたが，その趣旨は，「この種の契約を外国で締
結すると，事業方法書にしたがって保険業を営むこと（法187条3項），日本に
おいて一定の円貨資産を保有しなければならないこと（法197条）等の規制が
十分に行われなくおそれがあるからである。」と説明されていた[50]。また，保
険業法185条6項の趣旨は，日本所在財産等に係る保険契約が「外国において
締結される場合には，保険業法等が適用されず，日本における保険契約者等の
保護に欠けるおそれがあるためである」と説明されている[51]。

　この立場を突き詰めると，外国保険会社免許を受けた「外国保険業者」とし
ては，日本所在財産等に係る保険契約を日本国内で保険契約を締結すればよく，
日本に設けた「支店等」において保険契約を締結しなくてもよいことになるの
かもしれない。つまり，日本国内で保険契約締結を行いさえすれば，当該「外
国保険業者」の日本国外の本支店が直接引受をしても同項には抵触しないこと
になるのかもしれない。けれども，この立場を唱える者は，外国保険会社免許
を受けた「外国保険業者」が日本所在財産等に係る保険契約を日本国内で締結
する場合には，当該保険契約の勘定が当該「外国保険業者」の日本の「支店
等」に帰属することを当然の前提，あるいは，暗黙の前提としていると考えら
れる。そのように捉えないと，当該「外国保険業者」が日本に設置した「支店
等」において，免許申請書の添付書類である事業方法書に従って業務を運営し，
一定の円貨資産を保有することを実質的に確保できないからである。

(イ)　勘定帰属説

　「日本国内において」という文言（法185条6項）を地理的な契約締結地に関
する制約と解釈せずに，日本所在財産等に係る保険契約を日本に設けた「支店

---

(50)　東京海上火災保険（1997）171頁［小林登］参照。旧外者法に関して，東京海上火災
　　保険（1983）149頁［田辺博道］，青谷（1974b）664頁［石上稔（千代田生命）］も同旨。
　　　なお，OECD報告書によると日本はキュミュル禁止原則を採用していないことになっ
　　ているので（*Ref.*, OECD（1999）p. 117, Table IV），日本の監督当局は契約締結地説を
　　採っているのかもしれない。
(51)　安井（2016）589頁参照。

第1章　国際的な保険取引に対する監督規制のあり方

等」の勘定に帰属させる義務であると解する考え方である[52]。

　外国保険会社免許を受けた「外国保険業者」に海外直接付保規制を設けているのは，当該「外国保険業者」が，「その日本に設けた支店等を使わずに，外国にある本支店等において」日本所在財産等に係る保険契約を締結する場合には，「免許を受けた外国保険業者でありながら実質的に無免許の外国保険業者と同様なものとなってしまい，日本における保険契約者等の保護に欠けるおそれがあるためである。」と説明されている[53]。そのため，たとえ日本国内で契約締結がなされたとしても，当該保険契約の勘定が海外の本支店に帰属すれば，海外直接付保規制に抵触することになろう。

　この立場を突き詰めると，たとえ日本所在財産等に係る保険契約の締結が海外でなされたとしても，その勘定が日本の「支店等」に帰属すれば，海外直接付保規制に抵触しないことになるのかもしれない。けれども，この立場を唱える者は，契約締結地が日本であることを必要条件としているように思われる。そのような捉えないと，法文に明確に反してしまうからである。

㈻ 契約締結地かつ勘定帰属説

　保険業法185条6項を同条1項と併せ読むことにより，外国保険会社免許を受けた「外国保険業者」は，日本所在財産等に係る保険契約について，日本の「支店等」に勘定を帰属させる義務を負うとともに（同条1項。「保険業を当該支店等において行う」ことに該当する），日本国内で契約を締結する義務を負う（同条6項）とする考え方である[54]。

　すなわち，保険業法185条1項と同条6項は，深い関連性のある規定だと考えられる。まず，日本所在財産等に係る保険契約に関しては，外国保険会社免

---

(52)　保険研究会（1996b）279頁参照（法185条6項は「保険契約の締結地の制限を規定している」と言いつつ（同書278頁），「日本国内において締結」とは日本に設けた「支店等」の勘定において保険契約を締結することであるとする）。保険研究会（1996a）171頁，吉田（2023）511頁も同旨。

　　　関西保険業法研究会（2004）160頁［木下孝治］も基本的には勘定帰属説かと思われるが，「取引記録が当該支店等に所在するために必要な措置を講じてある必要があろう。」とする。

(53)　保険研究会（1996b）279頁参照。

(54)　吉澤（2013）156-159頁参照。なお，細田（2018）294-295頁も同旨かと思われる。

34

許を受けた「外国保険業者」は，「日本国内において」契約を締結しなければ
ならないと規定されているので（法185条6項），日本国内で契約締結を行うこ
とになる。ここで，保険契約の締結行為とは，まさに「保険業」を営む行為の
一つであり，それが日本国内において業として行われれば免許制（法3条1項）
が適用されると考えられる。そして，外国保険会社免許（法185条1項）は，免
許を受けた「外国保険業者」が，日本国内において，保険契約締結などの「保
険業」を行い，その勘定が日本の「支店等」に帰属することを予定している
（法185条1項の「当該（筆者注：日本に設けた）支店等において」）と考えられる
からである。

　この立場では，日本所在財産等に係る保険契約を海外で締結すると保険業法
185条6項違反となる。また，そのような保険契約を日本国内で締結すること
は当該「外国保険業者」の業として行われるであろうから，たとえ日本の「支
店等」の者が保険契約締結を日本国内で行ったとしても，当該保険取引の勘定
が海外拠点（たとえば，当該「外国保険業者」の主たる事務所たる本店）に帰属す
る場合には，免許制（法185条1項）に抵触することになる。

③　海外直接付保規制の規制内容

　以上のように表面的にはいくつかの考え方があるが，実質的には同じ結論と
なるように思われる。すなわち，外国保険会社免許を受けた「外国保険業者」
は，日本所在財産等に係る保険契約を日本国外で締結すると保険業法185条6
項違反となる[55]。また，日本所在財産等に係る保険契約（MAT保険や海外旅

---

(55)　ただし，外国保険会社免許を受けた「外国保険業者」が，海外に所在したり居住し
たりする保険契約者との間で，日本所在財産等に係る保険契約を締結する場合には，実
際には，保険契約者の所在地または居住地である外国において契約締結行為がなされる
ことも多いであろう（当該「外国保険業者」の日本の「支店等」の者が当該外国に赴い
て契約締結を行うこともあろうし，当該外国にある当該「外国保険業者」の本支店の者
が締結行為を行うこともあろう）。この場合も，日本所在財産等に係る保険契約を海外
で締結するものであるから，法185条6項に抵触することになる。
　この論点は，外国保険会社免許を受けていない「外国保険業者」に関する海外直接付
保規制（法186条1項）に関しても同様に存在する。要するに，保険契約当事者が海外
に所在したり居住したりしている場合であっても，保険の対象となる財産や人が日本国
内に所在したり居住したりしていれば規制対象となるのかという論点である。法186条

第1章　国際的な保険取引に対する監督規制のあり方

行保険等を含む）を日本国外の本支店から直接引受をすることもできないと考えられる（法185条6項または同条1項。表2のB類型のQ列）。ちなみに，外国保険者が支店免許を受けた場合には，現地支店での引受を優先すべきであり，海外直接引受を禁止するという考え方は「キュミュル禁止原則」（non-cumul rule）と呼ばれている（キュミュル禁止原則の採否は国によって区々である[56]）。

　そうであるとすると，日本で受けた外国保険会社免許に従った保険商品しか販売できないし，当該外国保険会社免許に従った保険料率でしか販売できないことになる。したがって，たとえ当該「外国保険業者」の本国において，日本で販売されていない保険商品や，日本市場で販売されている保険商品と比較して競争力のある保険商品を販売していたとしても，日本の「支店等」で販売するには日本の監督当局の商品認可等が必要になる。そしてまた，日本の「支店等」以外の，当該「外国保険業者」の日本を除く全世界の拠点（典型的には，海外所在の本店）が，海外直接引受という方式で，日本所在財産等に係る保険契約を引き受けることもできないと考えられる。

　結局のところ，海外の先進的な保険商品を日本で販売したいのであれば，日本に「支店等」を設けている以上，正々堂々と日本の「支店等」が日本の監督当局から保険商品認可等を得たうえで，しかも，日本に設けた「支店等」において販売すべきである，というのが保険業法の考え方であると思われる[57]。

(3) 日本に内国保険会社を設立して日本に進出している「外国保険業者」

「外国保険業者」は，日本に内国保険会社を設立のうえ，内国保険会社免許

　　1項と同様（前掲注24，25参照）に，法185条6項に関しても規制対象となると考えられる。もちろん，規制の実効性の問題は残るが，外国保険会社免許を受けている「支店等」が日本に設置されているのであるから，法186条1項の海外直接付保規制よりも，法185条6項の海外直接付保規制の方が，規制の実効性は少なくとも相対的に高いであろう。

(56)　OECD諸国の1999年時点の状況は，OECD（1999）pp. 116-120, Table IV 参照。

(57)　保険業法は，外国保険会社免許に基づく「支店等」の形態による日本市場進出とは過渡的な状態に過ぎず，内国保険会社免許の取得を促しているとも考えられる。内国保険会社免許を受ければ，「外国保険業者」自身が，限定的ながら，日本国外の本支店から海外直接引受ができるからである（次述(3)参照）。

第1節　海外直接付保規制のあり方（1）

を受ければ（内国保険会社のうち，いわゆる外資系の保険会社がこれにあたる），
当該内国保険会社において，日本国内で「保険業」を営むことができる（法3
条1項。表2のA-1類型のP列）。

　他方，当該「外国保険業者」（内国保険会社自体ではなくて，当該内国保険会社
をたとえば「子会社等」（法97条の2第3項）とする「外国保険業者」）の日本国外
の本支店が，日本所在財産等に係る保険契約を海外から直接引受することは，
再保険契約やMAT保険などの一定の保険契約（令19条，則116条）を除き，原
則として禁止されている（法186条1項）。なぜなら，内国保険会社を設立した
「外国保険業者」自体は日本に「支店等」を設置していないと考えられるので
（あるいは，内国保険会社免許を得た際に，当該「外国保険業者」の既存の日本にお
ける「支店等」は廃止すると考えられるので），当該「外国保険業者」は，保険業
法186条1項および2項にいう「日本に支店等を設けない外国保険業者」に該
当すると考えられるからである（「支店等」には内国保険会社は含まれない。法
185条1項括弧書。ただし，内国保険会社が当該「外国保険業者」の総代理店である
場合を除く）。

　けれども，日本で販売されていない保険商品や，日本で入手が困難な保険商
品や，日本で購入するよりも有利な条件で販売されている保険商品については
（法186条3項2号を参照），当該内国保険会社が当該「外国保険業者」の総代理
店でない限り[58]，個別の保険契約に関して保険契約者が監督当局の許可（法
186条2項）を受ければ[59]，当該「外国保険業者」の日本国外の本支店におい

---

(58)　なお，「外国保険業者」が日本に内国保険会社を設立し，当該内国保険会社が当該
　　「外国保険業者」の総代理店となって日本で「保険業」を行う場合には，当該「外国保
　　険業者」は外国保険会社免許を受けなければならないと思われる（法185条1項）。そう
　　であるとすると，当該「外国保険業者」は日本所在財産等に係る保険契約について海外
　　直接引受が全くできないことになる（法185条6項）。
(59)　なお，外国で保険引受を業として行う者のうち「外国保険業者」には該当しない者
　　（典型的には，表1のF類型）は，日本に内国保険会社を設立し，同社に内国保険会社
　　免許を取得させれば，当該内国保険会社に，日本において「保険業」を行わせることが
　　できる。併せて，当該外国保険者が外国において行う保険引受は保険業法上の「保険
　　業」に該当せず，当該外国保険者自身は海外直接付保規制の適用を受けないので（前述
　　本文2(2)①参照），日本所在財産等に係る保険契約について，保険契約者が監督当局の

第 1 章　国際的な保険取引に対する監督規制のあり方

て海外直接引受ができると考えられる（法186条 1 項。表 2 の A- 1 類型の Q 列。この点に関しては前述(1)に同じ）。

　さらに，「外国保険業者」が設立した内国保険会社は，その海外支店において，日本所在財産等に係る保険契約について，保険契約者が監督官庁の許可を受けることなく，海外直接引受を行うことができる（表 2 の A- 1 類型の R 列）[60]。内国保険会社は「外国保険業者」ではないので（法 2 条 6 項），海外直接付保規制は適用されず（法186条 1 項），その海外支店も同様だと考えられるからである（前述 2 (2)②参照）。また，「外国保険業者」が設立した内国保険会社が海外に保険子会社を設立した場合には，当該保険子会社は「外国保険業者」に該当するので，保険契約者が監督官庁の許可（法186条 2 項）を受ければ，当該保険子会社が海外直接引受を行うことができる。

　以上のとおり，「外国保険業者」が日本の保険市場に参入する方法は 3 種類に大別されるが，それを図示すると【図 1 ：海外保険者の日本保険市場へのアクセス方法】となる。

(4) その他の内国保険会社

「外国保険業者」以外の者は，日本で内国保険会社を設立のうえ，内国保険会社免許を受ければ（内国保険会社のうち，いわゆる日系の保険会社はこれにあたる），当該内国保険会社において，日本国内で「保険業」を営むことができる（法 3 条 1 項。表 2 の A- 2 類型の P 列）。

　さらに，日本所在財産等に係る保険契約について，内国保険会社の海外支店が海外から直接引受を行うこともできる（表 2 の A- 2 類型の R 列。この点に関しては日本に内国保険会社を設立して日本に進出している「外国保険業者」（上述(3)）に同じ）。この点に関する海外直接付保規制が存在しないからである（前述

　　許可を受けることなく，当該外国保険者は日本国外の本支店から海外直接引受ができることになる。

(60)　なお，内国保険会社が海外に子会社等として設立した保険会社が，日本所在財産等に係る保険契約の直接引受を行う場合には，同様に海外直接付保規制（法186条 1 項）が適用される。なぜなら，当該海外子会社等は内国保険会社ではなく，「外国保険業者」に該当する（関西保険業法研究会（2004）157頁［木下孝治］参照）からである。

第1節　海外直接付保規制のあり方（1）

【図1：海外保険者の日本保険市場へのアクセス方法】

A. 外国保険会社免許を受けていない「外国保険業者」

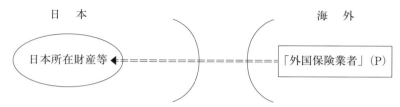

B. 外国保険会社免許を受けた「外国保険業者」

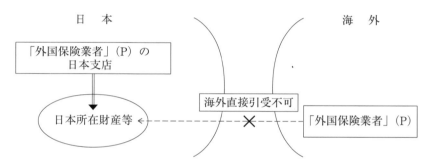

C. 内国保険会社を設立した「外国保険業者」

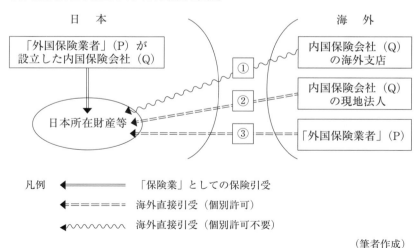

（筆者作成）

第1章　国際的な保険取引に対する監督規制のあり方

2(2)②参照)。

(5) 検　討

　日本所在財産等に係る保険契約の「外国保険業者」による海外直接引受は，日本市場への進出の初期段階，すなわち，日本に全く拠点を設けない段階では，一部（再保険契約，MAT 保険，海外旅行保険等，保険契約者が許可を得た個別保険契約）について認められている（前述(1)。図1のA)。

　その後，「外国保険業者」が日本への進出の程度を強めて，日本に設置した「支店等」が外国保険会社免許を得ると，一旦は海外直接引受がほぼ全面的に禁止されるに至る（再保険契約等を除く。前述(2)。図1のB)。

　ところが，さらに進出度合いを強めて，日本に設立した保険会社が内国保険会社免許を得ると，再び初期段階と同じく「外国保険業者」による海外直接引受が一部認められることになる（図1のC③)。そればかりか，日本に設立した内国保険会社が海外に現地法人たる保険会社を設立すると，当該現地法人は保険業法における「外国保険業者」に該当するので，保険契約毎に保険契約者が監督官庁から個別許可を受ければ，「外国保険業者」として海外直接引受が可能となる（図1のC②)。また，日本に設立した内国保険会社が海外に支店を設置すると，当該支店は保険業法における「外国保険業者」には該当しないので，保険契約者が監督官庁から個別許可を受けることなく，「内国保険業者」として海外直接引受が可能となる（図1のC①。以上，前述(3))。

　そもそも，直接進出に関する規制はできる限り価値中立的なものとすべきであるとの立場からすると[61]，現行規制の整合性は必ずしも明確とは言えないかもしれない。けれども，支店形態での日本進出（前述(2))を過渡的な状態と捉えて[62]，あえて少々厳しめの規制を設定していると考えれば，日本市場へ

---

(61)　落合（1992）258-259頁参照。

(62)　石田満（2019）364頁は，「支店や代理店方式で日本で保険業を行っていても，事業規模が拡大してきた段階で，国内保険業化を図らせるのが行政として適切であ（る)」とする（石田満（1995）661-662頁も同じ)。主として日本で「保険業」を行う擬似外国保険業者について落合（1992）258頁，石田満（2019）365頁参照。

　また，立法論として，支店形態による参入を認めないという考え方もあり得る。山下

第1節　海外直接付保規制のあり方（1）

の進出度合いに応じた現行規制の相違にも合理性が認められることになる。

　次に，観点を変えて，外資系の内国保険会社（表2のA-1類型）と日系の内国保険会社（表2のA-2類型）の競争条件を比較してみる。

　まず，日系の内国保険会社のうち，海外に支店や現地法人を展開しているものについては，外資系の内国保険会社と競争条件はほとんど変わらない。なぜなら，いわゆる日系の内国保険会社の海外保険子会社は，保険業法上の「外国保険業者」に該当するので，保険契約者が監督当局の許可を得れば，日本所在財産等に係る保険契約を直接引き受けることができる（法186条2項。表2のA-1類型のQ列に同じ）。また，いわゆる日系の内国保険会社の海外支店は，当該内国保険会社と同一法人であるので，海外直接付保規制が適用されず，保険契約者が監督当局の許可を受けることなく，日本所在財産等に係る保険契約を直接引き受けることができるからである（表2のA-2類型のR列。この点は，外資系の内国保険会社の場合（表2のA-1類型のR列）と全く同じである）。ただし，保険契約者が監督官庁の許可を受ければ，内国保険会社を設立した「外国保険業者」自身が，その日本国外の本支店から海外直接引受をすることができ

（1994）557頁参照。

　ちなみに，エーアイユーインシュアランスカンパニー（通称はAIU保険会社）は，日本においては永らく（1978年以来），支店形態で相当規模（保険契約数で250万件）の「保険業」を行ってきたが，2012年10月26日に内国保険会社（AIU損害保険株式会社）を設立し，2013年4月1日付けで保険事業の全てをAIU損害保険株式会社（親会社は保険持株会社であるAIGジャパン・ホールディングス株式会社）に移転した。*Ref.*, https://www.aig.co.jp/content/dam/aig/sonpo/jp/ja/documents/aiu/company/press/2013/20130401-1.pdf. なお，その後の2018年1月に，AIU損害保険株式会社と富士火災海上保険株式会社（同社は2013年にAIGジャパン・ホールディングスの完全子会社となっていた）が合併してAIG損害保険株式会社となり，今日に至っている。

　また，「アメリカン ファミリー ライフ アシュアランス カンパニー オブ コロンバス（American Family Life Assurance Company of Columbus）」（通称，アフラック）は，日本においては永らく（1974年以来），支店形態で相当規模の「保険業」を行ってきた（保険契約件数で2,400万件超）。同社は，日本支店の現地法人化に抵抗してきたが（レイクII（2013）13-16頁），遂に内国保険会社（アフラック生命保険株式会社）を設立することとなり，2018年4月2日付けで保険事業の全てをアフラック生命保険株式会社（親会社は保険持株会社であるAflac Holdings LLC）に移転した。*Ref.*, https://www.aflac.co.jp/news_pdf/2018040208.pdf.

第1章　国際的な保険取引に対する監督規制のあり方

る点において，いわゆる外資系の内国保険会社の方がいわゆる日系の内国保険会社よりも有利かもしれない[63]。

　一方，日系の内国保険会社のうち，海外に支店や現地法人を展開していないものについては，上述のような海外支店や現地保険会社による直接引受ができない。また，海外展開しているとしても，それが保険の先進国ではない国ばかりであれば，やはり当該海外拠点からの海外直接引受は事実上望めない。このような日系の内国保険会社は，海外展開（より正確には，保険の先進国への海外展開）が法的に禁止されている訳ではないので，日本所在財産等に係る保険契約について，形式的な平等が確保されているものの，実質的な平等は確保されていないと言えるかもしれない（ただし，海外直接引受によって日本市場に大きな影響が生ずるのは，日本で販売されている保険商品が保険需要を十分には充たさないがために海外直接付保に頼らざるを得ない場合であるが，そのような自体がさほど生じていないのであれば[64]，当面は事態の推移を見守ることで良いのかもしれ

---

[63]　その一方で，内国保険会社を設立した「外国保険業者」の本国（これをA国と呼ぶ）から当該「外国保険業者」が海外直接引受をする場合には，保険契約者による監督官庁からの許可取得が必要となる。他方，いわゆる日系の内国保険会社がA国に設置した支店から海外直接引受をする場合には，監督官庁の許可は不要である。この点だけを捉えれば，いわゆる日系の内国保険会社の方が有利である。けれども，いわゆる日系の内国保険会社がA国に，支店ではなく，保険子会社を設立している場合には，監督官庁の許可が同様に必要となる。

　　以上からすると，いわゆる外資系の内国保険会社と，いわゆる日系の内国保険会社のうち保険の先進国に海外展開をしている会社を比較すると，日本所在財産等に係る保険契約の海外直接引受に関して，いずれが有利であるかを一概には言えないと思われる。

[64]　海外直接付保の許可事例としては，古い資料であるが，損害保険契約では，捕鯨母船を目的物とする繋船保険，美術工芸品を目的とするオールリスク保険があり，生命保険契約では，在日外国商社に勤務する外国人が，自己を被保険者として，本国の保険会社と契約する遺族年金付養老保険があるとのことである（新生命保険実務講座刊行会（1966b）353頁［中大路義方］参照）。

　　また，保険業法研究会（1986）177頁によると，昭和55年度以後，生命保険では許可実績はないが，損害保険関係では毎年20件前後の実績があり，わが国では引受をしていなかったり，担保範囲から除外されたりしている危険に関する保険（たとえば，ストライキ危険を含む船主責任相互保険）や，わが国の保険では縮小填補となるので（たとえば，地震保険）その残余部分を担保する保険といった例が多いとのことである。

第1節　海外直接付保規制のあり方 (1)

ない）。

　いわゆる日系の内国保険会社のうち保険の先進国へ海外展開していない会社との実質的平等確保の観点からすると，「外国保険業者」が日本市場に進出して内国保険会社免許を取得した場合には，日本所在財産等に係る保険契約について当該「外国保険業者」の日本国外の本支店から直接引受することを全面禁止とすることを，議論したり検討したりする意義があると考えられる。どうしても海外直接引受をしたいのであれば，当該「外国保険業者」自身ではなくて，当該「外国保険業者」が日本に設立した内国保険会社の海外支店や海外現地法人が行えばよいと考えられるからである（この海外直接引受は，法的には日系の内国保険会社と同条件である[65]）。

4　小　括

　海外直接引受は，海外の保険者にとっては日本の保険市場への参入形態の一種である。本節では，海外保険者による日本保険市場参入に対する規制間の整合性，および，いわゆる日系の内国保険会社に対する規制との均衡を検証することにより，海外直接付保規制の規制内容の適否を検討した。

　その結果，第1に，規制対象について，外国保険会社免許制では「保険業」という概念を，海外直接付保規制では保険契約という概念を基準としているが

　なお，許可を得ずに海外直接付保がなされている可能性もあるので，許可件数のみで海外直接付保の動向を判断することは危険である。たとえば，日本人がタックス・ヘイブンに信託を設立し，当該信託が外国の生命保険会社の保険商品を購入する方式によって，海外直接付保規制を潜脱しているようである。奥山＝畑（2022）231-233頁参照。ちなみに，中央出版事件（名古屋地判平成23年3月24日・税務訴訟資料261号順号11654，同控訴審・名古屋高判平成25年4月3日・訟務月報60巻3号618頁）は，日本に生活の本拠がある者を被保険者として，米国ニュージャージー州法に準拠して設定した信託が生命保険契約を購入した事案である（保険料合計440万米国ドル，保険金額総額は6,084万米国ドル，保険期間は被保険者が100歳となるまでの約68年間）。

(65)　ただし，「外国保険業者」が内国保険会社免許を取得して日本で「保険業」を営む場合に，当該内国保険会社が，その親会社等である当該「外国保険業者」の本国に海外支店を設置したり，ましてや現地法人を設立したりすることは，一般的には考えにくいところである。

43

第1章　国際的な保険取引に対する監督規制のあり方

ために，両規制内容の整合性に欠ける状況が生じている。すなわち，適用除外保険の引受業や適用除外事業を日本国内で実施する場合には保険業法上の免許制が適用されない。その一方で，外国保険会社免許を受けた「外国保険業者」（表1のB類型）の海外本支店や日本に「支店等」を設けない「外国保険業者」（表1のC類型）が，同じ保険契約（すなわち，日本所在財産等に係る，適用除外保険契約や適用除外事業として行われる保険契約）を海外から直接引受を行う場合には，少なくとも法文上は，海外直接付保規制が及ぶ惧れがある（前者は一定の保険契約以外は全面禁止，後者は一定の保険契約の他，監督当局の許可を受ければ引受可）。そのため，この現行法の不整合は法律解釈で埋めざるを得ず，こうした場合には海外直接付保規制は適用されないと解すべきであろう（前述2(2)①）。

　また，外国保険会社免許制と海外直接付保規制は，同じく外国において保険引受を業として行う者に対する日本市場への参入規制であり，「外国保険業者」という概念を共通にしている。けれども，両規制とも「外国保険業者」概念を共通にしているがために，海外直接付保規制において不具合が生じている。具体的には，外国における無免許業者（表1のE類型）や，外国において，保険業法における「保険業」を行わずに，保険業法における「保険業」には該当しない保険引受を行う者（すなわち，適用除外保険の引受業や適用除外事業を行う者。表1のF類型およびG類型）は，保険業法における「外国保険業者」には該当しない。そのため，こうした事業者が日本所在財産等に係る保険契約を海外で直接引受を行ったとしても，海外直接付保規制に抵触しないことになってしまうのである。海外直接付保規制の適用範囲を拡大すべく，何らかの立法手当てが必要かと思われる（前述2(2)②）。

　第2に，「外国保険業者」の日本市場への進出方法としては，保険免許を受けずに海外直接引受を行う方法，外国保険会社免許を受けて，日本に設置した「支店等」で「保険業」を営む方法，内国保険会社免許を受けて，日本で設立した内国保険会社で「保険業」を営む方法の3種類がある。そして，「外国保険業者」自身による海外直接引受は，最前者および最後者の進出方法においては，限定的ながら，再保険契約，MAT保険，海外旅行保険等，保険契約者が許可を得た個別保険契約について認められている。その一方で，2番目の進出

44

第1節　海外直接付保規制のあり方（1）

方法では，「外国保険業者」自身による海外直接引受は，再保険契約を除き，ほぼ全面的に禁止されている。このように，一見すると，日本への進出度合いと海外直接付保規制の相違との整合性は明確とは言えない。けれども，支店形態での日本市場進出を過渡的なものであると捉えれば，規制内容の相違に合理性が認められることになる。

　ところで，こうして日本に進出する「外国保険業者」やその「子会社等」である内国保険会社（いわゆる外資系の保険会社）は，いわゆる日系の内国保険会社と競争関係に立つ。そして，内国保険会社は，それがいわゆる日系の内国保険会社であろうと，「外国保険業者」が設立した内国保険会社であろうと，海外に支店または現地保険会社を設置・設立すれば，日本所在財産等に係る保険契約を，当該支店や当該現地保険会社から，全面的に（海外支店の場合），または，限定的に（現地法人の場合），直接に引き受けることができる。この点においては同等の競争条件が確保されている。けれども，「外国保険業者」が内国保険会社を設立した場合には，保険契約者が監督官庁の許可を受ければ，当該「外国保険業者」自身が，その日本国外の本支店から海外直接引受をすることができる。この点において，いわゆる日系の内国保険会社よりも有利である。特に，いわゆる日系の内国保険会社であって，現実に海外展開（特に，保険の先進国への海外展開）をしていない場合には，海外直接引受を実質的に行うことができないので，その実質的差違は大きいかもしれない。こうした事情からすると，内国保険会社をたとえば「子会社等」とする「外国保険業者」には，一定の保険契約を除き，日本所在財産等に係る保険契約についての海外直接引受を認めないことも議論や検討に値しよう（その場合であっても，いわゆる日系の内国保険会社と同様に，「外国保険業者」が設立した内国保険会社の海外支店や現地法人から，海外直接引受をすることができる）。

　海外直接付保規制はきわめて通商政策の意味合いの強い制度であり，合理性および整合性のある規制，そして，いわゆる日系の内国保険会社との競争条件の実質的均衡を確保すべきであると考えられる。

第2節 海外直接付保規制のあり方(2)
── 通信による越境保険取引規制の観点から

1 本節の目的

近時における電気通信技術（特に，インターネット技術を用いたウェブサイト，電子メール，通話）の著しい発展と価格低下により，日本国内の保険契約者は，海外の保険者や保険仲介者に，容易かつ安価にアクセスできるようになった。また，逆に，海外の保険者や保険仲介者も，日本国内の保険契約者に，海外から容易かつ安価にアクセスできるようになった[66]。そしてまた，日本国内の保険契約者は，保険の通信販売に関するテレビやウェブサイト等での広告に日常的に接するようになっている。

そのため，将来的には，日本国内の保険契約者が，相手が海外に所在しているとは思わずに，知らぬ間に海外の保険者や保険仲介者にアクセスして保険契約締結に至る事態が生ずるかもしれない。

逆に，海外からのアクセスであるにもかかわらず，海外からのアクセスであるとは認識しないまま，日本国内の保険契約者が保険募集を受けて保険契約締結に至る事態が生ずるかもしれない。また，たとえ海外からのアクセスであると日本の保険契約者が認識できたとしても，通信相手が日本の保険業免許（内国保険会社免許または外国保険会社免許）を受けた者か否かが直ちには分からない事態が生じる可能性もある。

このように，国際通信を利用した保険の越境取引（cross-border supply）[67]

---

(66) 金融サービス研究会（2000）6頁参照。

(67) 世界貿易機関（WTO）のサービス協定（GATS: General Agreement on Trade in Services）は，国際的な役務提供を4つの形態に分類している。すなわち，越境取引（mode 1），国外消費（consumption abroad. mode 2），海外商業拠点設置（commercial presence. mode 3），人の移動による役務提供（presence of natural persons. mode

第 1 章　国際的な保険取引に対する監督規制のあり方

は今後急拡大する可能性があるが[68]，国際取引であることを日本国内の保険
契約者が認識しないまま保険募集や保険契約締結が行われ，監督当局の許可
（後述 2 (2)参照）を受けないまま海外直接付保（外国保険者の立場からは，海外直
接引受）がなされてしまう惧れのある状況が迫りつつある。

　そこで，まず，保険の通信による越境取引（以下，保険の通信越境取引とい
う）に関して，保険業法はいかなる規制を設けているか，そして，当該規制が
近い将来に予想される上述の問題状況に適切に対応できるか否かを確認する
（次述 2 ）。その結果，現行の規制では適切な対応が困難であることが判明する
ので，立法論として，いかなる制度を採用すべきかを検討する。具体的には，
先進国における規制状況を概観し（後述 3 ），また，保険の隣接業界である証
券分野の規制状況を概観する（後述 4 ）。そのうえで，保険の通信越境取引に
ついて日本が採用すべき規制を提言し（後述 5 ），最後に結論を述べることと
する（後述 6 ）。

　なお，本節において保険の通信越境取引とは，各国の国内所在財産等に関し
て，国内に所在または居住する保険契約者（法人や個人）と，海外所在（EU の
場合は EEA 域外所在。後述 3 (1)参照）の保険者（または，保険仲介者）との間で
行われる保険契約を想定する[69]。また，元受保険であることを前提とする
（再保険では保険会社が保険契約者となるが，保険契約者となる保険会社自身には十
分な判断能力が備わっていると考えられ，通信越境取引規制の必要性に乏しいため，

---

　4 ）である。前節は，このうちの mode 1 および mode 3 を対象とするものであったが，
　　本節は mode 1 に焦点を絞るものである。
(68)　世界的にも，今のところは保険の越境取引は僅かである（また，そもそも，支店進
　　出に関するデータと越境取引に関するデータに区分することが困難である）。そして，
　　僅かに行われている越境取引の中心となるのは，再保険，MAT 保険，大企業向けの保
　　険契約である。*Ref.*, OECD（2000）p. 33.
　　　また，日本の保険契約者が，通信のみを用いた保険の越境取引をどの程度行っている
　　かは不明である。
(69)　保険の通信越境取引としては，本稿で想定するものの他にも，海外所在財産等に関
　　する保険契約も考えられるし，また，日本所在財産等に関して，外国所在の保険契約者
　　と当該外国以外の外国に所在する保険者（または，保険仲介者）との間で行われるもの
　　も考えられる。

第2節　海外直接付保規制のあり方 (2)

再保険は検討対象から除外する）。このような保険取引を検討対象として設定するのは，上述の問題状況において，日本に所在または居住する保険契約者の保護を考えるうえで最適だからである。

2　日本の規制内容と環境変化

日本・外国間の通信による保険の越境取引は，保険業法においては，日本における「保険業」に該当するとは考えられていない[70]。そうであるからこそ，海外からの直接引受を規制対象とすべく，旧外者法に海外直接付保規制が設けられたのである（昭和38年法律110号「外国保険事業者に関する法律の一部を改正する法律（昭和38年（1963年）7月1日施行）。なお，それまでは，日本・外国間の保険の通信越境取引は無規制だった[71]）。そこで問題となるのが，保険の通信越境取引に対する海外直接付保規制の実効性である。

ここでは，「外国保険業者」（法2条6項）自身が，通信手段を用いて日本の消費者や事業者と保険の通信越境取引を行うときに，現行の海外直接付保規制がいかに適用されるかについて，当該「外国保険業者」が日本における外国保険会社免許を受けている場合（次述(1)）と受けていない場合（後述(2)）に分け

---

(70)　保険研究会（1996b）279頁，東京海上火災保険（1997）172頁［小林登］，安居（2016）595-596頁は，本文で述べた趣旨に捉えているものと考えられる。そもそも，日本・外国間の通信越境取引は，海外直接付保規制の立法経緯からすると，日本における「保険業」には該当しないと考えられる（青井（1963）19-20頁，保険業法研究会（1986）174頁参照）。

　　けれども，偶発的・単発的な保険契約の締結ではなくて，日本の保険契約者を対象として継続的に保険契約締結を行う目的で日本・外国間の通信越境取引が行われる場合には，日本において「保険業」を営んでいるとも解されよう。日本の監督当局は，外国保険会社免許を受けていない「外国保険業者」が海外直接引受をできるのは一定量の保険契約に限られると考えているようであるが（OECD（1999）p. 137, Table VI），この点を考慮してのことかもしれない。

　　なお，証券規制においては，「外国証券業者」が無登録で「有価証券関連業」を行うことができる例外規定は，単発的な行為のみならず，「業として」行う行為にも適用されると監督当局は解釈している（後述4 (2)参照）。

(71)　青井（1963）参照。

49

第 1 章　国際的な保険取引に対する監督規制のあり方

て整理する。そのうえで，保険の通信越境取引をめぐる環境変化の状況を述べる（後述(3)）。

(1) 外国保険会社免許を受けた「外国保険業者」

　外国保険会社免許を受けた「外国保険業者」は，日本に設けた「支店等」において，日本における「保険業」を行うことができる（法185条 1 項）。ここで検討するのは，日本に設けた「支店等」において保険引受を行うのではなく，外国保険会社免許を受けた当該「外国保険業者」の，日本国外の本支店（特に，当該「外国保険業者」の本店）が，日本に所在する保険契約者との通信越境取引で，海外から直接引受を行うことの可否である（なお，上述のとおり，通信越境取引であるので免許制には抵触しない）。日本に設けた「支店等」では，日本の監督当局に認可された保険商品しか提供することができないが，海外の本支店では，日本市場では提供されていない先進的な保険商品を提供できるため，こうした海外直接引受が行われる可能性がある。

　しかしながら，外国保険会社免許を受けた「外国保険業者」は，日本所在財産等（本書では「日本に住所若しくは居所を有する人若しくは日本に所在する財産又は日本国籍を有する船舶若しくは航空機」を指す。前述第 1 章第 1 節(2)参照）に係る保険契約（MAT 保険や海外旅行保険等を含む）を日本国外の本支店から直接引受をすることはできないと考えられる（法185条 6 項または同条 1 項。キュミュル禁止原則。前述第 1 節 3 (2)③参照）。

　なお，外国保険会社免許を受けた「外国保険業者」に関する海外直接付保規制の規制対象者は，当該保険契約の保険者たる「外国保険業者」である。規制に従わなければ，業務改善命令，業務停止処分，日本における代表者の解任，外国保険会社免許の取消といった行政処分の可能性があるので（法204条，205条），外国保険会社免許を受けた「外国保険業者」に対する海外直接付保規制の実効性が確保されている。

　なお，保険業法186条の海外直接付保規制（次述(2)参照）とは異なり，外国保険会社免許を受けた「外国保険業者」への例外的な海外直接付保に関する許可申請制度が存在せず，したがって許可申請を行うべきだった保険契約者に対する罰則も存在しない。けれども，上述のとおり，「外国保険業者」が日本にお

第 2 節　海外直接付保規制のあり方（2）

いて一定規模の保険引受を行っている場合には，当該保険者に対する海外直接
付保規制に実効性があると考えられるので，通常は特に問題が生じないであろ
う[72]。

(2) 外国保険会社免許を受けていない「外国保険業者」

外国保険会社免許を受けていない「外国保険業者」が日本所在財産等に係る
保険契約を海外直接引受することは，再保険契約および一定の保険契約を除き，
原則として禁止されている（法186条１項。前述第１節３(1)参照）。そして，日本
に営業拠点を有しない「外国保険業者」がインターネット等の通信を通じて保
険契約を締結することも禁止対象となると指摘されている[73]。

ただし，内国保険会社または外国保険会社免許を受けた「外国保険業者」と
同等または有利な条件で保険契約を容易に締結できない場合には，保険契約者
が監督当局の許可を受けたうえで，保険契約の締結を行えば，海外直接引受が
可能である（法186条２項，１項）。そして，海外直接付保規制の例外となる保
険契約に関して海外直接引受を行うために，外国保険会社免許を受けていない
「外国保険業者」が日本の新聞に広告を掲載したり，保険契約者に手紙を送付
したりすることは可能であると監督当局は考えているようである[74]。

海外直接付保規制の規制対象者は，無許可での海外直接引受については当該
外国保険会社免許を受けていない「外国保険業者」であり（法186条１項。罰則
は316条４号（２年以下の懲役または300万円以下の罰金）），海外直接付保申込みの
許可申請漏れについては「保険契約の申込みをしようとする者」，すなわち保
険契約者である（法186条２項。罰則は法337条１号（50万円以下の過料））。

ただし，前者の「外国保険業者」に関しては，日本には「外国保険業者」の
拠点が存在しないので実際に罰則を科すことは困難であり[75]（また，日本の外

---

(72)　ただし，日本における保険引受が小規模である場合には，日本市場からの撤退を覚
　　悟すれば，意図的に海外直接付保規制に違反する懸念が全くないとは言えないであろう。

(73)　山下（2018）205頁注24参照。

(74)　OECD（1999），p. 123, Table VI.

(75)　山下（1994）564頁，山下（2018）205頁参照。
　　なお，海外直接引受が詐欺行為としてなされた場合には，日本刑法の詐欺罪が適用さ

第 1 章　国際的な保険取引に対する監督規制のあり方

国保険会社免許を受けていないので，行政処分を科すこともできない），保険者に対する規制の実効性に乏しい。他方，後者の保険契約者に関しては，日本に所在したり居住したりしていることが多く（なお，本節の検討では保険契約者が日本にいることを前提としている），その場合は罰則を科すことが可能であるので，これによって海外直接付保規制（法186条 1 項）の実効性が確保されていると考えられている[76]。しかしながら，保険契約者に対する罰則をもって実効性が確保される，とは必ずしも言えない状況になりつつある（次述(3)参照）[77]。

れる可能性がある。詐欺罪（刑法246条）は国外犯（刑法 2 条）の対象ではないが，たとえば，日本人向けのウェブサイトを海外のサーバーに設けたうえで，インターネットによる，保険商品（たとえば，投資型生命保険商品）の海外直接引受を利用した詐欺が行われた場合には，行為者が「外国保険業者」であるか否かを問わず，国内犯として刑法の詐欺罪が適用される可能性がある。海外サーバーを利用して日本語ウェブサイトを運営した日本在住者に対してわいせつ電磁的記録等送信頒布罪（刑法175条 1 項後段）を適用した最判平成26年11月25日・刑集68巻 9 号1053頁を参照。ただし，単に我が国において閲覧可能というだけの場合には（たとえば，英文表記のみの保険投資詐欺ウェブサイト），日本刑法の適用には慎重であるべきだろう。櫻田＝道垣内（2011）41頁［横溝大］参照。

(76)　山下（2018）205頁参照。けれども，保険契約者に対して罰則を科すことは，現実には難しいであろう。

　　なお，「日本所在財産等」に係る保険契約に関して，海外において保険契約結が行われる場合にも海外直接付保規制（法186条 1 項）が適用されると考えられるが（前掲注24，25参照），保険者のみならず，保険契約者も外国にいることがあり得るが，その場合にはやはり罰則の執行が困難であるので実効性を伴わないことが多いであろう。

(77)　なお，法186条 2 項は，保険契約の申込みをしようとする者に対して，事前の許可取得義務を課すものである。換言すると，「外国保険業者」が保険契約の申込みを行い，日本の保険契約者が当該申込みに対する承諾を行って保険契約を成立させる場合には本項は適用されず，単に，申込みをした「外国保険業者」が同条 1 項に基づいて違法となるだけであると考えられる（同条 2 項は罰則のある規制であるので，承諾行為も規制対象になるとの拡大解釈は許されないであろう）。けれども，本文で述べたとおり，「外国保険業者」に対して実際に罰則を科すことは困難であり，規制の実効性に乏しいことからすると，「外国保険業者」が保険契約を申込み，日本の保険契約者が承諾を行う方式で保険契約を成立させて，監督当局の許可を得ることなく海外直接引受が行われてしまう惧れがないとは言えないであろう。

(3) 保険の越境取引をめぐる環境変化

今日では，次のとおり，海外直接付保規制が導入された当時（昭和38年（1963年）。前述(1)参照）とは大きく事情が変化している。

第1に，日本国内においても，保険の販売チャネルにおいて通信販売が一定程度の比率を占めるようになった[78]。日本の保険契約者は，郵便，電話，電子メール，インターネットのウェブサイトを介した保険募集に親しんでいたり，たとえ実際には通信販売での保険加入歴がない場合であっても，少なくとも保険の通信販売に特に違和感や抵抗感を覚えないようになったりしている。海外直接付保規制が導入された当時においては，一度も保険募集人に会うこともなく新規の保険契約に加入することは通常では考えられなかったに違いないが，今やさほど不自然なことではなくなった。

第2に，昨今の通信技術および通信手段の発達により，国際間の通信が劇的に容易かつ安価となった。また，そればかりか，日本国内の通信と，日本・外国間の通信との間に，少なくとも外観上の差違が小さくなりつつあるし，また，極めて小さくすることが可能となった。したがって，今日では，保険契約者からすると，海外との通信であることが一見しては分からない（あるいは，仔細に調べても容易には分からない）事態も十分に発生し得る状況となってきた。外国郵便ならばいざ知らず，日本でも一定規模の活動をしている世界的な物流企業や通信販売会社によって小包や冊子が配達されたり，流暢な日本語で海外から電話がかかってきたり，正確な敬語を用いた日本語表記がウェブサイトになされたりしている場合には，海外からの情報発信であることが見過ごされたり，分かりにくかったりすることがある[79]。海外直接付保規制が導入された当時

---

(78) 日本における損害保険の通信販売に関しては，たとえば北尾（2011）を参照。なお，日本の民間生命保険において通信販売が占める割合は6.4%である（うちインターネットが4.0%）である（2021年時点。生命保険文化センター（2021）95頁図表 I-128）。

(79) 通信による越境取引には多様な契約経緯が考えられる。大別すると，(a)まず始めに海外の保険者から日本にいる保険契約者にアクセスを行って通信が開始され，通信によって保険契約の締結に至る場合と，(b)逆に，まず始めに日本にいる保険契約者から海外の保険者にアクセスを行って通信が開始され，通信によって保険契約の締結に至る場合に分類できる（上記(a)のみでないことに留意する必要がある。ちなみに，安居（2016）596頁は上記(a)のみを指摘している）。上記(b)は，さらに，(b-1)海外の保険者

第1章　国際的な保険取引に対する監督規制のあり方

は，海外からの通信（電話や手紙）は，それが海外からのものであることが否応なく識別できたが，今や必ずしもそうとは言えない状況になりつつある。そして，海外との通信であることを認識しなければ，日本にいる保険契約者は，たとえ保険会社名がアルファベットや外国風のカタカナ名称であったとしても，金融庁のウェブサイト等で当該保険会社のことを積極的に調べない限り[80]，自分の通信相手が，「外国保険業者」等が日本で設立した内国保険会社なのか，外国保険会社免許を受けた「外国保険業者」の日本における「支店等」なのか，それとも，外国保険会社免許を受けていない「外国保険業者」なのかが分からないであろう[81]。

　第3に，外国保険会社免許を受けた「外国保険業者」が日本において「保険業」を行う場合に，日本・外国間の通信を併用することも可能である（当該「外国保険業者」の日本の「支店等」において「保険業」を行っている（法185条1項）と法的に評価できれば，日本・外国間の通信を併用することは可能だと考えられる）。そして，今後はそのような日本・外国間の通信が日本における「保険業」の遂行にあたって併用されることが大いに予想される（たとえば，海外に設置したコールセンターからの電話募集や[82]，海外のサーバーに置いた日本語表記

　　が日本向け（日本語表記のものは日本向けである蓋然性が高い。もちろん，例外的に，現地外国に居住または所在する日本人や日本企業向けの広告等であることもある），あるいは，当該外国にとっての海外向けに行っている広告等を日本の保険契約者が見聞したことが契機となって，保険契約者から海外の保険者にアクセスした場合と，(b-2)海外の保険者が当該外国の国内向けに行っている広告等を日本の保険契約者が見聞するなどして，保険契約者から海外の保険者にアクセスした場合（すなわち，(b-1)以外の(b)）に分類できる。そして，(a)や(b-1)の場合には，日本にいる保険契約者が国際間の通信であることを認識し難いという問題が起こり得る。

(80)　*Ref.*, http://www.fsa.go.jp/menkyo/menkyo.html.

(81)　さらに正確に言えば，日本で外国保険会社免許を受けた「外国保険業者」の日本国外の本支店による海外直接引受もあり得るが，これは違法行為であり（法185条6項），また，罰則の実効性も確保されているので（前述第1章3(2)③参照），ここでは捨象した。

(82)　保険業に限らず，日本向けのコールセンター拠点を海外に設置する動きは，今のところは盛んではない。コールセンター業務の海外アウトソースに関しては，たとえば榊原（2013）参照。

のウェブサイトによるインターネット契約）。さらに，こうした保険販売手法は内国保険会社が用いる可能性もある。したがって，日本にいる保険契約者にしてみれば，仮に保険者の通信が海外から発信されていると認識できたとしても，日本の監督官庁から保険業の免許（外国保険会社免許または内国保険会社免許）を受けて，日本で「保険業」を行っている保険会社による通信販売だと思っていたが，実は，日本の「保険業」免許を受けていない「外国保険業者」による，海外直接引受としての通信販売だった，という事態も生じかねない。

　以上のとおり，日本においても保険の通信販売が日常的になり，しかも国際通信と国内通信の外観上の相違が少なくなりつつあり（あるいは，相違を隠すことができるようになり），さらに免許保険会社（内国保険会社や，外国保険会社免許を受けた「外国保険業者」）も国際通信を利用した保険募集や保険契約締結を行う可能性があるのが昨今の情勢である[83]。けれども，外国保険会社免許を受けた「外国保険業者」や内国保険会社による通信販売と，外国保険会社免許を受けていない「外国保険業者」による海外からの直接引受とでは，保険契約者保護に大きな相違がある。

　外国保険会社免許を受けた「外国保険業者」との保険契約に関しては，保険業法によって手厚い保険契約者保護が確保されている（一部の規制を除き，内国保険会社と同様の規制である）。他方，外国保険会社免許を受けていない「外国保険業者」との保険契約では，こうした保険業法の規制を受けないので（ただし，本国の監督や規制は受ける），日本の保険業法に基づく保険契約者保護はほとんど期待できず，僅かに保険契約者が海外直接付保の許可申請（法186条2項）を行う際に監督当局が当該保険契約の付保内容の妥当性に関する実質審査を行うことになっている程度である[84]（法186条3項1号，3号，4号。ただし，保険契約者に海外直接付保の認識がなければ，「外国保険業者」から許可申請の指示がない限り，保険契約者が海外直接付保の許可申請を行うことはなく，したがって監督当局による付保内容の妥当性に関する実質審査を受けることなく海外直接付保を行ってしまうであろう）。

---

(83)　単に海外保険者が日本の保険契約者にアクセスする機会が増えている（安居（2016）596頁）だけではないことに留意する必要がある。

(84)　安居（2016）597頁参照。

第1章　国際的な保険取引に対する監督規制のあり方

　外国保険会社免許を受けていない「外国保険業者」による通信越境取引としては，たとえば，人定額保険（死亡保険，年金保険，医療保険，傷害保険等）が考えられる。人定額保険では保険給付の際に日本国内での調査や事故処理をほとんどの場合に必要としないので，海外からの直接引受，保険証券の発行，保険金や満期金の支払が可能である。特に，投資型生命保険商品は，海外での高い運用利回りを実現できる可能性があるので，日本の保険契約者にとっては魅力的に映るかもしれない。なお，保険給付の際に日本国内での調査や事故処理を必要とする損害填補型の保険商品に関しても，示談代行商品を除けば（日本では，弁護士または引受損害保険会社以外の者による示談代行は，原則として弁護士法に抵触してしまう），外国保険会社免許を受けていない「外国保険業者」による通信越境取引が考えられる。たとえば，物保険に関しては，日本国内の鑑定人，アジャスターや調査会社を起用して調査や事故処理の大半を行うことが可能である（実際にも，逆の立場となるが，日本の損害保険会社が国内で引き受けた外航貨物海上保険の保険事故が海外で発生することが多々あるが，その際には海外の鑑定人（サーベイヤー）やクレーム・エージェントを起用して調査（サーベイ）や事故処理に当たらせることがある）。

　こうした保険の通信販売に関する近時の状況，今後の通信越境取引の拡大可能性，および，外国保険会社免許の有無による保険業法に基づく保険契約者保護の大きな相違に鑑みると，海外直接付保規制に関して何らかの再検討および新たな対応が必要な時機に来ているものと考えられる。日本の現行法制度は，近時の通信技術や国際通信の発展，特に電子媒体による保険の越境取引を想定したものになっていない[85]からである。

3　先進国における越境保険取引規制の概要

　そこで次に，通信による保険の越境取引に関する諸外国の規制状況を概観する。規制内容は先進国でも分かれており[86]，また，規制内容は変遷をしてい

---

(85)　金融サービス研究会（2000）25頁。

(86)　OECD の金融資本市場委員会（CMF: Committee on Financial Markets）のメンバー国（ただし，未回答国もあり）に対する非公式調査の結果によると，消費者向け保

第2節　海外直接付保規制のあり方（2）

る。ここでは，EU/EEA，EU 加盟国であるフランスとドイツ，EU 非加盟国である英国と米国における現在の規制内容を概観する。なお，証券分野（次述4参照）とは異なり，保険監督者の国際的な機関である保険監督者国際機関（IAIS: International Association of Insurance Supervisors）は，標準的な規制方法を示すに至っていないようである[87]。

（1）EU/EEA

欧州連合（EU: European Union）においては[88]，保険業に関して免許制が採用されており，当該免許は EU 域内全域で有効である（ソルベンシーⅡ枠組指令[89]14条，15条）[90][91]。そして，欧州経済領域（EEA: European Economic

---

険に関しては，越境取引を禁止する国と，母国規制に従った越境取引を認める国に大別されるとする。Ref., OECD（2000）p. 50.

(87)　IAIS（2004）において，各国の保険監督機関の協力関係と情報交換が重要であると指摘するにとどまり，越境取引に対する監督の原則や方針は示していない。

　　　なお，電子銀行取引に関しては，母国（home country）が越境取引を含めて適切な監督を行うことを基本としつつ，必要性が認められる場合に初めて現地国（host country）が規制権限を行使するという原則が示されている。Ref., Basel Committee（2003）.

(88)　一般に，EU においては，越境取引（'cross-border' insurance contract）とは，自国以外の EU 域内保険者との保険契約を指しており（EC（2014）p. 11），本稿が EU 域外の保険者との保険契約を越境取引として取り扱っているのと異なる。

(89)　Directive 2009/138/EC of the European Parliament and of the Council of 25 November 2009 on the taking up and pursuit of the business of Insurance and Reinsurance（Solvency Ⅱ）（recast），as of 19/10/2021.

(90)　ソルベンシーⅡ枠組指令を競争法の観点から論じるものとして佐藤雅俊（2013）を参照。なお，同指令の和訳として損保総研（2011）がある。

(91)　EU 域内保険者（域外保険者ではない）による「越境取引」および支店設置による保険販売は，2007年時点で，EU 全体の総収入保険料の4.1％である（EC（2010）p.4）。そして，そのうち EU 域内保険者による域内他国との「越境取引」は，EU 域内においては，単一免許制が確立し，国際私法上の問題も域内で統一されているにもかかわらず（ブリュッセルⅠ規則（Council Regulation（EC）No 44/2001），ローマⅠ規則（Regulation（EC）No 593/2008），および，ソルベンシーⅡ指令以前の損害保険第2次指令（88/357/EEC），同第3次指令（92/49/EEC），生命保険統合指令（2002/83/EC）），小さな役割しか果たしてこなかった（Ref., PEICL（2009）pp. l-li）。その原因は保険契約法の不統一にあると考えられており，保険契約法の調和に向けた取り組みが進められてい

第1章　国際的な保険取引に対する監督規制のあり方

Area）の枠組みにより，EU 非加盟の 3 カ国（アイスランド，リヒテンシュタイン，ノルウェー）と EU との間でも，域内における人，商品，サービス，資本の移動の自由が確保されている[92]。こうして，ある EU/EEA 加盟国で保険会社を設立して保険業の免許を受けていれば，EU/EEA 域内全体において，支店設置方式（operation via branch）あるいは越境取引方式（cross-border services）で保険業を営むことができる（'European Passport' or 'Single-License-Principle'）。

　EU/EEA 域外に本拠を置く保険者が EU/EEA 域内で現地法人を設立して保険業を行う場合にも，同様に設立国で免許を受ければ[93]，EU/EEA 域内全体において支店設置方式あるいは越境取引方式で保険業を営むことができる。他方，EU/EEA 域外の保険者が EU/EEA 域内に現地法人を設立しないで保険業を営む場合には，支店を設置しなければならない（Directive 2009/138/EC 162条 2 (b)）。ただし，通信越境取引[94]が免許対象となる元受保険業（Directive

---

　　る。*Ref.,* PEICL（2009），PECIL（2016）.

（92）　ヘルデーゲン（2013）11-12頁，399頁参照。

（93）　外国保険者の EU 各国への進出は，現地法人の設立による方式が中心であり（2012年時点において30.9%。域外保険者によるものは30.9%のうちの5.4%），支店開設による方式の比率は小さい（同5.2%。域外保険者によるものは5.2%のうちの1.7%）。*Ref.,* Schoenmaker and Sass（2016）. こうした方式以外に通信越境取引もあり得るが，筆者が2014年 8 月に英国の保険会社等に行った調査によると，支店開設方式よりもさらに小さな比率しか占めていないようであった。*Ref.,* European Consumer Centre Germany（2014）.

　　なお，1999年時点においても，外国保険者の EU 各国への進出は，現地法人設立方式が中心であり（損害保険では保険料の24.7%，生命保険では保険料の20.8%を占める），支店開設・代理店設置方式の比率は小さい（損害保険では，域内保険者が保険料の2.4%，域外保険者が3.9%を占め，生命保険では，域内保険者が保険料の0.2%，域外保険者が3.3%を占めるに過ぎないものであった）。*Ref.,* Beckmann *et al.*（2002）.

（94）　消費者との金融商品の越境取引に関しては，消費者金融商品隔地販売指令（Distance Selling of Financial Services Directive, 2002/65/EC）が適用されるが，免許要否を規律するものではない。

　　また，電子商取引指令（Directive on Electronic Commerce, 2000/31/EC）は電子商取引に関する一定事項を規律するが，電子商取引に関して特別な免許を求めることを禁止している（同 4 条。なお，同指令は域内取引を規律対象としている。同 3 条 1 項，2

第 2 節　海外直接付保規制のあり方 (2)

2009/138/EC　2条 1 項第 1 段落）に該当するか否かは明らかにされていない。
なお，EU/EEA 全体の規制としての海外直接付保規制は存在しない。

(2) フ ラ ン ス

　フランスでは，従前から，そして，EU の規制と同じく，保険業に関して免
許制が採用されている（保険法典（Code des assurances）L310-2条 1 項 1 号，
L321-1条）。したがって，フランスに本拠を置く保険者は，監督官庁（ACPR:
Autorité de contrôle prudentiel et de resolution. 健全性監督破綻処理機構）の保険
業免許を受ければ，フランス国内で元受保険業を営むことができる。また，
EU/EEA 域内に本拠を置く保険者は，フランス国内への支店設置やフランス
との越境取引が可能である（保険法典 L310-2条 1 項 2 号，前述(1)参照）。
　他方，EU/EEA 域外に本拠を置く保険者が，フランスまたは EU/EEA 域
内に本拠を設けずにフランス国内で元受保険の引受を行う場合にも，やはり
ACPR の保険業免許が必要となる（保険法典 L310-2条 1 項 4 号，L329-1条）[95]。
そして，免許を受けた EU/EEA 域外企業が保険業を営むにあたっては，フラ
ンス国内に適法に設置された支店において（à partir de leurs succursales
régulièrement établies en France），保険引受を行わなければならない（保険法典
L310-2条 1 項 4 号）。こうして，EU/EEA 域外保険者は，支店設置方式でフラ
ンスにおいて保険業を営むことができる。その一方で，支店開設免許を受けた
域外保険者は，フランス国外の本支店から海外直接引受をすることはできない
（キュミュル禁止原則）[96][97]。

　　項）。なお，EU 域内での電子取引の越境取引に関しても，母国監督主義を基本として
　　いる（同指令 3 条）。
(95)　違反者に対しては罰金（€4,500-€375,000）や自由刑が科される他，違反した保険者
　　が清算されることもある。Ref., Valençon and Bouckaert（2023）.
(96)　フランス法においてキュミュル禁止（non-cumul）原則（あるいは，キュミュル禁
　　止法理）は，民法における請求権競合論に関して用いられることが一般的である。しか
　　しながら，本文で述べているキュミュル禁止原則は，支店免許を受けた支店での保険引
　　受と海外本支店からの直接引受との競合を認めないという原則のことである（後者の保
　　険引受が禁止される）。
(97)　Ref., OECD（1999）p. 117, Table IV. なお，内国保険者や EU/EEA 域内保険者は

59

第 1 章　国際的な保険取引に対する監督規制のあり方

　以上の免許制に違反した者には，3 年の禁固刑および€75,000の罰金が科される（保険法典 L310-27条 1 項）。なお，免許制に違反して締結された保険契約は無効となるが，保険契約者等が善意であれば，保険契約者等との関係においては有効である（保険法典 L310-2条 2 項）。

　他方，保険契約者となる者が，MAT 保険を除いて，フランス国内所在財産等に関する元受保険を，保険法典 L310-2条各号に規定されている保険者以外の EU/EEA 域外企業に付保することを禁止している（海外直接付保規制。保険法典 L310-10条）。この規定に違反して海外直接付保した者には，€4,500の罰金が科される（保険法典 L310-26条）。ただし，保険法典 L310-2条各号に規定されている保険者が当該リスクに関する保険を提供できないと確認され，ACPR の決定を得た場合には，例外的に，同条各号に規定されている保険者以外の EU/EEA 域外企業への海外直接付保が可能である（保険法典 L310-10条）。そして，このような例外的に合法な海外直接引受のために，同条各号に規定されている保険者以外の EU/EEA 域外企業がフランス国内紙に広告を掲載したり，保険契約者に手紙を送付したりすることは可能である[98]。

(3) ド イ ツ

　ドイツでも，従前から，そして，EU の規制と同じく，保険業に関して免許制が採用されている（ドイツ保険監督法（VAG: Versicherungsaufsichtsgesetz）§ 8⑴。なお，2016年 1 月 1 日施行の現行 VAG の前のものを，以下では旧 VAG という）。したがって，ドイツに本拠を置く保険者は，監督官庁（連邦金融監督庁（BaFin: Bundesanstalt für Finanzdienstleistungsaufsicht）または州監督庁）の保険業免許を受ければ，ドイツ国内で保険業を営むことができる。また，EU/EEA 域内に本拠を置く保険者は，ドイツ国内への支店設置やドイツとの越境取引が可能である（前述⑴参照[99]）。

　他方，EU/EEA 域外に本拠を置く保険者（「第三国の保険会社」（Versi-

　　キュミュルが認められている。保険法典 L310-2条 1 項 1 号，2 号参照。

(98)　*Ref.*, OECD (1999) p. 122, Table IV.

(99)　ただし，母国の保険監督官庁からドイツの保険監督官庁への通知手続が必要である。*Ref.*, VAG§61.

cherungsunternehmen eines Drittstaates）と呼ばれている。VAG 7条6号，34号参照）が，EU/EEA 域内に保険会社を設立することなくドイツ国内で保険業[100]を営む場合にも，やはり監督官庁の免許が必要となり（VAG 67条1項），ドイツ国内に支店を設置しなければならない（VAG 68条1項）。こうして，EU/EEA 域外保険者は，支店設置方式でドイツにおいて保険業を営むことができる。その一方で，再保険を除き，ドイツ国内に常居所を有する者との保険契約およびドイツ国内の不動産に関する保険契約に関しては，ドイツ国内に所在する，営業を許可された保険代理店を通じてのみ，保険契約を締結することができる（VAG §72）。したがって，支店開設免許を受けた域外保険者は，域外から，ドイツ居住者を相手とした通信越境取引（コルレス保険契約の締結）を行うことができない（Kumulverbot. キュミュル禁止）[101]。

　以上の免許制に違反した者には，5年以下の自由刑または罰金が科される（VAG §331(1)1）。なお，無免許保険者による保険契約であっても，また，免許保険者による保険監督法に従わない保険契約であっても，保険契約の有効性には影響を与えないと考えられている[102]。

　ここで，いかなる場合が「ドイツ国内において」保険業を営むことに該当するかが問題となるが，かなり広く捉えられているようである[103]。けれども，「第三国の保険会社」がドイツ国内の保険契約者との間で通信手段のみを用いて保険契約を締結する場合には（「純粋なコルレス保険契約」（reine Korrespondenzversicherung）と呼ばれている），免許制は適用されないと解されてきた（通信のみを用いた海外直接付保に免許制が適用されないと解されている点は日本も同じである）。これは，VAG の立法当時（1901年制定）は，通信手段のみを用いた海外からの保険営業が実際上極めて困難だったことを背景事情とするが，その後インターネットによる越境取引が現実的になってきても監督当局[104]や

---

(100)　再保険業も原則として免許対象である。*Ref.*, VAG §67(1).

(101)　*Ref.*, OECD（1999）p. 117, Table IV. このキュミュル小禁止（"kleines Kumulverbot"）は，1983年に新設されたものである。吉川（1994）84頁注18参照。

(102)　*Ref.*, Koch（2018）p. 73, para. 103.

(103)　山下（1994）562頁，木下（2002）794頁参照。

(104)　旧 VAG に関して OECD（1999）, p. 117, Table IV, Prölss/Kollhosser（2005）§105

第 1 章　国際的な保険取引に対する監督規制のあり方

学説[105]の理解は変わらなかった。

　ところで，旧 VVG においては，「第三国の保険会社」が保険業免許を要するのは，「仲介者（Mittelperson）を介して」保険業を営む場合に限定されていた。そのため，コルレス保険契約が保険規制から免れるか否かの判断は，実際にはこの「仲介者」の介在要件に基づいて行われてきた[106]。

　ところが，2016年 1 月 1 日に施行された VAG では，この「仲介者」の介在要件は削除された[107]。したがって，仲介者を介さない場合であっても，ドイツ国内で保険業を営む場合には免許が必要である。その一方で，保険契約者保護が全く必要のないコルレス保険契約に関しては，たとえば保険契約者が自ら域外の保険者と連絡をとって保険契約を締結したような場合には，現在においても保険規制は必要でないと考えられている[108]。けれども，どの範囲のコルレス保険契約が保険規制を免れるかは不透明である[109]。

　なお，保険業免許が必要とされないコルレス保険契約に関しては，理論的には，海外直接付保規制を設けることも可能である。けれども，支店免許を持たない「第三国の保険会社」を規制とする海外直接付保規制を，ドイツ保険監督法は特に用意していない。したがって，支店免許を持たない「第三国の保険会社」が通信越境取引として海外直接引受を行う場合には，免許制が適用されないばかりか，海外直接付保規制も存在しないので，ドイツ保険監督法の規制を受けることなく，保険契約の締結を行うことができることがあり得ることになる（たとえば，保険契約者が自ら進んで域外保険者に連絡をとって保険契約を締結する場合[110]）。そして，このような合法な海外直接引受のために，支店免許を

　　Rn. 9（Kollhosser）を参照。

（105）　旧 VAG に関して，木下（2002）792-793頁，797-798頁を参照。

（106）　この「仲介者」の介在要件に関しては，誰が「仲介者」の資格を充たすのか，また，どの時点で仲介者の介在があれば保険業免許が必要となるのかが主たる争点であった（Prölss/Dreher（2018）§67 Rn. 40（Grote））。「仲介者」には，保険代理店のみならず保険者の被用者も含まれるが（木下（2002）795頁），保険仲立人が含まれるか否かについては疑義があると指摘されていた（吉川（1994）82頁注 4 参照）。

（107）　Prölss/Dreher（2018）§67 Rn. 9（Grote）.

（108）　Prölss/Dreher（2018）§67 Rn. 42（Grote）.

（109）　Prölss/Dreher（2018）§67 Rn. 41（Grote）.

持たない「第三国の保険会社」がドイツ国内紙に広告を掲載したり，保険契約者に手紙を送付したりすることが可能である[111]。

⑷ 英 国

英国では，英国において保険業（保険契約の締結（effecting a contract of insurance）および保険契約の履行（carrying out a contract of insurance）[112]）を営むには，原則として免許（正確には，健全性監督機構（PRA：Prudential Regulation Authority）の許可と金融行為監督機構（FCA：Financial Conduct Authority）の同意）が必要である（2000年金融サービス市場法（Financial Services and Markets Act 2000．同法は Financial Services Act 2012で改正されている。改正された2000年金融サービス市場法を以下，FSMA という）§§19, 22⑴⑸, 31; Financial Services and Markets Act 2000（Regulated Activities）Order 2001（SI 2001/544. 以下，RAO という）§§4⑴, 10, 73, 75）。

免許制に違反した者に対しては，陪審によらない有罪判決（summary conviction）の場合には6月以下の自由刑や罰金刑，正式起訴による有罪判決（conviction on indictment）の場合には2年以下の自由刑や罰金刑が科される（FSMA §23⑴）。なお，無免許者が締結した保険契約に関しては，無免許保険者は保険契約者に強制的に履行を求めることができないが（unenforceable），保険契約者は，交付した金銭等の返還や損害賠償を無免許保険者に対して求めることができる（FSMA §26）。

ここで，いかなる場合が「英国において」保険業を営むことに該当するかが問題となる。たとえば，英国内に本店を置いていたり，英国内に所在する拠点（establishment）で保険業を営んでいたりすれば，英国で保険業を営むことになる[113]。したがって，EU/EEA 域外保険者が英国に拠点を設けて保険業を

---

(110) Prölss/Dreher（2018）§67 Rn. 42（Grote）.

(111) 旧 VAG に関して OECD（1999）, p. 122, Table IV を参照。

(112) 保険契約の締結（effecting）と保険契約の履行（carrying out）とは，別個の規制対象業務であるから（RAO §10），本人として実施する場合には，それぞれについて免許が必要となる。The Perimeter Guidance Manual（PERG）§2.7.3.

　　なお，保険契約の締結および履行は，単なる保険引受よりも広い概念である。

第1章　国際的な保険取引に対する監督規制のあり方

営む場合には，当然に英国で保険業を営むことになり，保険業の免許が必要と
なる。

　通信越境取引に関しては，どこで保険業を営んでいるかが問題となる[114]。
規制当局は次のように見解を示している。すなわち，通信による越境取引で
あっても，英国内で保険業を営んでいることになることがある[115]。そして，
その際の判断基準は，事業を営んでいるか（by way of business）否かの判断基
準と関連性がある[116]。この事業性は諸要素を考慮して判断されるが，考慮す
べき諸要素には，継続性[117]，商業的要素の存否，当該行為の規模，当該行為
の無規制行為に対する比率が含まれるとする[118]。なお，保険の目的物が英国
内に所在するか否かは無関係である[119]。したがって，英国で保険業免許を持
たない外国保険者が通信越境取引で英国内の保険契約者から海外直接引受を行

---

(113)　FSMA §418, PERG §§2.4.3-2.4.5.
　　　　なお，たとえ域外保険者が英国内に支店等の拠点を設けていなくても，英国内に設置
　　　した保険代理店を介して保険契約を締結していれば，英国内で保険業を営んでいること
　　　に該当する。すなわち，代理人による行為も含めて，英国内で保険引受や保険金支払の
　　　決定（underwriting and/or claim decisions）が行われていると，英国内で保険業を営
　　　んでいることになると判断されるようである。*Ref., DR Insurance Co v Seguros Ameri-*
　　　ca Banamex [1993] 1 Lloyd's Rep 120.
　　　　また，英国内の保険仲立人を介して保険契約を締結している場合には，仲介の実態に
　　　即して判断を行うことになり，英国内で保険業を営んでいることに該当する場合がある。
　　　Ref., Secretary of State for Trade and Industry v Great Western Assurance Co. SA
　　　[1997] 6 Re LR 197, 1 Lloyd's Rep 377.
(114)　PERG §2.4.1.
(115)　PERG §2.4.6.
(116)　PERG §2.4.6.
(117)　事業の継続性とは，単に孤立した契約取引に対立する概念である。*Ref., Smith v*
　　　Anderson [1880] 15 Ch. D. 247, 277. けれども，たとえ1件の保険契約の締結であって
　　　も，保険業を営むことに該当する場合がある。*Ref., Cornelius v Phillips* [1918] A.C.
　　　199; *Bedford Insurance Co. Ltd. v Instituto de Resseguros do Brazil* [1985] Q.B. 966.
(118)　PERG §2.3.3. また，英国内で行われる行為が，規制対象行為の「重要かつ通常の
　　　部分」（significant and regular part）を占めていることが，英国内で保険業を営んでい
　　　ることに必要となる。*Ref., Young and Lovells* (2011) p. 63.
(119)　*Ref., In Re United General Commercial Insurance Corporation* [1927] 2 Ch. 51.

第2節　海外直接付保規制のあり方 (2)

う場合には，通信越境取引の形態や実態によっては，英国で保険業を営んでいることに該当する可能性があり，その場合は免許を取得しないと免許制違反となってしまう。

　免許制違反の保険契約に関して，保険契約者は，無免許保険者に対して，支払済の保険料等の返還を求めたり，被った損害について損害賠償を求めたりすることができる（FSMA 26条2項，28条2項）。他方，無免許保険者は，私法上も保険契約者に対して契約履行を求めることができないが（同法26条1項），裁判所が認める場合には，裁判所は，保険契約の履行を求めることを許したり，支払済の保険料等の返還を不要としたりすることができる（同法28条3項）。この判断にあたっては，裁判所は，違法行為を実行するものではないと無免許保険者が合理的に信じたかどうかを判断材料としなければならないと規定されている（同法28条4項，5項）。

　他方，英国で保険業を営んでいないと考えられる形態および実態であれば，英国で保険業免許を持たない外国保険者は海外直接引受（たとえば，通信越境取引や，一時的な訪問による保険取引）を行うことができる[120]。その場合には，免許制が適用されないばかりか，強制保険を除いて海外直接付保規制も存在しないので[121]，特段の英国規制を受けることなく海外直接引受を行うことができる。そして，このような合法な海外直接引受のため，英国で保険業免許を持たない外国保険者は，英国国内紙に広告を掲載したり，保険契約者に手紙を出したりすることが可能である。ただし，その場合には，当該保険者が英国の保険業免許を受けていないことを明示しなければならない[122]。

　もちろん，英国で保険業免許を受けた外国保険者は，英国内で保険業を営むことができる。そして，英国ではキュミュル禁止原則が採用されていないので，たとえ英国内に支店を設けていても，当該外国保険者は，英国以外の国から，英国居住者を相手とした通信越境取引を行うことができるものと思われる。

---

(120)　PERG §2.4.6.

(121)　*Ref.*, OECD (1999) p. 120, Table IV.

(122)　*Ref.*, OECD (1999) p. 125, Table IV. なお，投資型生命保険商品に関しては，さらに規制がある。

65

第 1 章　国際的な保険取引に対する監督規制のあり方

⑸ 米　国
① 規制の概要

米国では原則として州が保険規制を担っているが（McCarran-Ferguson Act,
15 USC §1101 et seq.），各州では次のような免許制を採用している[123]。すな
わち，サープラスラインを除き（サープラスラインについては後述③参照），無免
許保険者は州内で保険業を営むこと（doing insurance business）ができない。

なお，免許制に違反して締結された保険契約の私法上の取扱いは，法令文言
の相違もあって，州によって異なっている。いくつかの州では，免許制違反契
約の有効性を否定しない。特に，そのような契約が無効となることで，事実上，
非のない保険契約者が不利益を被り，保険会社が当該契約に基づく保険給付義
務を免れることになる場合にはなおさらであるとする。一方，他のいくつかの
州では，そのような保険契約は無効とされている（その旨が制定法で明定されて
いることもある）。さらに，ある州では，免許制違反契約は，被保険者または保
険金受取人が，強制執行可能（enforceable）または取消可能（voidable）のいず
れかを選択できるとする[124]。

ここで，州内で保険業を営むとは，州内に拠点（支店，代理店等[125]）を設
ける場合のみならず，保険契約の締結や申込みの勧誘のため，州内で保険契約
者に面談したり，州内の保険契約者と郵便で連絡したりする場合も，保険業を

---

(123)　*Ref.*, AXCO (2007) pp. 101-.

(124)　*Ref.*, 43 Am. Jur. 2 d Insurance §280.

(125)　委託した州内代理店を通して外国保険者が保険契約を締結した場合には，保険事
業を営んでいることになる。137 A.L.R. (American Law Reports) 1128, IIc. *Ref.*, *Sparks
v. National Masonic Accident Association* (1896, CC) 73 F. 277.

なお，州内仲立人を介した場合には，当該仲立人が申込みの勧誘を行って保険代理店
に繋ぐだけで，保険会社を指定しない場合には，外国保険者が州内で保険業を営むこと
には当たらないと判断されることがある。137 A.L.R. 1128, IIc. *Ref.*, *Hussey Tie Co. v.
Knickerbocker Ins. Co.* (1927, CCA 8 th) 20 F.2d 892. けれども，外国保険者が，州内仲
立人に保険料の領収，当該保険料からの手数料の控除，保険証券の交付に関する権限を
与えていた場合には，当該仲立人は保険代理店とみなされ，当該外国保険者は州内で保
険業を営んだことになる。137 A.L.R. 1128, IIc. *Ref.*, *Hartman & Daniels v. Hollowell*
(1905) 126 Iowa 643, 102 NW 524; *Stevens v. Rasin Fertilizer Co.*, (1898) 87 Md 679,
41 A 116.

営むことに該当すると考えられている。

　ただし，州内所在財産等について，州外に居住する者が州外保険者と保険契約を締結する場合であって，付保対象リスクが州内に所在すること以外に，当該州との関連性を持たない場合には，当該州の保険規制は及ばないとするのが判例である[126]。つまり，州内の保険代理店や保険仲立人を介することなく，保険者が保険契約の締結や保険給付等を州内で行わず，専ら（次に述べるニューヨーク州の場合は，「主として」(principally)）州外で行った場合には，当該州の保険規制は及ばないと裁判所は判断している。

　そして，多くの州は，免許制の対象外となる越境取引に関して制定法を定めている（直接募集法（direct placement statute or self-procurement statute）と呼ばれている）。けれども，その規律内容は保険料税に関する事項であり，規律対象者は保険契約者であって，取引の可否や条件を規律するものではない。したがって，州内で保険業を営んでいることに該当しない限りにおいて，無免許の外国保険者は特段の規制を受けることなく海外直接引受を行うことができる。

　以上からすると，米国の諸州においては，サープラスラインを除き，通信による越境保険契約は州内で保険業を営むことに該当するため，免許が必要になると考えられる。他方，たとえ州内に付保対象リスクが所在する場合であっても，保険契約の締結についても保険給付等についても専ら（ニューヨーク州の場合は，「主として」）州外で行う場合には，免許制の対象とならず，また，海外直接付保規制も存在しないので，無免許外国保険者は海外直接引受を行うことができる（なお，キュミュル禁止原則は採用されていないので[127]，保険契約の締結についても保険給付等についても専ら（ニューヨーク州の場合は，「主として」）州外で行う場合には，免許外国保険者も海外直接引受を行うことができる）。

---

　(126)　137 A.L.R. 1128, IIb. *Ref., Hooper v California* (1894) 155 U.S. 648, 15 S.Ct 207; *Allgeyer v. Louisiana* (1897) 165 U.S. 578, 17 S.Ct 427.
　　なお，州税に関しても同様の判断がなされている。*Ref., State Board of Insurance v. Todd Shipyards Corporation* (1962) 370 U.S. 451, 82 S.Ct 1380.
　(127)　*Ref.*, OECD (1999) p. 120, Table IV.

第1章　国際的な保険取引に対する監督規制のあり方

② ニューヨーク州の規制

(a) 免許制と郵便による越境取引

　ニューヨーク州に関しては，少しだけ緩やかな規制となっている。すなわち，同州において保険業を営む（doing an insurance business. New York Insurance Law §107(a)(46)）には，サープラスライン（後述③参照）を除き，免許が必要である（この点は他州と同じである。なお，免許を受けずに保険業を営めば違法となる。同法§1102(a)）[128][129]。

　ここで，「保険業を営む」とは，同州居住者や同州での事業を認められた企業等と，保険者として，「保険契約」（insurance contract. 同法§1101(a)(1)）を締結したり（保険証券の発行または交付を含む），保険募集をしたりすることである。なお，そうした行為を，州外から郵送によって行う場合も「保険業を営む」に該当する（同法§1101(b)(1)）[130]。

---

(128)　当然のことながら，ニューヨーク州の保険免許を得ないまま，同州内で保険契約者と面談したりして保険募集を行えば無免許営業として違法行為となる。*Ref.*, N.Y. State Ins. Dep., Letter from Associate Attorney Joan Siegel to Edmond Valente, published at NILS INsource, New York, Selected Opinions of the General Counsel, OGC Opinion No. 98-73, Sept. 28, 1998.

　　たとえば，アリコ社（ALICO: American Life Insurance Company）が，米国内ではデラウェア州でしか保険免許を有していないにもかかわらず，2007年から2012年にかけてニューヨーク州で直接的な保険募集を行っていた等との指摘を受け，6,000万ドルを支払うことで当局と合意した。なお，同社は，米国外では，日本を含めて世界で50の国と地域で保険事業を営んでいた。違法行為の開始時は，同社はAIG社の子会社だったが，AIG社が破綻したため，メットライフ社（MetLife）が同社を買い取り，違法行為の終了時点ではメットライフ社の子会社であった。*Ref.*, New York State Department of Financial Services, Press Release, NYDFS Announces MetLife to Pay $60 Million for Insurance Law and Other Violations by its Subsidiaries ALICO and DELAM, March 31, 2014.

(129)　免許制と関連するが，無免許保険者の保険仲介者として活動することも禁止されている。*Ref.*, New York Insurance Law §2117(a). なお，この条項に関する多数の通達に関しては，Dunhum（2009）§32.08参照。

(130)　保険契約者とニューヨーク州内で面談していなくても，保険証券を郵送し，保険サービスを郵便や電話で提供し，保険料を請求・受領していれば，同州内で保険業を営んでいたことになる。*Ref.*, *U.N.F. Services v. Insurance Co. of North America*, 236

ただし，無免許保険者（他州保険者（foreign insurer. 同法§107(a)(21)または外国保険者（alien insurer. 同法§107(a)(5)））が州外からの郵便で行う一定の場合は，例外的に同州における保険事業には該当しない（同法§1101(b)(2)(A)～(I)）[131]。この例外規定のうち本章に直接関連するのは，同州内もしくは同州外に所在するリスクまたは同州内もしくは同州外の居住者のリスクに関する保険取引であって，「主として」（"principally"）当該無免許保険者が事業免許を有する法域において，契約交渉や保険証券の発行や交付が行われる場合である（同法§1101(b)(2)(E)）。具体的には，同州在住の保険契約者が州外に赴いて契約交渉や契約締結を行う事例や，州外在住の保険契約者が州外において契約交渉や契約締結を行う事例が考えられる。

(b) インターネットによる越境取引

このように，郵便を用いた州外の無免許保険者との保険契約に関しては，ニューヨーク州保険法に規定がある。けれども，インターネットを用いた保険契約に関する特別な規定は存在しないようである（他の手段による保険募集と同じ規制が適用される）。そのため，同州保険庁は通達を発して規制方針を明らかにしている（State of New York Insurance Department, Circular Letter No. 5, 2001）[132]。具体的な規制内容は以下のとおりであるが，基本的には電子商取引を推進する態度を採っている。

まず，広告（advertisement）に関しては次のように規制する。すなわち，特定の保険商品に関する情報を掲載する受動的なウェブサイトを維持することは，同州居住者がアクセス可能であるとしても，同州保険法における保険募集には該当しない。また，保険商品の広告を単に掲載するだけのウェブサイトも，保険募集には該当しない。したがって，無免許保険者の広告をウェブサイトに掲

A.D.2d 388, 653 N.Y.S.2d 366（N.Y. App. Div. 1997. 州外保険者（ニューメキシコ州）の事例）; *People v. British & American Casualty Co.*, 133 Misc. 2 d 352, 505 N.Y.S.2d 759（N.Y. Sup. Ct. 1986. 外国保険者（英国領ヴァージン諸島）の事例）.

(131)　ただし，州内リスクを付保する場合には，直接募集法（本文3(5)①参照）に基づいて，保険料税の納税義務が保険契約者に発生する。*Ref.*, New York State Tax Law §1551.

(132)　また，State of New York Insurance Department, Circular Letter No. 33, 1999も参照。

載することは，無免許保険者による保険商品の推奨等（recommendations, endorsements or promotions）がなされていない限りにおいて，たとえ当該広告が無免許保険者の申込み勧誘サイトへ導くものであっても，違法とはならないのである。ただし，無免許保険者が広告を行う場合には，広告対象保険商品が同州内では入手できないことを明確に記載しなければならない。

他方，保険募集を行うウェブサイトの維持は，免許保険者や免許代理店・保険仲立人にのみ認められているので，無免許保険者は保険募集を行うウェブサイトを維持してはならない（ただし，同州保険法は保険募集（solicitation）を定義していない）。

③ **サープラスライン規制**

サープラスライン（surplus line or excess line）市場とは，「その州で認可されている保険会社が引受を断るか，非常に高い料率で，かつ多数の免責条項もしくは非常に高い免責金額といった条件付きでなければ引受に応じられないリスクを引き受けるための市場」のことである[133]。このようなサープラスラインの対象となり得るリスクは，保険成績が悪い（すなわち，損害率が高い）リスク，大きな保険引受容量（capacity）が必要となるリスク，非常に専門的なリスク，従来の保険商品でカバーされていないリスクである[134]。

サープラスラインの保険引受にあたっては，州の免許を受けたサープラスライン仲立人を介さなければならず，また，州保険法が規定する所定の規則に従わなければならない。ただし，一定の要件に該当する「企業保険契約者」（industrial insured）に関しては，「免除保険契約者」（exempt policyholder or sophisticated policyholder）としてサープラスライン規制が免除されるとする州が，カリフォルニア州を始めとして20余州あった[135]。

その後，ドッド＝フランク法（Dodd-Frank: Dodd-Frank Wall Street Reform and Consumer Protection Act）の一部として，「無免許保険・再保険改革法」（NRRA: Nonadmitted and Reinsurance Reform Act）が連邦法として2010年7月

---

(133) 米国保険情報協会（2021）58-59頁参照。

(134) *Ref.,* Sompo Japan Research Institute（2013）.

(135) *Eg.,* California Insurance Code §1764.1(c). なお，ニューヨーク州，フロリダ州，テキサス州といった，保険料規模の大きな他の州では導入されていなかった。

に制定され，サープラスライン規制について，一定の統一が全米で図られることになった。すなわち，被保険者所在州に規制権限を限定するとともに，保険料税や免除保険者（surplus lines insurer eligibility）や「免除企業保険契約者」（ECP: exempt commercial purchaser）[136]に関する連邦基準を定める。同法は2011年7月21日に施行され，ほとんどの州において同法に適合するように州保険法が改正されている[137]（なお，未改正であっても，無免許保険・再保険改革法は適用される[138]）。

　具体的には，まず，免除保険者に関しては次のとおりである（なお，州外保険者（＝他州保険者）に関する規制は省略した）。すなわち，海外のサープラスライン保険者は，全米保険庁長官会議（NAIC: National Association of Insurance Commissioners）の国際保険者部門（IID: International Insurer's Department）が四半期毎に更新する外国保険者リスト（IID List: Quarterly Listing of Alien Insurers）に掲載されていれば[139]，州免許のあるサープラスライン仲立人を介して，サープラスラインの保険引受を行うことができる（各州は，外国保険者リストに掲載されている外国保険者によるサープラスラインの引受を拒むことはできない[140]）。

　この外国保険者リストへの登録を申請するには，財務諸表を始めとする所定の書類を提出しなければならない。この所定の書類には，申請対象となる米国でのサープラスラインビジネスを含めた，当該外国保険者のグローバルな事業計画も含まれる。また，外国保険者は，サープラスラインに関するグロス保険責任の一定割合の金額（ただし，最大で2.5億ドル）を，米国の保険契約者のための信託として拠出しなければならない[141]。

---

(136)　15 USC §8206(5).

(137)　*Eg.*, New York State Insurance Law §§2101(x)(2), 2118(b)(3)(F), California Insurance Code §§1760.1(b), 1763(h). なお，カリフォルニア州は，ECP ではなく，"commercial insured" と称している。全米の各州におけるサープラスライン規制については Emmanuel and Lerner（2023）が詳しい。

(138)　*Ref.*, Dearie（2014）p. ii, Emmanuel and Lerner（2023）p. ii.

(139)　2023年7月の IDD リストについては次のウェブサイトを参照。*Ref.*, https://content.naic.org/sites/default/files/publication-qls-as-240_0.pdf.

(140)　15 USC §8204(2). *Eg.*, California Insurance Code §1765.1(b).

第1章　国際的な保険取引に対する監督規制のあり方

　次に，「免除企業保険契約者」（ECP）に関しては次のとおりである。すなわち，サープラスライン仲立人がサープラスラインを販売する際，当該リスクの保険引受をする免許保険者がいないかどうかについて，本来は慎重に確認しなければならない。けれども，一定の企業保険契約者に関しては，一定の手順を踏めば，そのような調査義務が免除される[142][143]。

4　証券分野における越境取引規制の概要

　通信による保険の越境取引規制のあり方を考えるにあたり，保険の隣接業界である金融分野において通信による越境取引がいかに規制されているかが参考となる。[144]。ここで特に注目に値するのは証券分野である。

　なぜなら，第1に，証券分野においては越境取引に関する規制の議論や整備が進んでいるからである。ちなみに，銀行分野に関しては，銀行法上，越境取引について明示的な制限は従来設けられていなかった[145]。

　第2に，保険の越境取引，特に保険の隠れた越境取引として懸念されるのは，個人保険契約者が行う投資型生命保険商品である。日本では，低金利政策のため低金利状態が長く続いているため，より高い金利や運用利回り（生命保険で

---

(141)　*Ref.*, NAIC International Insurers Department（IDD）Plan of Operation, March 27, 2018.

(142)　15 USC §8205.

　　　ただし，あくまでも調査義務が免除されるだけであって，サープラスライン規制の全てが免除される訳ではない。なお，調査義務を免れた場合には，当該企業保険契約者が所在する州保険庁に報告しなければならない。

(143)　「無免許保険・再保険改革法」の施行前から企業保険契約者に関する免除（industrial insured exemption）を設けていた諸州のほとんとでは，当該免除も残存している。*Ref.*, Emmanuel and Lerner（2023）pp. 1.4-1.5.

(144)　なお，日本において，金融商品の越境取引に関して利用者の許可制が設けられているのは，保険分野のみである。金融サービス研究会（2000）26頁参照。

(145)　金融サービス研究会（2000）26頁参照。なお，平成20年（2008年）銀行法改正により，「銀行等」（邦銀，外資系銀行，外国銀行の日本支店）が，日本国内の顧客に対して，当該「銀行等」のグループ内の外国銀行の業務の代理・媒介を行うことができるようになった（銀行法10条2項8号の2，52条の2〜52条の10）。

は予定利率を含む）を求めて，個人資産が海外の投資商品に向かいつつあり，保険商品に関しても，海外には投資性の高い保険商品が存在する[146]。この点においても，投資商品を取り扱う証券分野の規制動向は参照されるべきだからである。

(1) 海外の規制動向

いかなる越境取引に対して自国の証券規制を及ぼすべきかについては，主として証券法の域外適用として論じられてきた[147]。

ところで，インターネットを用いた証券取引に関し，主要国において近時の規制の潮流となっているのは，いわゆるターゲット・アプローチ（targeting approach）である。これは，自国内で販売活動が行われない場合であっても，自国の居住者または市場に「重大な影響」を及ぼす場合には自国の証券規制の対象とし，自国居住者をターゲットとした[148]証券募集等が行われる場合には「重大な影響」があるとする考え方である[149]。この考え方は米国[150]，英国[151]等，多くの先進各国に受け入れられている[152]。

---

(146)　海外の投資性の高い生命保険商品について，ナッシュ（1997）86-88頁参照。なお，ウェブサイトで検索してみると，投資性の高い海外の生命保険への加入を，日本居住者に紹介する日本語サイトが散見される（2023年9月24日確認）。

(147)　証券法の国際的適用範囲に関する研究は，龍田（1975），澤木（1976）以来の蓄積がわが国にある。域外適用に限定しない，証券法の国際的適用範囲全般に関する他の研究としては，石黒（1992），金融法委員会（2002），青木（2007），松尾（2011）などがある。

(148)　ただし，日本に関しては，日本語を公用語とする国は日本しかないので，日本語表記がなされていれば，日本国外在住の日本人向けであることが明確である等の事情がなければ，基本的には日本居住者に向けた金融商品や保険商品の募集であると考えられよう。

(149)　*Ref.*, IOSCO（1998）.

(150)　*Ref.*, U.S. SEC, Interpretation, Re: Use of Internet Web Sites to Offer Securities, Solicit Securities Transactions, or Advertise Investment Services Offshore, March 23, 1998.

(151)　*Ref.*, U.K. Financial Services Authority, Treatment of Material on Overseas Internet World Wide Web Sites Accessible in the U.K., May 28, 1998.

(152)　*Eg.*, ASIC（Australian Securities & Investments Commission），Regulatory Guide

第1章　国際的な保険取引に対する監督規制のあり方

(2) 日本の規制動向

日本においても，いわゆるターゲット・アプローチが採用されている[153]。

すなわち，2007年9月29日までは，「外国証券業者」（旧・外国証券業者に関する法律（1971年制定。以下，旧外証法という）2条1号）は，日本に支店を設置して，同法に基づく登録を受けた場合のみ[154]，日本国内で「証券業」（同法2条4号）を営むことができた（同法3条1項。キュミュル禁止原則が採用されていた[155]）。この登録を受けない「外国証券業者」は，日本「国内にある者を相手方として」，「証券取引行為」（同法2条3号の2）を行うことができないが，政令指定の場合には例外的に行うことができた（同法3条2項但書。罰則は45条，50条）。そして，この例外に該当するものの一つとして越境取引が規定されていた。ただし，「証券取引行為」についての勧誘や勧誘類似行為を行わないことが要件であった（旧・外国証券業者に関する法律施行令2条2号，旧・外国証券業者に関する総理府令7条）。2000年に至り，インターネットを利用した証券越境取引が原則として勧誘に該当することが事務ガイドラインで示された[156]。

その後，2007年9月30日をもって外国証券業者に関する法律が廃止され，その規律内容が金融商品取引法（以下，金商法という）に取り込まれることに

141, Offers of securities on the internet, Reissued 2/3/2000. また，OICU-IOSCO (2001), Annex I, 弥永（2008）も参照。なお，米国，英国，EU における監督の実態等について青木（2007）665-671頁参照。

(153)　ただし，英米以外の多くの国では，外国証券業者が国内投資家と取引をしても，ウェブサイトが英語表記である限り黙認しているようであるとも言われている。青木（2007）665頁参照。

(154)　旧外証法の施行当初は，登録制ではなくて免許制だった。

(155)　「外国証券業者」の日本支店が日本において登録（または免許）を受けていても，当該「外国証券業者」の本国の本店や日本支店以外の支店は，日本で「証券業」を営むことはできないと考えられていた。田中（1971）14頁参照。

(156)　金融庁「外国証券業者に関する法律（第3条），同施行令（第2条）及び外国証券業者に関する総理府令（第7条）に関する事務ガイドライン（外国証券業者によるインターネット等を利用したクロスボーダー取引関連）」（2000年12月11日。木村（2001）参照）。なお，この事務ガイドラインを属地主義の観点から捉えることも不可能ではないが，ターゲット・アプローチが採用されたと捉えるのが自然であろう。金融法委員会（2002）12-13頁参照。

第2節　海外直接付保規制のあり方 (2)

なった（ただし，その際に支店形式での日本進出が廃止された[157]）。すなわち，「金融商品取引業」（同法2条8項）は，金商法に基づく登録を受けた者（「金融商品取引業者」という。同法2条9項）でなければ行うことができない（同法29条）[158]。したがって，「外国証券業者」，すなわち，外国の法令に準拠して外国において「有価証券関連業」（同法28条8項）を行う者であって，日本において金商法の登録を受けていない者（同法58条）は，原則として日本において「有価証券関連業」を行うことができない（同法58条の2本文）。

そして，その例外の一つに，「有価証券関連業」を行う「金融商品取引業者」などを相手方とする場合が規定されている（金商法58条の2但書，同法施行令17条の3第1号）。そのような相手方は，「十分な知識や経験を有すると認められる者」であると説明されたり[159]，「自衛能力のある投資者」であると説明されたりしている[160]。

また，例外の一つに越境取引が規定されている。ただし，「有価証券関連業」についての勧誘[161]を行わないことが要件である（金商法58条の2但書，同法施行令17条の3第2号）。そのことは，監督指針においても指示されている[162]。すなわち，勧誘を行わないことを条件に，無登録の「外国証券業者」による通信越境取引が認められているのである。

なお，これらの例外規定に該当する「外国証券業者」の行為とは，単発的な行為に限定されるのか，それとも，「業として」行う場合にも許容されるのかは，旧外証法についても解釈が分かれていた。監督当局は，後者，すなわち，

---

(157)　青木（2007）654頁参照。

(158)　その後，金融商品取引法等改正法（平成26年法律44号。同年5月23日成立）によって，日本国内に営業所または事務所を設置し，日本における代表者を定めなければならないことになった（同法29条の4第1項4号ロ，ハ。2015年5月29日施行）。MRIインターナショナル事件を受けての法改正である。

(159)　長島・大野・常松法律事務所（2019）765頁参照。

(160)　川村（2009）284頁［芳賀良］参照。

(161)　旧外証法では，勧誘のみならず勧誘類似行為も行わないことが要件とされていたが，金商法では，勧誘を行わないことのみが要件とされることになった。

(162)　金融庁「金融商品取引業者等向けの総合的な監督指針」（令和5年6月）X-1-2「外国証券業者によるインターネット等を利用したクロスボーダー取引」参照。

75

第1章　国際的な保険取引に対する監督規制のあり方

「業として」行う場合にも許容されると解釈している[163]。

5　検　討

通信による越境取引に関して，日本の保険規制を整理したうえで（前述2），いくつかの先進国の保険規制（前述3），および，隣接業界である証券分野における規制（前述4）を概観した。以上を踏まえたうえで，本節では，通信による保険の越境取引規制について今後のあり方を検討する。

(1) 通信越境取引に関する先進諸国の規制枠組み

今日においては保険業に関して免許制を採用するのが一般的であるが（本節で取り上げた日本，EU，フランス，ドイツ，英国，米国諸州においても，全て免許制が採用されている），各国における通信越境取引に関する規制の枠組みは，通信越境取引を免許制の対象とするか否かで大きく異なっている（なお，本節で取り上げた先進諸国における保険規制では，証券規制におけるいわゆるターゲット・アプローチは採用されていない）[164]。

一つは，通信越境取引を免許制の対象外とする法制である（日本，フランス，ドイツ）。この法制では，通信越境取引は免許制の対象としないものの，海外直接付保規制の対象とするか否かでさらに法制が分かれる。日本やフランスでは海外直接付保規制を設けており，通信越境取引は免許制の対象とならないものの，海外直接付保規制の対象となるので，無免許外国保険者は原則として通

（163）　平成19年7月31日付け金融庁「『金融商品取引法制に関する政令案・内閣府令案等』に対するパブリックコメントの結果等について」に掲載されている「コメントの概要及びコメントに対する金融庁の考え方」530頁 No.2, No.3を参照。*Ref.*, https://www.fsa.go.jp/news/19/syouken/20070731-7/00.pdf.

（164）　なお，通信越境取引，すなわち，国内に支店・代理人等の拠点を置かずに，国内の保険契約者と海外の保険者とが通信によって保険契約を締結することに関して，少なくとも本節で取り上げた国は，どの国も立法管轄権が存在しないとは考えておらず，だからこそ，免許制にしろ，海外直接付保規制にしろ，通信越境取引に規制を及ぼしていると考えられる。また，証券規制に関しても同様である（ただし，理論的には異論もあり得よう）。なお，山下（1994）561-565頁参照。

第2節　海外直接付保規制のあり方（2）

信越境取引ができないことになる（なお，海外直接付保規制の対象は国内所在財産等に関する保険契約に限られる）。ただし，国内で保険手配ができない場合には例外的に通信越境取引が可能となる[165]（以下，α類型という）。他方，ドイツでは海外直接付保規制を設けていないので，無免許外国保険者は通信越境取引を広く行うことができると思われる[166]（以下，β類型という）。

　二つめは，通信越境取引も免許制の対象とする法制である（英国や米国諸州。以下，γ類型という）。この法制では，当該法域内で保険業を営んでいれば，通信越境取引であろうがなかろうが，免許制の対象となる。そのため，通信のみで完結する越境取引は，業として行われる限り免許が必要であり，無免許外国保険者は通信越境取引ができない。なお，米国では免許保険者からの保険購入が困難なことが多々あるため，免許制の例外としてサープラスライン規制が別途設けられている。すなわち，免許保険者からの保険購入が困難である場合には，無免許外国保険者に直接付保することができる。けれども，その場合も州内の保険仲立人を介さなければならないので，通信越境取引とはならない。

　以上をまとめて証券規制も参考として付記すると表のとおりとなる（表3【各国における通信越境取引の可否】参照）。

　このように，通信越境取引に関する先進諸国の規制枠組みは，通信越境取引を免許制の対象外とする諸国（α類型およびβ類型）と，通信越境取引も免許

---

(165)　日本が海外直接付保規制を導入した1963年当時は，フランス，イタリア，メキシコが採用していた方式である（青井（1963）20頁参照）。そして，同年の旧外者法改正により，日本もこの方式を採用して（同法3条3項〜7項の追加。現行法186条1項〜3項，185条6項。本文2冒頭参照），現在に至っている。ちなみに，メキシコも基本的な規制枠組みは変わっていない（内藤（2014）25-27頁参照）。
　　　なお，一般に，開発途上国においてもこの方式が採用されている。アジア諸国における直近の付保規制動向については，損保総研（2015）を参照。
(166)　なお，海外直接付保規制を導入する（1963年）以前の日本もこれに該当する（旧外者法3条1項，2項。ただし，保険先進国であったゆえに採用していた法制ではなく，当時は厳しい為替規制があり，また，通信（当時は郵便）を用いた海外直接付保が単に現実的でなかったため，特に規制されていなかったものである。青井（1963）19-20頁参照。
　　　1963年当時の西ドイツやスイスもこの法制であったようである。青井（1963）20頁参照。

77

第1章　国際的な保険取引に対する監督規制のあり方

【表3：各国における通信越境取引の可否】

類型	国・州	業として行われる通信越境取引の保険免許の要否	海外直接付保規制の有無	支店免許を受けていない外国保険者との通信越境取引（*）の可否
α	日本 フランス	免許不要	あり	海外直接付保規制違反のため原則不可（ただし，国内付保不能なら直接付保可）
β	ドイツ	免許不要	なし	可
γ	英国 米国諸州	免許要	なし	免許制違反のため不可
参考	証券規制 （日本）	自国居住者をターゲットとする場合は登録要	なし	登録制違反のため不可
		自国居住者をターゲットとしない場合は登録不要		可

（*）本表において通信越境取引とは，保険契約に関しては，国内（州内）所在の者と海外（域外・州外）保険者との間で，通信のみを用いて行われる元受保険取引（MAT保険を除く）のことである。また，証券取引に関しては，国内所在の者と外国証券業者との間で，通信のみを用いて行われる証券取引のことである。

（表は筆者作成）

制の対象と捉える諸国（γ類型）に大別される[167]。

　けれども，規制枠組みに相違はあるものの，α類型においてもγ類型においても通信越境取引は原則として認められない。

　ただし，若干の相違がある。第1に，α類型では通信越境取引を免許制では規制していないため，業として行われなくても（すなわち，単発的な保険契約の締結であっても），海外直接付保規制に抵触すれば違法となる。他方，γ類型で

────────

(167)　英米と欧州大陸諸国（日本を含む）とで保険の越境取引規制のあり方が異なるのは，規律管轄権の地理的適用範囲の捉え方の広狭に由来するのかもしれない。

は免許制で規制するため，業として行われる通信越境取引のみが違法となる（換言すると，業として行われない単発的な保険契約の締結は免許制に抵触せず，また，海外直接付保規制が存在しないため，違法とはならない）。第2に，α類型では海外直接付保規制として規制するため，全ての保険契約が規制対象となる訳ではなくて，日本所在財産等に係る保険契約のみが規制対象となる（換言すると，外国所在財産等に係る保険契約に関しては海外直接付保規制の規制対象とならず，また，通信越境取引には免許制が適用されないので，自由に通信越境取引を行うことができる）。他方，γ類型では，業として行われる場合には，内国所在財産等であるか否かを問わず，通信越境取引は免許制違反となる。第3に，α類型の海外直接付保規制には，規制の例外が設けられている。すなわち，国内で手配が困難な保険契約については，例外的な海外直接付保が個別に認められる。他方，γ類型では免許制で対応するため，個別的な免許制の適用除外は存在しないと思われる。

　こうして，規制枠組みの相違や実質的な取扱いに若干の相違があるものの，α類型とγ類型は結果的には同様の規制内容となっている。一方，β類型は，法制構造はα類型に近いものの，通信越境取引を基本的に容認するようであり，結果的にα類型やγ類型と大きく異なっている。ただし，β類型のドイツも，今後さらに通信越境取引が進展していくと，2016年施行のVAG改正法（「仲介者」の介在要件の削除）が法解釈に反映して，通信越境取引に従前よりは厳しい態度を取り始めるのかもしれない。

(2) 海外直接付保規制の維持

　通信越境取引が将来的に激増する可能性がある今日において，海外直接付保をいかに規制すべきか，より端的には現行の海外直接付保規制の変更を検討すべきか否かが本節の検討課題である。筆者の結論としては，基本的には現行規制を維持すべきであると考えるが，その理由は以下のとおりである。

　第1に，外国保険会社免許を受けていない「外国保険業者」への直接付保の可否は，免許制や海外直接付保規制に関する問題である。免許制の規制目的は保険契約者保護であり[168]，海外直接付保規制の規制目的は保険契約者保護や，免許保険会社との権衡維持，日本市場の攪乱防止，日本の保険事業の健全な発

第 1 章　国際的な保険取引に対する監督規制のあり方

達（以下，後 3 者を日本保険市場の規律維持という）にあることからすると[169]，日本の保険監督が及ばない者への付保を基本的には禁止すべきことになる。

　第 2 に，今後もさらにインターネットを始めとする情報通信技術の発展と利用の拡大が予想される。したがって，海外直接付保に関する適切な規制の重要性はますます高まっていると言えよう。それと同時に，海外直接付保規制のさらなる周知が求められていると言えよう。

　第 3 に，再保険や MAT 保険を除いて，世界各国が海外直接付保を制限する規制を設けている。そして，海外直接付保のうち通信越境取引に関しても，同様の規制を行っている（例外的に，通信越境取引には寛容な立場を従来とってきたのはドイツである）。このように通商政策の観点からしても，日本だけが突出して海外直接付保を積極的に容認する必要性に乏しいので，海外直接付保を制限する規制を継続すべきである。

　第 4 に，海外直接付保を制限する規制枠組みとしては，海外直接付保規制で対応するもの（表 3 の α 類型）と免許制で対応するもの（表 3 の γ 類型）とがある。日本は海外直接付保規制で対応してきたが，特に大きな支障が生じている訳ではない。また，免許制で対応する方式よりも柔軟な対応ができるため相対的に優れていると思われる。ここで柔軟な対応とは，免許保険会社（すなわち，内国保険会社，および，外国保険会社免許を受けている「外国保険業者」の日本支店）では引き受けられていない海外の保険商品に関しては，保険契約者が監督当局の許可を受ければ，海外直接付保できることが認められていることである[170]。したがって，現行規制である海外直接付保規制を基本的には維持すべ

（168）　たとえば，「一般の保険契約者にとって保険契約の内容の適正性や保険会社等の財務，業務の健全性を適切に把握し，判断することは容易ではない。こうした状況において，保険が人の社会生活上の様々な危険に備えた保障（又は補償）を提供し，国民経済や国民生活の基礎となっていることに鑑み，一般の保険契約者も過度の心配をすることなく保険会社等と保険契約の締結をすることできるように」免許制が採用されていると説明されている（安居（2016）43頁）。またたとえば，1995年改正前の保険業法に関して，「銀行業などと同様に一般公共の利害にきわめて密接な関係を有しているから」免許制が採用されていると説明されている（東京海上火災保険（1983）17頁［田辺博道］）。

（169）　前掲注23参照。

（170）　ただし，英国は免許制で対応する方式を採用しているが（表 3 の γ 類型），業とし

80

きである。

第5に，海外直接付保規制では，日本所在財産等に係る保険契約のみが規制対象となる。換言すると，たとえ保険契約者が日本に居住・所在する個人や法人であっても，付保対象である人や財産が海外に居住・所在している場合には規制対象とならず，日本で保険会社免許を受けていない外国保険者は，自由に通信越境取引を行うことができる。この規制内容は海外直接付保規制の創設当初から変更されていないが，大きな問題は生じていないようである。ただし，日本居住者が有する海外所在財産等は一定程度存在する[171]。

以上からすると，通信越境取引を含めて，海外直接付保を基本的には制限すべきであり，その法的枠組みとしては現行の海外直接付保規制を維持することが望ましいと考えられる。

(3) 海外直接付保規制の検討課題

このように海外直接付保規制を維持すべきであると考えられるが，若干の検討課題が存在する。一つは，海外直接付保規制の適用除外の拡大可否であり（次述「①プロに関する適用除外の創設可否」および「②自発的アクセスに関する適用除外の創設可否」），もう一つは海外直接付保規制の実効性確保のための改正である（後述「③海外直接付保に関する保険募集規制の明確化」および「④海外直接付保規制違反契約の効果規定の創設」）。

て行わなければ通信越境取引が可能である，つまり，単発的な保険契約の締結であれば通信越境取引が可能であるようである。そうであるとすると，海外直接付保規制で対応する方式（表3の a 類型）と比較して，例外的な海外直接付保の可能性に大きな差違はないのかもしれない。

(171) 国外財産調書制度が創設され（2014年1月施行），日本居住者が5,000万円を超える価額の国外財産を有する場合は国外財産調書を毎年提出しなければならなくなった（「内国税の適正な課税の確保を図るための国外送金等に係る調書の提出等に関する法律」5条1項）。この調書の集計によると，2022年12月末時点で日本居住者が海外で保有する建物の価額は4,842億円である。2024年1月付けの国税庁「令和4年分の国外財産調書の提出状況について」参照。*Ref.*, https://www.nta.go.jp/information/release/pdf/0023012-286.pdf.

第1章　国際的な保険取引に対する監督規制のあり方

① プロに関する適用除外の創設可否

　保険契約者が直接付保しようとしている海外の保険商品に関して，保険契約者自身が十分な理解力を有している場合には，類型的に海外直接付保規制の適用除外とする余地がある（なお，現行規制では認められていない）。なぜなら，そのような者については保険契約者保護の要請は極めて低い。また，そのような者が少数であれば，日本の保険市場の攪乱要因や日本の保険業の健全な発展の阻害要因とはならない。そして，それが保険会社自身であれば，免許保険会社との権衡維持の問題も生じないからである。

　ちなみに，日本の証券規制においては，「有価証券関連業」を行う者を相手方とする場合には，「外国証券業者」（すなわち，外国の法令に準拠して外国において「有価証券関連業」を行う者であって，日本において金融商品取引法の登録を受けていない者）であっても，日本において「有価証券関連業」を行うことができると規定されている。しかも，それは単発的な行為に限られず，「業として」も行うことができると監督当局によって解されている（前述4(2)参照）。

　そのような海外の保険商品に関して十分な理解力を有している者，つまり，いわば当該保険商品のプロとしては，典型的には日本の損害保険会社が自社自身のリスク（たとえば，自社システムのサイバー・リスク）について海外直接付保することが想定される。損害保険会社は，現在においても，再保険という方式で，自社が抱えるリスクである元受保険リスクを海外の再保険者に付保しており，海外の保険者に付保する能力を具備していると考えられるからである。そもそも，海外の保険者に付保する能力に欠けているのであれば，海外再保険に出再していること自体が非常に危険な行為であることになってしまう[172]。

　そして，損害保険会社には，日本の損害保険会社には付保せずに，海外の損害保険会社に直接付保を行う需要も存在するのではないかと思われる。それは，事業者向けの損害保険商品の開発が進むにつれ，保険契約者たる企業の内部情報や守秘情報を用いてリスク算定を行うことが多くなっていくと考えられるからである（現行の保険商品例では，サイバー・リスク保険や利益保険）。日本の損

---

[172]　大成火災海上保険は海外再保険取引が原因で2001年に破綻したが，出再取引を失敗したのではなくて，受再取引を失敗したものである。同社の破綻原因については吉澤（2014）を参照。

第2節　海外直接付保規制のあり方 (2)

害保険会社自身が抱えている，そのような自社のリスクを付保するには，告知義務（保険法4条）の履行として，自社の内部情報や守秘情報を競合他社に開示しなければならない[173]。そして，今日の日本の損害保険業界は寡占状態にあり[174]，他社に自社のリスクを正直に開示することを躊躇するかもしれない。仮に告知義務の履行を嫌うのであれば，現行法制では，競合他社への付保を断念してリスクを自家保有することになる。あるいは，自社グループの他の損害保険会社に付保する他ないが，自社グループの他の損害保険会社に付保した場合には，確かにリスクを他者に移転できるが，当該保険グループ内にリスクは残存したままである。現行規制では，当該リスクの付保が国内で可能である以上，海外直接付保の許可を得ることはできないであろう（保険業法186条3項2号）。ここで，もし損害保険会社に海外直接付保が一般的に解禁された場合には，たとえ日本国内で付保が可能であるとしても，海外の保険会社に直接付保することができるのである。以上からすると，損害保険会社は，その取扱い保険商品について，海外直接付保規制の一般的な適用除外としてもよいことになろう。

　次に，生命保険会社にも人保険商品に関して十分な理解力があると考えられるので，損害保険会社と同様に，その取扱い保険商品について，海外直接付保規制の一般的な適用除外としてもよいことになろう。ただし，生命保険会社の自社自身の人リスクはあまり想定しにくいので[175]，海外直接付保の需要は低

---

(173)　この点が，一般事業会社が保険契約者となる場合と決定的に異なる。一般事業会社は損害保険契約の締結時に内部情報や守秘情報を告知義務として損害保険会社に開示するものの，当該損害保険会社は当該一般事業会社の競合他社には該当しない。そもそも，保険会社は他業が制限されているからである（保険業法100条）。

(174)　日本の損害保険業界は，大手3グループ（東京海上グループ，MS&AD グループ，SOMPO グループ）でマーケットシェアの約85％を占めている（2020年度。『インシュアランス 損害保険統計号 令和2年度決算』12頁を基に筆者が算出した）。

(175)　生命保険会社自身が保険契約者兼保険金受取人となって，当該生命保険会社の重要な役員を被保険者とする死亡保険を付保するような場合には（経営者保険，役員保険，キーマン保険などと称されている），被保険者となる保険会社役員の健康状態を競合他社に知られたくないという事情はあるのかもしれない。けれども，巨額の保険金額でない限り，当該保険グループ外にリスク移転する強い必然性なく，グループ内の他の生命保険会社に付保すれば済むのかもしれない。

83

第1章　国際的な保険取引に対する監督規制のあり方

いのかもしれない。

　一方，少額短期保険会社に関しては，普段から海外出再を行っているのであれば，自社自身のリスクについて海外直接付保を認める余地があるかもしれない。しかしながら，取り扱っている少額短期保険商品が限定的であること，また，必ずしも海外出再に習熟している訳ではないことからすると，少なくとも当面は海外直接付保を認めるべきではないであろう。

②　自発的アクセスに関する適用除外の創設可否

　保険契約者が自ら無免許外国保険者にアクセスする場合には，海外直接付保規制の適用除外とする余地があるかもしれない（なお，現行規制では認められていない）。なぜなら，こうした場合には，自ら自国の保険監督法による保護を放棄しているとも考えられるので保険契約者保護の要請は低い。また，そのような者が少数であれば，日本の保険市場の攪乱要因や日本の保険業の健全な発展の阻害要因とはならないからである。

　ちなみに，日本の証券規制において，勧誘を行わなければ「外国証券業者」が日本国内にある者と越境金融商品取引を行うことが認められているのも（本文4(2)参照），投資者保護の必要性が低いからだと考えられている[176]。諸外国の保険規制においては，自発的アクセスか否かを問わず，ドイツは，伝統的にコルレス保険契約について自国の保険監督法の規制対象としてきていない（前述3(3)参照）。

　ただし，現行規制においても監督当局の許可を得れば海外直接付保が可能である。したがって，自発的アクセスに関して海外直接付保規制の適用除外を創設するには，監督当局の許可を得ることができない海外直接付保の必要性があることが基本的には必要であろう。

(a)　海外往訪型自発的アクセス

　自発的アクセスの典型例は，日本在住の保険契約者が，わざわざ外国に赴いて，当該外国において，日本所在財産等に関して，当該外国で保険会社免許を受けた「外国保険会社」から，当該外国で引き受けられている保険商品について保険募集を受け，当該保険商品の保険契約を締結し，外貨で保険料を支払い，

---

　(176)　神田他（2014）790頁［中野健太郎］参照。

84

第 2 節　海外直接付保規制のあり方（2）

保険証券の交付を受け，さらに保険事故発生時には，当該外国で保険給付請求手続を行い，当該外国に開設した外国銀行口座で保険金を外貨で受け取るような場合である（以下，海外往訪型自発的アクセスという）。このように，保険の対象が日本所在財産等であること，および，保険契約者が日本在住者であること以外には日本と関連性を有しない場合には，こと海外往訪型自発的アクセスによる海外直接付保に関しては，海外直接付保を認めてもよいのかもしれない[177]。

　けれども，海外往訪型自発的アクセスを行ったのが消費者であるとしても，保険契約締結の契機は海外保険者からのアプローチだったかもしれない。たとえば，海外保険者が日本の印刷業者に発注して，日本国内から大量のダイレクトメールを発送したことが契機となっているかもしれない。また，日本の消費者がわざわざ海外渡航して海外で保険募集を受けて保険契約を締結しているものの，観光が主目的の海外渡航であり，その合間に保険契約を締結したのかもしれない。そして，渡航費用の全部または一部を海外保険者が負担していたかもしれない。さらに海外渡航とはいっても，渡航先次第で海外渡航の簡便さは千差万別である。以上のような事情もあり得ることに鑑みると，海外往訪型自発的アクセスをしたのが消費者であるとしても，保険業法による保険契約者保護の要請を後退させて，ただちに，監督当局の許可を受けない海外直接付保を認めるべきであるとは言えないと考えられる。

　そして，海外往訪型自発的アクセスをしたのが事業者である場合にも，やはり，監督当局の許可を受けない海外直接付保を認めるべきではないと考えられる。なぜなら，当該事業者が小規模事業者である場合には，消費者の場合と同様に，保険契約者保護の観点から海外直接付保を認めるべきではない。他方，当該事業者が大規模事業者であって，従業員が海外に駐在していたり，毎月のように従業員が海外に出張したりしているような場合には，保険業法による保

---

(177)　また，実際のところ，海外往訪型自発的アクセスによる海外直接付保を実効的に取り締まるのは困難であり，既に一定程度は日本所在財産等に係る保険契約が，監督当局の許可を得ることなく海外直接付保されているかもしれない。さらに，保険契約者が海外居住である場合には，日本所在財産等に係る保険契約の海外直接付保を実効的に取り締まるのはほとんど不可能であろう。

第1章　国際的な保険取引に対する監督規制のあり方

険契約者保護の要請は後退していく。けれども，そのような大規模事業者の日本所在財産等に係る保険契約の保険料が海外に流出してしまうことになるので，免許保険会社との権衡維持や日本市場の攪乱防止の観点での懸念が高まることになる。また，通商政策の問題となるが，大規模事業者による海外直接付保を広く認めている先進諸国はないと思われる。さらに先進諸国においても基本的に海外直接付保を行えないのであれば，保険手配に関して，日本企業が外国企業との競争上不利となることはないのである（また，日本の保険会社から購入できないような保険商品に関しては，日本企業は監督当局の許可を得て海外直接付保が可能であるので，この点においても，保険手配に関して，日本企業が外国企業との競争上不利となることはない）。したがって，大規模事業者に関しても，監督当局の許可を得ていない海外直接付保を認めるべきではないと考えられる。

(b) **通信越境取引型自発的アクセス**

本節で検討しているのは通信越境取引であるので，自発的アクセスによる通信越境保険取引（以下，通信越境取引型自発的アクセスという）について海外直接付保規制の適用除外とすべきか否かを検討する。典型的には，日本の保険契約者が，外国に赴かずに，日本において，日本所在財産等に係る保険契約について，インターネットを始めとする通信を介して海外保険者（外国保険会社免許を受けていない「外国保険業者」）に自発的にアクセスし，当該海外保険者から海外の保険商品について保険募集を受け，当該保険商品の保険契約を締結し，日本の銀行口座から保険料を海外送金し，海外から電子的に送付されてきた保険証券を日本で受信し，さらに保険事故発生時には，通信を介して海外保険者に保険給付請求手続を行い，日本の銀行口座で海外送金されてきた保険金を受け取るような場合である。

ちなみに，証券規制においては，いわゆる「ターゲット・アプローチ」の考え方が採用されており，日本の証券規制においても，「外国証券業者」が「有価証券関連業」について勧誘を行わなければ，無登録の「外国証券業者」による通信越境取引が可能である（前述4参照）。ただし，諸外国の保険規制においては，このような考え方は未だ採用されていないようである（前述3参照）。

ここで，昨今の電気通信技術の著しい発展と価格低下および国際通信であることの認識（可能性）の低下（前述2(3)参照）に鑑みると[178]，保険契約者が自

86

第2節　海外直接付保規制のあり方 (2)

発的にアクセスをしたからといって，保険業法による保険契約者保護を放棄したとして保護を与えないことは不適当であろう。たとえ保険契約者が自発的アクセスを行う契機となったのが，海外保険者が設置している受動的なウェブサイトであったとしても，同様に考えられる。米国のニューヨーク州では受動的なウェブサイトの維持は同州保険法における保険募集には該当しないとしているが（前述3(5)②(b)），そのような規律のあり方は少なくとも日本社会あるいは日本の消費者には合わないであろう。また，受動的なウェブサイトとは言っても，日本語表記のウェブサイトであれば，海外居住の日本人向けのウェブサイトであることが明確でない限り，日本社会に向けられているものと考えられよう（この点において，たとえば英語やスペイン語でウェブサイトの表記がなされていても，それだけではニューヨーク州の州民のみが当該ウェブサイトの宛先であるとは限らず，むしろ，他州の者，場合によっては他国の者が宛先である可能性も非常に高い英語表記やスペイン語表記のウェブサイトとは，閲覧者の受け取り方が決定的に異なる）。

　さらに，日本では永らく低金利が続いているため，海外の投資型生命保険商品への大量付保が生じる惧れもある。これが現実のものとなると，日本保険市場が攪乱するとともに，日本の保険事業の健全な発展の障碍となり得ることになる。

　したがって，特に通信越境取引に関しては，保険契約者による自発的アクセスであることを理由として外国保険会社免許を受けていない「外国保険業者」への付保を容認することは，望ましくないと思われる[179]。海外往訪型自発的アクセスの場合ですらも海外直接付保を認めるべきでないことからすると，通

---

(178)　将来的には，内国保険会社や外国保険会社免許を受けた「外国保険業者」の日本支店等が，海外拠点（コールセンター等）から，日本の保険契約者向けに保険募集や保険給付手続を行う可能性もある。そうなってくると，たとえ国際通信であることを日本の保険契約者が認識したとしても，内国保険会社や外国保険会社免許を受けた「外国保険業者」の日本の「支店等」によるものなのか，それとも，無免許外国保険者の海外本支店等や外国保険会社免許を受けた「外国保険業者」の海外本支店等によるものなのかの区別がつかないという事態も生じる可能性がある。

(179)　反対に，消費者による自発的アクセスを積極的に容認すると思われる見解として井口（2006）を参照。

87

第1章　国際的な保険取引に対する監督規制のあり方

信越境取引型自発的アクセスの場合にも海外直接付保を認めるべきでないとも言えよう。なお，繰り返しとなるが，日本で入手できない保険商品については，現行規制下でも，監督当局の許可を得れば通信越境取引による海外直接付保が可能である[180]。

③　海外直接付保に関する保険募集規制の明確化

海外直接付保は原則として禁止されているが，全面的に禁止されている訳ではない。政令指定の保険契約（令19条，則116条）の他，監督官庁の許可を受けた個別保険契約についても（法186条2項，3項，則117条），外国保険会社免許を受けていない「外国保険業者」は海外直接引受が可能である（法186条1項）。

後者の個別許可に基づく海外直接引受は，一般的には次のような過程を辿るものと思われる。すなわち，㋐保険者側による保険契約者の勧誘→㋑保険者や保険商品に関する説明→㋒保険契約者による監督官庁への許可申請→㋓監督官庁の許可→㋔契約締結，という過程である。このうちの㋒および㋓に関しては上述の法令条文で規定されているが，㋐㋑㋔の取扱いは海外直接付保規制に関する上述の箇所では明示されていない（現行法上，海外直接付保規制（法186条1項）によって保険募集行為も禁止されているとの解釈もあるかもしれないが，保険契約者が許可を受ければ海外直接引受が可能であることや，刑罰が科され得ることを勘案すると，拡大解釈は許されないであろう）。

ここで問題となるのが，海外直接引受のための保険募集行為が日本国内で行われる場合には，海外直接付保規制とは別に，保険募集規制（法275条以下）が適用されることである。そのため，海外直接付保の許可がなされた保険契約に関しては，それは外国保険会社免許を受けていない「外国保険業者」が保険者となる保険契約であるから，日本国内においては基本的には誰も「保険募集」を行うことはできないと一応考えられる[181]（法275条。ただし，当該「外国保険業者」の代表権を有する役員が契約締結行為を行う場合には「保険募集」には該当

---

(180)　吉澤（2016）において，消費者向け保険契約の通信越境取引を海外直接付保規制の例外（監督官庁の許可を得たうえでの海外直接付保）から排除すること，すなわち，消費者向け保険契約に関しては全面的に海外直接付保を禁止すべきことを提言したが，管見を本書の内容に改める。

(181)　山下（2018）205頁参照。

第2節　海外直接付保規制のあり方（2）

しないので（「保険募集」とは，保険契約の締結の代理または媒介のことである。法2条26項），代表権を有する役員による契約締結行為は可能であると考えられる。前述第1章第1節3(1)②参照）。

しかしながら，通信による越境保険募集に対して保険募集規制（法275条以下）を適用することには疑義がある[182]。なぜなら，日本・外国間の通信越境保険取引は，原則として「保険業」に該当するとは考えられていない（前述2冒頭参照）。そうであるからこそ，免許制とは別に海外直接付保規制を設けている。そして，海外直接付保規制においては，海外直接引受を原則として禁止しつつも，例外的に，個別契約単位での許可制の下に海外直接引受を容認している。容認しているにもかかわらず，通信越境取引方式での海外直接引受に関して保険募集規制を適用するのは，矛盾した規制となってしまうからである。したがって，こと通信越境取引に関しては，そして，それが少なくとも日本における「保険業」に該当しない範囲内のものであれば，保険募集規制は適用されないと考えられる（日本の監督官庁も同様に考えているようである。前述2(2)参照）[183]。

そうであるとすると，外国保険会社免許を受けていない「外国保険業者」が，海外から，日本に居住・所在する保険契約者に対して，通信手段を用いて，無秩序に海外直接付保の勧誘を行っても，それが少なくとも日本における「保険業」に該当しない範囲内のものであれば，当該行為を日本の保険業法では直接に規制することはできない（あるいは，規制しない）ことになる（海外往訪型自発的アクセスの場合にも同様である）。ただし，こと日本所在財産等に係る保険契約に関しては，法規制上は，監督当局の許可がなければ契約締結という最終段階（上記(オ)）には至らない筈である。つまり，契約締結という最終段階では日本の保険契約者保護措置が適用される法制となっている。

けれども，法規制どおりに個別許可を受けた保険契約のみが海外直接付保されているかどうかは不明である。換言すると，個別許可を受けずに海外直接付保がなされている可能性がある。そして，その可能性は，通信技術や通信手段

---

(182)　証券規制に関して同様の指摘をするものとして田中（1971）14頁参照。

(183)　もし，仮に通信越境取引に保険募集規制が適用されるのであれば，その旨を監督当局は何らかの形で明示すべきであろう。

89

第1章　国際的な保険取引に対する監督規制のあり方

の発達に伴って，さらに増えていく可能性がある（前述2(3)参照）。

　なぜなら，外国保険会社免許を受けていない「外国保険業者」が海外直接引受を行うことになるが，日本の規制を了知している可能性が高い。けれども，日本の監督官庁の個別許可を受けていない保険契約を違法に引き受けても，日本の監督官庁により外国保険会社免許を受けていないので，行政処分を行うことができないし，また，行ったとしても効果がない。さらに，保険業法に基づいて刑罰（懲役刑や罰金刑）が科される可能性があるが（前述2(2)参照），日本に拠点がないので実際には刑罰が科されることはないからである。

　他方，日本に居住・所在する保険契約者は，監督官庁の許可を得ずに海外直接付保すると刑罰（過料）を科される可能性がある（前述2(2)参照）。上述のとおり無許可で海外直接引受を行った保険者に対する制裁は実効性が乏しいので，この保険契約者に対する罰則が海外直接付保規制の実効性確保の中心となっている。けれども，第1に，よほど悪質な保険契約者でない限り，過料を科すことは実際には困難であろう。第2に，監督官庁の個別許可を受けなければ海外直接付保できないことを保険契約者が知らずに海外直接付保してしまう事態に関しては，事後的な過料の制裁を用意しただけでは無許可での海外直接付保を防止することができないからである。

　そこで，検討するに，無許可での海外直接付保が禁止されていることを了知している保険契約者に対しては，現行規制である過料の罰則のアナウンスメント効果で対処することでよいと考えられる。そして，悪質な事態が生じた場合には，実際に過料の制裁を発動することも視野に入れてよいかと思われる。

　一方，無許可での海外直接付保が禁止されていることを了知していない保険契約者に対しては，監督官庁の個別許可が必要であることを周知徹底することが必要となる。この周知徹底は今後も監督官庁や保険業界が中心となって行っていくことになろうが，それだけでは不十分であると思われる。そこで考えられるのが，監督官庁への許可申請手続よりも前の段階において（すなわち，上記(ア)や(イ)の段階において），監督官庁の個別許可が必要であることを保険契約者に対して説明することを，保険者（すなわち，外国保険会社免許を受けていない「外国保険業者」）に義務づけることである。良心的な保険者は，こうした規制が新設されれば，保険契約者に対して勧誘や説明を行う際に，監督当局の許可

90

が必要であることを必ず明示するようになるであろう。それによって，保険契約者がそのことを了知し，監督当局への許可申請が遺漏なきものに近づくと思われる。通信越境取引による適法な海外直接付保に関しては，それが少なくとも日本における「保険業」に該当しない範囲内のものであれば，保険募集規制が及ばないと考えられるが，海外直接付保規制の実効性を確保して日本に居住・所在する保険契約者を保護するために，監督官庁の個別許可が必要であることを保険募集時に明示させる規制を設けることを検討すべきであると考えられる。なお，このような規制は，場合によっては域外適用（extraterritorial application）にもなり得ようが，公法の立法目的から導かれる地理的適用範囲が外国にも及ぶことがあることからすると[184]，特に問題はないと考えられる。

④ 海外直接付保規制違反契約の効果規定の創設

　良心的な外国保険者に関しては，上記③の対策を講じるだけで，保険契約者による許可申請の遺漏が減少することになろう。けれども，海外直接引受を行う外国保険者は良心的な保険者ばかりではない。そのため，無許可でなされた海外直接付保に関して，外国保険者に対する制裁，それも実効性のある制裁を追加することが必要となる。

　そこで考えられるのが，違法な海外直接付保引受がなされた保険契約の有効性に関する規定を創設することである。海外保険者が無許可でも海外直接引受をしようとするのは，基本的には営利目的である。したがって，保険契約を締結しても事後的に保険契約が無効となってしまうのであれば，あるいは，保険事故が発生していない保険契約が無効となってしまうのであれば，事業として割に合わないことになり，無許可での海外直接引受に慎重となったり，回避したりするようになると思われる[185]。

---

(184)　たとえば，道垣内（2007）70頁参照。

(185)　吉澤（2022）425頁参照。なお，早川（2003）213頁も，インターネット取引に関してであるが，「インターネット取引のように事業者が補足（ママ）し難い形態の取引においては，業務停止命令や罰則よりも，契約そのものを無効とする方が，事業者の取締りという観点からは，むしろ効果が高いともいえる。」と指摘する。

　　もちろん，それでも海外直接引受を止めず，保険料相当額の返還に応じない悪質な業者も存在しよう。

第 1 章　国際的な保険取引に対する監督規制のあり方

　けれども，現行法には海外直接付保規制違反契約の効果に関する規定が存在しないため，当該保険契約の有効性が判然としない（つまり，海外直接付保規制が，単なる取締規定であるのか，それとも，効力規定であるのかが判然としない）。学説において，海外直接付保規制に違反して締結された保険契約は，「規制に対する違反が刑事制裁の対象とされていること等に照らして私法上も無効といわざるをえないだろう」と言われている[186]にすぎない。なお，海外直接付保規制に違反した保険者に対しては，2 年以下の懲役または300万円以下の罰金が用意されている（法316条 4 号）。

　その一方で，免許保険会社が引き受けた無認可約款での保険契約は有効であるとされている（船舶保険の普通保険約款の無認可変更の事案について最判昭和45年12月24日・民集24巻13号2187頁[187]。なお，普通保険約款や事業方法書の無認可変更については100万円以下の過料の制裁が用意されている。法333条 1 項40)。けれども，この事案は免許保険会社による保険引受であって，認可を受けた普通保険約款を無認可で修正したものを使用した保険契約に関する裁判例であって，日本国内の無免許保険者が日本国内で保険引受を行った場合にも最高裁が当該保険契約の有効性を認めるかどうかは不明である。なお，無免許で「保険業」を営んだ場合には 3 年以下の懲役または300万円以下の罰則が用意されている（法315条 1 号）。

　ここで，免許制と海外直接付保規制とは連続的なものであるとすると，違反契約に関する私法上の効果は平仄を合わせるべきであろう（逆に，仮に両者で私法上の効果に差違を設けるとすると，両者を区別する合理的理由を明らかにすべきであろう）。ちなみに，フランスでは，免許制に反して締結された保険契約は無効となるが，保険契約者等が善意であれば，保険契約者等との関係においては有効である（前述 3(2)）。ドイツでは，無免許保険者による保険契約であっても，保険契約の有効性には影響を与えないと考えられている（前述 3(3)）。英国では，無免許者が締結した保険契約に関しては，無免許保険者は保険契約者に強制的に履行を求めることができないが（unenforceable），保険契

---

　(186)　山下（2018）206頁参照。
　(187)　山下（2018）131-133頁も，認可違反の保険約款での保険契約について，基本的には私法上の効力には影響がないとする。

約者は，交付した金銭等の返還や損害賠償を無免許保険者に対して求めることができる（前述3(4)）。米国では，法令文言の相違もあって，州によって取扱いが異なっている。いくつかの州では，免許制違反契約の有効性を認めており，特に，契約が無効となることで，非のない保険契約者が不利益を被り，保険会社が保険給付義務を免れることになる場合にはなおさらであるとする。一方，他のいくつかの州では，そのような保険契約は無効とされている。さらに，ある州では，免許制違反契約は，被保険者または保険金受取人が，強制執行可能または取消可能のいずれかを選択できるとする（前述3(5)）。

　いずれにしても，日本の保険業法が規定する免許制や海外直接付保規制に違反して締結された保険契約について，その私法上の効果に関する規定を設けて，取扱いを明確にすべきである。そうであるとすると，いかに私法上の効果を規定するかが問題となる。そこで考えるに，違反契約に関する私法上の効果を基本的には否定すべきである。なぜなら，第1に，免許制も海外直接付保規制も違反者には刑事罰が科される規制であるので，規制に違反して締結された保険契約の有効性を認めるべきではないからである。第2に，違反契約の有効性を否定することによって，上述のとおり，違反行為をした海外保険者に経済的な打撃を与えることができるので，違反行為の抑止に繋がると考えられるからである。現行規制のみでは，海外保険者に対する効果的な抑止効果が発揮できていないと考えられる。第3に，善意の保険契約者保護が必要となるが，違反契約の有効性を肯定したうえで保護するのではなくて，違反契約の有効性を否定したうえで保護することも可能であるし，また，その方が保護（あるいは，過保護）の効果が高いと考えられるからである。すなわち，保険事故が発生しなければ（一般に，保険契約においては保険事故が発生確率よりも不発生確率の方が高い），違反契約の有効性が否定されることによって，保険契約者が支払済の保険料相当額が保険契約者に返還されるからである。他方，保険事故が発生した場合には，例外的に保険契約の有効性を認めたり，保険契約の有効性を否定したうえで損害賠償請求を認めたりすることができるからである。

　こうして，違反契約の有効性を基本的には否定すべきであるとすると，大まかには次の二つの規定の仕方があり得よう。

第1章　国際的な保険取引に対する監督規制のあり方

(a) 一 律 無 効

　免許制や海外直接付保規制という，罰則を伴う強行規定に違反して締結された保険契約であるから，一律に無効とする考え方である。善意の保険契約者の救済は，日本法が適用されるとすると保険料相当額の返還という原状回復（民法121条の2）が基本となるが，不十分な場合には，たとえば得られたであろう保険金相当額について損害賠償請求を認めることで対応することになる。

(b) 善意契約者の取消権

　免許制違反や海外直接付保規制違反であることについて保険契約者が悪意である場合には，違反契約を無効とする。もし保険契約者が悪意であるのに違反契約が有効であるとすると，たとえ保険者と保険契約者の両者が共謀していなかった場合であっても，日本における保険市場の秩序を著しく攪乱することになるからである。

　他方，保険契約者が善意である場合には，保険契約者が取消あるいは相対的無効を主張できることを認めるべきであろう（以下では，相対的無効も含めて取消という）。善意の保険契約者は保険カバーを得ようと当該保険契約を締結した筈であるから，残存保険期間が長い場合や，身体状況次第では保険契約の再加入が困難である場合や，当該保険契約の運用成績が良好な場合には，基本的には有効に保険契約が存続することを希望する筈である。したがって，原則として当該保険契約の有効性を認めるべきである。その一方で，免許制違反の場合も海外直接付保規制違反の場合も日本における「保険業」免許を受けていない者が保険者となる訳であるから，保険業法を始めとする保険監督に則っていない保険募集が行われて，保険契約者としては不本意な保険契約となってしまっているかもしれない。そのような保険契約者の保護を考えると，保険契約者に取消権を認めるべきである。なお，保険契約者が不当に取消権を行使する可能性もあるが（すなわち，免許制や海外直接付保規制に抵触することを知らずに保険契約を締結したものの，その後に違反契約であることが判明し，そのことを奇貨として，保険事故が発生していないので保険契約の取消と保険料相当額の返還を主張したり，変額商品において運用成績が悪いので保険契約の取消と保険料相当額の返還を主張したりする可能性がある），そもそも免許制や海外直接付保規制に抵触して保険契約を締結した保険者に非があるので自業自得であり，また，そ

のような不利益を与えることによって免許制違反や海外直接付保規制違反の未
然防止にも役立つことになる。

このように，免許制や海外直接付保規制に違反する保険契約の私法上の効果
を基本的には無効とするとしても，大まかには上記(a)(b)の二つの規定の仕方が
考えられる。今後の議論を待ちたいところであるが，現時点では上記(a)の方が
優れていると思われる。上記(a)は，一律に無効とするので理論的な一貫性があ
り，また，保険事故発生時には損害賠償請求で対応可能である。他方，上記(b)
は，保険契約者の善意・悪意の判別にコストを要し，また，保険契約者が不当
な取消権行使を行う余地を認めているからである。

なお，こうして，日本の保険業法に海外直接付保規制違反契約を基本的に無
効とする明文規定が創設されると，日本法が準拠法となる保険契約に関しては，
当該規定に基づいて当該保険契約は無効とされよう。また，保険契約者が消費
者である場合には，当該規定は，消費者の常居所地法である日本法中の強行規
定であるので，外国法が契約準拠法として指定されていたとしても（海外直接
引受を行うのは外国保険者であるので，契約準拠法として外国法が指定されている
であろう），法廷地の国際私法次第では，当該規定の適用を主張できる可能性
がある（たとえば日本が法廷地となる場合には，法適用通則法11条1項により当該
規定の適用を主張できる）。さらに，外国が法廷地であって，そのような消費者
保護規定が法廷地の国際私法に存在しない場合であっても，当該法廷地として
は外国となる日本の強行的適用法規として当該規定を適用してくれるかもしれ
ない（この点に関しては後述第2章第3節を参照）。

6　小　括

情報通信技術の発展や普及に伴って，保険の通信越境取引が今後急拡大する
可能性があるが，国際取引であることを日本国内の保険契約者が認識しないま
ま保険募集や保険契約締結が行われ，監督当局の許可を受けないまま海外直接
付保（外国保険者の立場からは，海外直接引受）がなされてしまう惧れのある状
況が迫りつつある。そこで本節では，保険の通信越境取引の観点から海外直接
付保規制のあり方を検討した。

第 1 章　国際的な保険取引に対する監督規制のあり方

　具体的には，まず，保険の通信越境取引に関して，保険業法はいかなる規制を設けているか，そして，当該規制が近い将来に予想される上述の問題状況に適切に対応できるか否かを確認した結果，現行の規制では適切な対応が困難であることが判明した（前述 2）。

　そこで，立法論として，いかなる制度を採用すべきかを検討するため，先進国における規制状況を概観し（前述 3），また，保険の隣接業界である証券分野の規制状況を概観した（前述 4）。その結果，海外直接付保に関しては，海外直接付保規制で対応している法域（日本，フランス，ドイツ）と免許制で対応している法域（英国，米国の諸州）に大別されるが，ドイツを除けば，いずれも保険の通信越境取引に関しては極めて制限的な対応をとっていることが明らかとなった。なお，証券規制に関しては，いわゆるターゲット・アプローチが日本を含む先進諸国では採用されるようになっている（前述 5(1)）。

　以上を踏まえて，保険の通信越境取引について日本が採用すべき規制を検討した。その結果，海外保険者（外国保険会社免許を受けていない「外国保険業者」）による海外直接引受に関する規制枠組みとしては，免許制ではなくて，従来どおり海外直接付保規制を維持すべきであると考えられる（前述 5(2)）。

　ただ，現行の海外直接付保規制の改正を検討すべき事項も存在する。第 1 に，現行の海外直接付保規制の一般的な適用除外としては，付保対象ベースでの除外事由のみが規定されているが（再保険および MAT 保険等），付保主体ベースでの除外事由の新設を検討すべきである。具体的には，損害保険会社や生命保険会社が，その取り扱う保険商品について海外直接付保を行う場合には，一般的に海外直接付保規制の適用除外としてよいと考えられる（少額短期保険会社を除く。前述 5(3)①）。なお，自発的アクセスに関する適用除外は設けるべきではない（前述 5(3)②）。

　第 2 に，現行の海外直接付保規制の実効性は，海外保険者に対する罰則を現実に適用することが困難であるので，保険契約者に対する罰則および保険契約者に対する周知に依存している。こうした問題を解決すべく，すなわち，海外直接付保規制の実効性を高めるため，一つには，海外直接引受における保険募集において，海外直接付保には監督当局の許可が必要である旨を保険契約者に明示する義務を海外保険者に課す規制の創設を検討すべきである。なぜなら，

第 2 節　海外直接付保規制のあり方 (2)

良心的な海外保険者はこの明示義務を履行するであろうし，明示義務が履行されれば日本の保険契約者は監督当局の許可が必要であることを認識する可能性が高まり，許可申請が励行されることに繋がるであろうからである（前述 5 (3)③)。もう一つには，それでも監督当局の許可を得ずに海外直接付保がなされてしまうことがあり得るため，違反契約の私法上の効果に関する規定，具体的には，違反契約が無効（または，取消）となる旨の規定を創設すべきである。なぜなら，この規定によって，違法な海外直接引受をした海外保険者に経済的打撃を与えることができ，結果的に，違法な海外直接引受が減少することに繋がると考えられるからである（前述 5 (3)④)。

第3節　日本の事業会社によるキャプティブ保険会社の設立・利用

1　本節の目的

キャプティブ保険会社（captive insurance company）[188]とは，特定の者（または，特定のグループ）のリスクを（主として）付保するために設立されたり利用されたりする保険会社のことである。一般の保険会社が不特定多数のリスクを引き受けていることと対照的である。キャプティブ保険会社は独立の法人格を持つので，キャプティブ保険会社への付保は保険契約者からのリスク移転となるものの，その点を除けばむしろ自家保険（self-insurance）に近い。

こうしたキャプティブ保険会社の歴史は古く[189]，今日においては欧米（特に米国）の企業等が相当程度利用している。今のところ日本の事業会社によるキャプティブ保険会社の設立・利用はさほど活発ではないと言われている[190]。

ところで，キャプティブ保険会社に関する問題を論じるにあたっては，まずは設立地，保険引受形態，設立者，保険契約者を明確にしておく必要がある。

---

(188)　キャプティブ保険会社については，さしあたり，Tiller *et al.* (1988), pp. 23-79, Bawcutt (1997), Dowding (1997), 森宮 (1997), Booth and Dowding (1999), 池内他 (2013), St. John (2017), マーシュ (2022), 浜田他 (2023) を参照。

(189)　キャプティブ保険会社の利用は，1920年代〜1930年代に始まる。*Ref.*, Carter *et al.* (2013) p. 35.

(190)　日本の事業会社も，1970年頃からキャプティブ保険会社を設立・利用している。これまで累計で100社を超えるキャプティブ保険会社が設立されているが（経済産業省リスクファイナンス研究会 (2006) 73-74頁。また，池内他 (2013) 278-279頁も参照参照），他方で閉鎖になったキャプティブ保険会社もある。

　柳澤 (2019) 85-86頁表3によると，2018年8月時点では，日本企業（保険会社を含む）が保有するキャプティブ保険会社は91社とされている。他方，浜田他 (2023) 48頁によると，日系キャプティブ保険会社数は162社とのことである。

第1章　国際的な保険取引に対する監督規制のあり方

　設立地とは，キャプティブ保険会社を設立する法域（「ドミサイル」（domicile）とも言う）のことである。本節では，日本国内で設立する場合（以下，「内国キャプティブ」と呼ぶ）と，海外で設立する場合（以下，「海外キャプティブ」と呼ぶ）に分類する。

　保険引受形態は，キャプティブ保険会社が引き受ける「保険契約」が元受保険である場合（そのようなキャプティブ保険会社は「元受キャプティブ」（direct captive）と呼ばれている）と，再保険である場合（そのようなキャプティブ保険会社は「再保険キャプティブ」（reinsurance captive）と呼ばれている）とがある。再保険キャプティブを利用する場合には，一般の保険会社がフロンティング保険会社（fronting insurance company）[191]として元受保険を引き受けたうえで，キャプティブ保険会社に出再することになる。

　キャプティブ保険会社の設立者は，保険契約者（の団体）が設立者となる場合と，保険契約者とは資本関係のない者（主に保険業界関係者）が設立して利用者となる保険契約者（の団体）にレンタルする場合（「レンタ・キャプティブ」（rent-a-captive）と呼ばれている）とがある。

　保険契約者が移転するリスク，換言するとキャプティブ保険会社が引き受ける保険リスクは，キャプティブ保険会社の設立者・利用者（以下，「親会社」と呼ぶ）やその関連会社などの特定関係者のリスクのみに限定される場合（そのようなキャプティブ保険会社は「ピュア・キャプティブ」（pure captive）と呼ばれている）と，第三者のリスクも引き受ける場合とがある[192]。

（191）　フロンティング保険会社とは，再保険者（ここではキャプティブ保険会社）への出再を当初から予定して元受保険を引き受ける保険会社のことである。なお，フロンティング保険会社については，森宮（1997）56-59頁，池内他（2013）24頁参照。

（192）　節税効果を維持するために（すなわち，いわゆるタックスヘイブン対策税制の適用を免れるために），あえてピュア・キャプティブにせずに，非関連者からの保険料収入を50％以上に維持することがある（租税特別措置法66条の6第2項3号ハ(1)，同法施行令39の14の3第28項5号イ参照）。信用生命保険の保険料が非関連者からの保険料収入に該当するか否かが争われた最近の事案として日産自動車事件がある（東京地判令和4年1月20日・判例集未登載（LEX/DB25604106），同控訴審東京高判令和4年9月14日・判タ1511号128頁，同上告審最判令和6年7月18日・判例集未登載（裁判所ウェブサイト））。なお，米国における非関連者基準について後掲注214を参照。

第3節　日本の事業会社によるキャプティブ保険会社の設立・利用

　以下では，日本の事業会社が，自らの日本所在リスクについて付保するため（親会社のリスクのみを引き受けるピュア・キャプティブ），自前のキャプティブ保険会社を設立する場合を想定する（レンタ・キャプティブの利用ではない）。そのうえで，内国キャプティブ・海外キャプティブ，元受キャプティブ・再保険キャプティブのそれぞれについて，キャプティブ保険会社の設立，リスク移転契約の法的性質，親会社・キャプティブ保険会社間の通謀，キャプティブ保険会社の倒産リスクといったキャプティブ保険会社を巡る法的論点を検討し（後述 2 ～ 5 ）[193]，最後に結論を述べることにする（後述 6 ）。

2　キャプティブ保険会社の設立

　ここでは，キャプティブ保険会社の設立可否に関する問題を，内国キャプティブと海外キャプティブに分けて検討する。日本の事業会社がキャプティブ保険会社の設立を検討する場合，一般には，海外キャプティブの設立をただちに検討することがほとんどであるが，内国キャプティブの設立可能性についても検討を行う。

(1) 日本国内で設立する場合（内国キャプティブ）
① 内国元受キャプティブ

　ピュア・キャプティブとして元受キャプティブを日本国内で設立して保険引受を業として行うにあっては，保険業法の免許制の適用がまず問題となる。

　ところで，「保険業法等の一部を改正する法律」（平成17年法律38号。2006年 4 月施行）によって保険業法が改正され，「保険業」における不特定性の要件が外れた。平成17年改正前の保険業法 2 条 1 項は「保険業」を定義しているが，保険契約者の不特定性を要件の一つとしていたのである。そのため，ピュア・キャプティブによるキャプティブ事業は，特定者のみを保険契約者として危険引受を行うため「保険業」には該当せず，内閣総理大臣の免許（改正前保険業

---

(193)　キャプティブ保険会社に関する保険監督上の論点全般については IAIS（2006），
　　　IAIS（2015）を参照。

第1章　国際的な保険取引に対する監督規制のあり方

法3条1項）を受けることなく，ピュア・キャプティブを元受キャプティブとして日本国内で設立することができた[194]。それにもかかわらず，これまで日本の事業会社が日本国内に元受キャプティブを設立したことはなかった。

　しかるに，平成17年改正後の保険業法では不特定性要件が外れたため，ピュア・キャプティブによる元受キャプティブ事業も「保険業」に該当する可能性がある。しかしながら，保険業法は適用されないと考えられる。

　なぜなら，第1に，仮にピュア・キャプティブが引き受けるリスク移転契約が経済的には保険ではないとすると，そもそも当該事業は保険業法における「保険業」（法2条1項柱書）には該当しない可能性があるからである（保険該当性の問題。後述3(1)①参照。なお，この点は保険業法改正前も同じである[195]）。ただし，この点について法学者は十分な議論をしていない。

　第2に，仮にピュア・キャプティブが引き受けるリスク移転契約が経済的には保険であるとしても，一定のもの（保険業法2条1項各号）は保険業法の適用除外とされている。ピュア・キャプティブに適用される可能性のある適用除外規定は次の二つであり，いずれかに該当する限り，日本の事業会社は日本国内でピュア・キャプティブを，保険業法の規制を受けることなく自由に設立・運営することができる。

㈎ 同一会社集団用の適用除外規定

　一つは，「会社が同一の会社の集団（一の会社及び当該会社の子会社[196]の集団をいう。）に属する他の会社を相手方として保険の引受を行う」事業である（法2条1項2号ニ）。ピュア・キャプティブによる危険引受が経済的な保険に該当するとしても，まさにこの適用除外規定に該当するので保険

---

(194)　平成14年9月25日および平成14年10月22日（同年11月14日修正・追加）付け構造改革特区推進本部「構造改革特区構想の提案主体からの意見に対する各省庁からの回答」管理コード3200（金融庁），山下（2005）12-13頁，同（2009b）489頁参照。

(195)　大審院明治38年4月8日決定・民録11輯475頁（東洋順済事件）参照。この事件は，保険類似行為事業について（キャプティブ保険会社とは無関係の事案である），生命保険にも損害保険にも該当しないことを理由に，保険業違反とはならないとしたものである（ただし，本文で後述するリスク集積やリスク分散といった保険の経済的機能に着目したものではない）。

(196)　保険業法における「子会社」とは，孫会社までを含む（保険業法2条12項）。

102

業法上の「保険業」には該当せず，保険業法の規制を免れることになる[197]。

(イ) 少人数共済用の適用除外規定

もう一つは，「1,000人以下の者を相手方として保険の引受を行う事業」である（法2条1項3号，令1条の4第1項）。ただし，個人契約者については年間保険料（あるいは，年換算保険料。以下同じ）が50万円以下，法人契約者については年間保険料が1,000万円以下であることが求められている（法2条1項3号，令1条の4第2項4号，1条の2の2第2項）。したがって，キャプティブ保険会社がピュア・キャプティブでない場合であっても，保険契約者が1,000人以下であって，各保険契約の年間保険料が一定額以下であれば，この適用除外規定によって保険業法の規制を免れることになる。

このように，日本ではキャプティブ保険会社法制が特別には用意されていないが，ピュア・キャプティブは保険業法の適用を受けないので，保険業法の規制を受けることなく自由に設立・運営することができる（ただし，保険業法に則って設立・運営されるものではないので，保険業法における「保険会社」には該当しない）。

なお，元受キャプティブの設立が可能であるのが上述の第1の理由である場合には（すなわち，ピュア・キャプティブへのリスク移転契約が保険に該当しない），元受キャプティブが引き受けた日本所在財産等に係るリスクを海外再保険者に直接付保することの可否が別途問題となる（後述3(1)①(b)参照）。

② 内国再保険キャプティブ

ピュア・キャプティブとして再保険キャプティブを日本国内で設立して保険引受を業として行うにあたっては，保険業法の免許制の適用がまず問題となる。

平成17年改正前保険業法下では，元受キャプティブと同様に，保険契約者の不特定性が要点であった。保険契約者が特定者であれば，保険業法における「保険業」には該当しなかったからである。ここで，再保険キャプティブでは保険契約者とは再保険契約者のことである。したがって，再保険契約者である

---

(197) 安居（2016）24頁，山下（2018）16頁参照。

第1章　国際的な保険取引に対する監督規制のあり方

フロンティング保険会社が特定の1者または数社に限定して特定されていれば，不特定性要件を充足しないので，免許を受けることなくピュア・キャプティブを再保険キャプティブとして設立できた可能性があった[198]。にもかかわらず，保険業法適用の有無が判然としなかったためであろうか[199]，再保険キャプティブも日本国内で設立されることなく，保険業法の改正を迎えるに至った。

　平成17年保険業法改正により「保険業」における不特定性の要件が外れた。そのため，再保険キャプティブの事業も「保険業」となる可能性がある。ここで，フロンティング保険会社からピュア・キャプティブへのリスク移転契約が保険に該当するか否かが，まずは問題となる。保険の経済的要件であるリスク分散を充足していないとも考えられるからである（後述3(1)②参照）。仮に，当該リスク移転契約が経済的な保険には該当しないとすると，「出再者」たるフロンティング保険会社も，「受再者」たるピュア・キャプティブも，当該リスク移転契約を保険（ここでは，再保険）として取扱うことができないことになる。その代わり，ピュア・キャプティブは，「保険業」免許を受ける必要がない。ただし，この点について法学者は十分な議論をしていない。

　他方，仮に，ピュア・キャプティブが引き受けるリスク移転契約が経済的な保険であるとすると，次に，元受キャプティブと同様に，保険業法の適用除外規定の適用可能性を検討することになる。まず，同一会社集団用の適用除外規定（法2条1項2号ニ）は，再保険キャプティブでは利用できない。なぜなら，再保険キャプティブが相手方（＝再保険契約者）とするのはフロンティング保険会社であって，それは「同一の会社の集団に属する他の会社」ではないからである[200]。また，少人数共済に関する適用除外規定の適用は元受保険に明確

---

(198)　ただし，再保険業における再保険契約者（＝出再者）の不特定性について議論がなされていなかったかと思われる（関西保険業法研究会（1998）201-202頁［古瀬政敏］参照）。不特定性要件に関する当時の積極的な解釈としては，特定の団体に帰属している者を特定者と捉えていたようであるが（保険研究会（1996b）10頁），元受保険契約を想定したものである。他方，不特定性要件に「格別の意味をもたせることは適当でないであろう。」とする消極的な解釈も有力に主張されていた（東京海上火災保険（1997）14頁［山下友信］参照。また，山下（1996）7頁参照）。

(199)　旧法下では，日本国内で再保険キャプティブを設立することが認められないと一般には理解されていたようである。森宮（1997）105頁参照。

第3節　日本の事業会社によるキャプティブ保険会社の設立・利用

に限定されているので（法2条1項3号括弧書，則1条の4第2項3号），再保険キャプティブはこの適用除外規定を利用できない。したがって，再保険キャプティブを日本国内で設立する場合であって，フロンティング保険会社から再保険キャプティブへのリスク移転契約が保険に該当する場合には，保険業法の適用除外にも該当しないので，保険業法が適用されることになる。つまり，再保険キャプティブを日本国内で設立・運営するとしたら，保険業法はキャプティブ保険会社向けに特別な規制を用意していないので[201]，通常の再保険会社として保険業法に則って設立・運営しなければならない[202]。

　ちなみに，米国では，オフショアのキャプティブ保険会社へと保険料の流出が永年続き，保険料の国外流出防止に腐心してきた。けれども，近時は，米国各州においてキャプティブ保険会社法制を整備したことが功を奏し，米国企業がオフショアに設立したキャプティブ保険会社が米国内に戻りつつあり，米国内のオンショア・キャプティブが隆盛している[203]。

---

(200)　同一会社集団用の適用除外規定を用いて再保険キャプティブを設立できるのは，元受保険会社である。たとえば，同一の保険会社グループが，グループ専用の再保険キャプティブを設立するに際しては，この適用除外規定を用いることができる可能性がある。

(201)　沖縄県名護市は沖縄振興特別措置法に基づく経済金融活性化特別地区の指定を受けている。そして，「金融テクノロジー開発特区」としてキャプティブ保険会社法制の創設を政府に求めたいたが，実現していない。

(202)　NTTドコモは，名護市の経済金融活性化特別地区（前注参照）を活用して再保険事業を営むために，再保険会社（株式会社NTTドコモ損害保険）を2024年4月に名護市に設立した。*Ref.*, https://www.docomo.ne.jp/info/news_release/2023/10/06_00.html. 日本には特別のキャプティブ保険会社法制は存在しないので，通常の損害保険業として認可を受けている。

　　なお，少額短期保険業は再保険の引受ができないので（法2条17項，令1条の7第4号），再保険キャプティブを少額短期保険業として営むことはできない。

(203)　世界には2022年時点で約6,200社のキャプティブ保険会社があると言われているが，半数強の約3,300社が米国のオンショア・キャプティブである。続いて，いわゆる「タックス・ヘイブン」であるオフショア地域がドミサイルとして選択されており，約660社が英国領バミューダに，約650社が英国領ケイマン諸島に，約320社がバルバドスに，約200社が英国領チャネル諸島のガーンジーにある。*Ref.*, Souter (2023) pp. 19, 21. なお，米国のオンショア・キャプティブについては，廣岡（2014），杉野（2015）を参

第1章　国際的な保険取引に対する監督規制のあり方

　EUにおいては，元受ピュア・キャプティブ（captive insurance undertakings. ソルベンシーⅡ枠組指令13条2号）が保険業者に，再保険ピュア・キャプティブ（captive reinsurance undertakings. 同指令13条5号）が再保険業者に当然に含まれることになる（同指令前文(10)[204]）。つまり，ピュア・キャプティブも，元受キャプティブであろうが再保険キャプティブであろうが，基本的には一般の保険業者や再保険業者と同じ規制下に置かれる[205]（保険契約準備金について同指令86条(h)，ソルベンシー資本要件について同指令111条(1)）。ただし，比例原則（principle of proportionality）に従って，ピュア・キャプティブの性質・規模・複雑さ（nature, scale and complexity）に応じた規制内容となる（同指令前文(21)）。なお，最低資本要件に関しては同指令で特則が明定されており，再保険ピュア・キャプティブに関しては一般の再保険業者に求められる額（320万ユーロ）よりも低額（100万ユーロ）となっている（同指令129条1項(d)。なお，元受ピュア・キャプティブ関しては，最低資本要件は一般の保険業者と同額である）。ちなみに，ドイツでは，もともとキャプティブ保険業は，元受キャプティブも再保険キャプティブも，保険業に該当すると考えられてきたようである[206]。英国はEUから離脱したところであるが，EUと同じく，再保険ピュア・キャプティブについては一般の再保険業者よりも最低資本要件は低い（PRA 2015/16, PRA Rulebook: Solvency II Firms: Minimum Capital Requirement Instrument 2015)[207][208]。

―――――――――

　　照。
(204)　ソルベンシーⅡ枠組指令（2016年1月1日適用開始）におけるキャプティブ保険業者はピュア・キャプティブに限定されている（同指令13条2号，5号）。換言すると，グループ外の非関連者リスクを引き受ける場合には，同指令ではキャプティブ保険業者としての取扱いを受けることができず，一般の保険業者としての規制下に置かれることになる。

　　なお，保険会社が保有するピュア・キャプティブは，元受キャプティブについても再保険キャプティブについても，キャプティブ保険業者としての取扱いを受けない（同指令同両号）。
(205)　*Ref.*, St. John (2017), p.384.
(206)　山下（2009b）486-487頁参照。
(207)　現在のところ，英国には特別なキャプティブ保険会社法制は存在しない。
(208)　以上のような欧米のキャプティブ保険会社に対する規制状況について，「企業のリ

第3節　日本の事業会社によるキャプティブ保険会社の設立・利用

(2) 海外で設立する場合（海外キャプティブ）

キャプティブ保険会社を設立する法域の保険業法が適用される。したがって，当該法域にキャプティブ保険会社法制があれば（キャプティブ保険会社法制が存在する法域は，キャプティブ・ドミサイルと称されている），当該法制に従って元受キャプティブまたは再保険キャプティブを設立することになる[209]。

日本の事業会社は，海外キャプティブを設立するにあたり，一般に，元受キャプティブではなくて再保険キャプティブを選択している。それは，日本所在財産等に係る保険契約に関しては海外直接付保規制が適用されるので（法186条），海外キャプティブが元受保険として直接引受をすることができないと考えられているからである。そして，再保険キャプティブを採用しているので，少なくとも日本所在財産等に関しては，日本の事業会社は，日本で保険会社免許を受けている保険会社と協議のうえ，当該保険会社にフロンティング保険会社として元受保険を引き受けてもらうと共に，元受保険リスクの全部または一部を再保険キャプティブへとフロンティング保険会社に出再してもらうことになる。

3　リスク移転契約の法的性質

ここでは，キャプティブ保険会社へのリスク移転契約の法的性質，すなわち，キャプティブ保険会社へのリスク移転契約が保険であるか否かを検討する。併せて，海外直接付保規制の抵触有無も検討する。

スクマネジメントの手段として活用することを促進するような立法政策がとられている」（山下（2009b）491頁，494頁）と評価できるかどうか疑問である。国内企業が海外でキャプティブ保険会社を設立して保険料が国外に流出してしまうのを押し留める立法政策であるとも評価できるからである。また，日本に関しては，内国元受キャプティブには保険業法の規制が全く及ばないように手当てされており（法2条1項2号ニ），日本においても一定の立法政策がとられていると評価することもできるからである。

(209)　他方，キャプティブ保険会社法制がなければ，通常の保険会社として設立することになるか，あるいは，自由に設立できることになる（たとえば日本では，元受キャプティブは自由に設立することができる。本文2(1)①参照）。

第 1 章　国際的な保険取引に対する監督規制のあり方

（1）内国キャプティブ

① 内国元受キャプティブ

（a）保険該当性

　保険業法では，「この法律において『保険業』とは，……その他の保険で，……ものの引受けを行う事業をいう。」（下線は筆者）とのみ規定されている（同法 2 条 1 項柱書）。つまり，保険の引受を行う事業を規制対象としながらも，保険自体の定義規定は存在せず，解釈に委ねられている。そして判例は，現行の保険業法が平成 8 年 4 月に施行される前の旧保険業法に関する事件であるが，保険契約を個々に捉えるのではなくて，保険契約の集合体として保険（制度）を捉えている（最判（大）昭和34年 7 月 8 日・民集13巻 7 号911頁）。学説も，保険業法や保険契約法の適用や解釈にどの程度の効果をもたせるかはともかく，保険に団体性を認めるのが通説[210]である。つまり，保険を実質的に捉えていると言える[211]。

　これを経済的に表現すると，保険とは，リスク移転（risk transfer）とリスク集積（risk pooling）とリスク分散（risk distribution）を充たすものだと言えよう。ここで，リスク移転とはリスクが経済主体間で移転することである。また，リスク集積とは，同質で相互独立のリスクを多数集積して，大数の法則と中心極限定理を働かせることである。そして，リスク分散とは，純保険料の拠出を通じて，保険契約者から保険者に移転したリスクが実質的には保険契約者間で分散負担されていることである[212]。

---

[210]　たとえば，大森（1985） 2 - 3 頁，318-319頁，西嶋（1998） 4 - 5 頁，石田満（1997） 3 - 4 頁，江頭（2022）428頁，山下（1996），東京海上火災保険（1997）13頁［山下友信］，山下（2018） 8 - 9 頁，71-74頁参照。

[211]　保険の経済的実質を持つものは須く保険業法の適用可能性があるが，平成17年保険業法改正で不特定性要件が外れ，この問題が顕在化した。金融庁の取扱方針は，同庁「保険業法等の一部を改正する法律の施行期日を定める政令（案），保険業法施行令の一部を改正する政令（案）及び保険業法施行規則等の一部を改正する内閣府令（案）等の公表（少額短期保険業関係）に対するパブリックコメントの結果について」（平成18年 3 月 9 日）参照。

[212]　岩崎（1992）146頁，吉澤（2006）第 1 章，第 2 章，古瀬（2006） 6 頁，10-15頁参照。

第3節　日本の事業会社によるキャプティブ保険会社の設立・利用

　そうであるとすると，ピュア・キャプティブである内国元受キャプティブが引き受けているのはもはや保険ではなくて，デリバティブと同様，単なるリスク移転契約にすぎないことになる。なぜなら，リスク移転があり[213]，リスク集積もあるかもしれないが（親会社が抱える多数のリスクが移転されている場合），多数の保険契約者間でのリスク分散がなされていないからである。したがって，適用除外規定を持ち出すまでもなく（前述2(1)①参照），ピュア・キャプティブである内国元受キャプティブは保険業法の適用を受けない可能性がある（また，保険契約法における保険契約でもない[214]。ただし，上述のとおり，この点について

―――――――――

　　保険をいかに定義するかについては日本でも海外でも議論が収束していないが，一般に，英米法系の法域ではリスク移転，リスク集積，リスク分散が保険に必須の要件あるいは機能であると概ね考えられている。*Ref.*, Jerry and Richmond（2018）pp. 12-16, Abraham and Schwarcz（2020）pp. 3-6, French and Dobbyn（2022）pp. 1-6. なお，保険監督者国際機構（IAIS: International Association of Insurance Supervisors）は，保険のレゾンデートルをリスク引受，リスク集積，リスク分散（assumption, pooling and spreading）であるとしている。*Ref.*, IAIS（2008）para. 5.

　　なお，リスク分散を中心に保険を捉えると，保険とは，保険契約者が抱えるリスクを，「リスク団体に属する各保険契約者が抱えるリスクの極小部分の集合」という安定的なリスクに変換する（とともに，この集合リスクの安定性を保険者が保証する）経済的仕組みであることになる。吉澤（2006）65-75頁参照。

(213)　キャプティブ保険会社への付保についてリスク移転が疑われがちである（たとえば，東京高判平成19年10月25日・民集63巻10号2426頁参照。また，山下（2009b）491-492頁も，保険としてのリスク移転を疑問視しているようである）。しかしながら，異なる経済主体間で法的に完全にリスクが移転していれば，リスク移転はあると言えよう（もちろん，再保険キャプティブの再保険金支払債務を元受保険契約者である親会社が保証したりしていると，リスク移転に疑義が生じる）。

(214)　保険でないとすると，会計や税務でも保険として取り扱われないが，この辺りに元受キャプティブの利用が進まない原因の一つがあると思われる。

　　ちなみに，米国の税法では，キャプティブ保険会社に支払う保険料の税控除可能性が訴訟でよく争われるが，親会社のリスクのみを引き受けるようなピュア・キャプティブに関しては一般に保険とは認められていない。その際の判断基準の一つとして「非関連者」（unrelated party）基準が採用されており，リスク分散の考え方に繋がっている。こうしたキャプティブ保険会社への保険料の税控除可能性に関する米国における税務取扱いおよび裁判例について，森宮（1997）195-302頁，吉澤（2006）120-127頁，野一色（2012）を参照。

第1章　国際的な保険取引に対する監督規制のあり方

法学者は十分な議論をしていない）。他方，ピュア・キャプティブではなくて，多数の者からリスクを引き受ける元受キャプティブに関しては，保険契約者間でのリスク分散があるので，そうしたリスク移転契約は「保険」であると言えよう。

(b)　海 外 出 再

　もし，ピュア・キャプティブである内国元受キャプティブへのリスク移転契約が保険ではないとすると，この場合に特に注意を要するのは海外直接付保規制である。なぜなら，内国元受キャプティブが引き受けた国内所在財産等に係るリスクを海外の再保険会社に付保する行為が，元受保険であるのか，それとも再保険であるのかが判然としないからである。仮にそれが再保険であれば，海外直接付保規制の適用除外となるので（法186条1項，令19条1号），海外の再保険会社（正確には，外国保険会社免許を受けていない「外国保険業者」）への直接付保が可能である，他方，内国元受キャプティブが引き受けた国内所在財産等に係るリスクを海外の再保険会社に付保する行為が仮に元受保険であれば，海外直接付保規制が適用されるので，監督当局の許可が得られない限り直接付保することができない（法186条1項）。

　そこで検討するに，内国元受キャプティブがピュア・キャプティブであるとすると，当該キャプティブから外国保険会社を受けていない「外国保険業者」への直接付保は海外直接付保規制に抵触すると考えられる[215]。

　なぜなら，第1に，保険契約者たる事業会社からピュア・キャプティブへのリスク移転契約は，当該キャプティブ保険会社を介して保険契約者間でのリスク分散がなされていないので（そもそも保険契約者は1者であるので，保険契約者間でのリスク分散は行われない），経済的には保険には該当しない（上述(a)参照）。つまり，内国元受キャプティブへのリスク移転契約は元受「保険」に該当しない。そのため，当該リスクをさらに海外の再保険者に移転するとしても，再保険者へのリスク移転は元受保険であって，再保険には該当しないからである[216]。

----

(215)　経済産業省リスクファイナンス研究会（2006）22頁参照。

(216)　そうであるとすると，日本国内における元受キャプティブをピュア・キャプティブとして設立する場合に保険業法の規制を免れるのは，ピュア・キャプティブによるリ

第3節　日本の事業会社によるキャプティブ保険会社の設立・利用

　第2に，仮に，この内国元受キャプティブから海外再保険者へのリスク再移転契約が「再保険契約」として海外直接付保規制を免れるとなると，外国保険会社免許を受けていない「外国保険業者」に直接付保をしたい企業は，一旦，日本国内に元受キャプティブを設立し（内国元受キャプティブを自由に設立できることは前述2(1)①を参照），当該内国元受キャプティブを経由したうえで海外に付保すればよいことになり，海外直接付保規制を簡単に潜脱することができてしまうからである[217]。

② 内国再保険キャプティブ

　保険契約者からフロンティング保険会社（内国保険会社，または，外国保険会社免許を受けた「外国保険業者」）へのリスク移転契約は（元受）保険契約であり[218]，また，フロンティング保険会社から内国再保険キャプティブ（前述2(1)②参照）へのリスク移転契約も再保険契約であると一般に考えられている。さらに，内国再保険キャプティブから海外の再保険者（正確には，外国保険会

　スク引受がそもそも経済的な保険に該当しないからであって，同一会社集団用の適用除外規定（法2条1項2項ニ）に該当するからではないことになる（この立場では，日本の事業会社が海外に設立したピュア・キャプティブに直接付保する行為は保険には該当しないため，海外直接付保規制も適用されないことになる。本文3(2)①参照）。
　なお，そうであるからといって，当該適用除外規定が無意味である訳ではない。なぜなら，保険契約者が複数である場合に，保険契約者間でどの程度にリスクが分散されれば経済的な保険の要件としてのリスク分散に該当するかについて確固たる基準がある訳ではないからである。この点に関する管見は吉澤（2006）127-143頁を参照。

(217)　EUにおいてはピュア・キャプティブも保険業者として取り扱っているので，EU域内企業が設立した元受キャプティブを介して，海外保険者に付保することもあり得る。けれども，少なくともソルベンシーⅡ枠組指令においては元受キャプティブについて特別な規制は設けられておらず（最低資本要件も特則がない。前述2(1)②参照），基本的には一般の元受保険会社と同じ規制下に置かれることになる（ただし，EU域内各国の国内法令において，比例原則に従って，元受キャプティブ（を含む一定の元受保険会社）に関する特則が設けられている可能性はある）。したがって，元受キャプティブを介して海外保険者に付保することは，たとえ海外直接付保規制が存在する法域においても，その潜脱であるとは言えないであろう。

(218)　保険契約者がフロンティング保険会社に支払う元受保険料について，当該保険契約者は損金算入できるとされているが，明確な指針は出されていない。経済産業省リスクファイナンス研究会（2006）70頁注35参照。

第1章　国際的な保険取引に対する監督規制のあり方

社免許を受けていない「外国保険業者」）へのリスク移転契約は，「再保険契約」の一種である再々保険として海外直接付保規制の適用を受けないと一般に考えられている（法186条1項，令19条1号）。以上の考え方が正しいとすると，内国再保険キャプティブは内国元受キャプティブに比して，法的には非常に安定していることになる。

　しかしながら，保険該当性の問題（前述3(1)①(a)参照）がここでも再浮上する。第1に，フロンティング保険会社が引き受ける元受保険契約と，内国再保険キャプティブがフロンティング保険会社から引き受ける再保険契約とを一体として捉えると，リスク分散要件の充足有無が問題となるからである。特に，ある事業会社のリスクをフロンティング保険会社が引き受けたうえで，引き受けたリスクの全部または一部を再保険キャプティブ（当該事業会社1社のリスクのみを引き受けるピュア・キャプティブ）に出再することが，始めから一体のものとして仕組まれている場合には，フロンティング保険会社は導管（conduit）に過ぎないので，保険契約者から直接，キャプティブ保険会社に付保されたものとして捉えるべきであり，したがって，保険の経済的要件であるリスク分散を具備していないことになるとも考えられる。そして，こうしたリスク移転行為が，仮に，全体として保険ではないと見なされると，内国再保険キャプティブから海外再保険者（外国保険会社免許を受けていない「外国保険業者」）への「再出再」は再保険ではなくて元受保険であることになり，海外直接付保規制に抵触する惧れがあることになる（後述3(2)②参照）。

　第2に，仮にフロンティング保険会社が引き受ける元受保険契約と，キャプティブ保険会社がフロンティング保険会社から引き受ける再保険契約とを一体として捉えないとしても，やはりリスク分散要件の充足有無が問題となるからである。再保険におけるリスク分散は，元受保険者の背後にいる元受保険契約者間でのリスク分散と捉えることも可能であるが[219]，再保険契約の保険契約者はフロンティング保険会社1者であり，その背後にいる元受保険契約者もピュア・キャプティブである内国再保険キャプティブの親会社1者であるので，リスク分散要件を充足していないと考えられる。

---

　(219)　吉澤（2006）112-113頁参照。

第3節　日本の事業会社によるキャプティブ保険会社の設立・利用

このように，仮にフロンティング保険会社から内国再保険キャプティブへの
リスク移転契約が保険ではないと捉えるとすると，内国再保険キャプティブか
ら海外最保険者へのリスク移転は「再保険」に該当せず，海外直接付保規制に
抵触する惧れがあることになる。

(2) 海外キャプティブ
① 海外元受キャプティブ
(a) 保険該当性

まず，日本の事業会社が海外に設立した元受ピュア・キャプティブへと，当
該事業会社がリスクを移転する契約が，日本の保険業法における保険に該当す
るか否かが問題となる。海外直接付保規制の問題が生じ得るからである（次述
(b) 参照）。これは内国元受キャプティブと同様の論点であるが，そのような
リスク移転契約は保険に該当しないと考えられる（前述3(1)①(a)参照）。

次に，キャプティブ保険会社のドミサイルの法において，元受ピュア・キャ
プティブへのリスク移転契約が保険に該当するか否かも検討する必要がある。
この点は，ドミサイルの法域毎に保険の捉え方が異なり得るものの，キャプ
ティブ・ドミサイルはキャプティブ保険会社の設立・利用を推進しているので，
保険該当性を認めることになろう。

(b) 海外直接付保規制

一般には，海外元受キャプティブへの付保は元受保険に該当するので，海外
直接付保規制（法186条）に抵触すると考えられている（次述②参照）。

しかしながら，もし，ピュア・キャプティブである海外元受キャプティブへ
のリスク移転契約が保険ではないとしたら（上述(a)参照），海外直接付保規制は
適用されないと思われる（内国元受キャプティブについて前述3(1)①(a)参照。また，
保険デリバティブによるリスク移転であれば，海外に直接リスクを移転できること
と同様である）。つまり，日本の事業会社が日本国内に元受キャプティブを設立
のうえ，当該内国元受キャプティブに付保し，そして，当該内国元受キャプ
ティブから海外再保険者に海外出再する場合（前述3(1)①(b)参照）とは反対に，
日本の事業会社が，海外に元受キャプティブを設立のうえ当該海外元受キャプ
ティブに直接付保する場合には，当該元受保険は保険には該当しないため海外

113

第 1 章 国際的な保険取引に対する監督規制のあり方

直接付保規制が適用されない可能性があると考えられる。

(c) 保険募集規制

一般には，海外の元受キャプティブへの付保は元受保険に該当すると考えられている。ところで，日本の事業会社が海外に設立したキャプティブ保険会社が，日本において外国保険会社免許を取得することは通常ない（コスト節減のためにキャプティブ保険会社を設立するにもかかわらず，日本で外国保険会社免許を取得するとかえってコスト高になってしまうからである）。この場合において，海外元受キャプティブによって当該事業会社に対して「保険募集」（法 2 条26号）が日本国内で行われると，保険募集規制（法275条）に抵触する惧れがある（前述第 1 章 3 (1)②参照）。

② 海外再保険キャプティブ

日本の保険会社がフロンティング保険会社となって日本の事業会社から元受保険を引き受けたうえで，当該事業会社が海外に設立したキャプティブ保険会社へと当該フロンティング保険会社が出再する方式である。この場合，事業会社からフロンティング保険会社への元受保険契約と，フロンティング保険会社から海外再保険キャプティブへの再保険契約とが一体のものとして仕組まれることが多い。

この方式が採用される理由は，海外直接付保規制の抵触（前述 3 (2)①(b)参照）を回避するためであると説明されている[220]。つまり，フロンティング保険会社が引き受けるリスク移転契約は元受保険であり，フロンティング保険会社から海外の再保険キャプティブへのリスク移転契約は再保険であるから，海外直接付保規制の明確な適用除外である再保険契約に該当すると一般には考えられている。

また，この方式は親会社がフロンティング保険会社に支払う「保険料」を確実に損金算入するための方策でもある[221]。すなわち，親会社による海外元受キャプティブへの直接付保ではその保険該当性が疑われる可能性がある（前述 3 (2)①(a)参照）。しかるに，フロンティング保険会社を介することによって，親

---

(220) たとえば，山下（2018）17頁。

(221) 経済産業省リスクファイナンス研究会（2006）70頁参照。

第3節　日本の事業会社によるキャプティブ保険会社の設立・利用

会社たる保険契約者からフロンティング保険会社へのリスク移転契約が保険契約とみなされる可能性が飛躍的に高まるのである[222]。

　さらに，こうした元受保険契約と再保険契約の「保険募集」が日本国内で行われるとしても，そして，再保険者である海外再保険キャプティブは外国保険会社免許を受けていない「外国保険業者」に該当するものの，保険仲立人は，外国保険会社免許を受けていない「外国保険業者」との再保険契約について「保険募集」を行うことができるからである（法275条1項4号，令39条の2，19条1号）。

　しかしながら，第1に，以上の考え方は，当然のことながら，当該再保険取引が適法なものであることを前提としている。したがって，仮にフロンティング行為（特に，フロンティング保険会社が海外のキャプティブ保険会社に100％出再するような場合）が海外直接付保規制の脱法行為だと捉えられる場合には[223]，フロンティング保険会社によるフロンティング行為や，保険仲立人による再保険取引の仲立ち行為自体が違法となる。ちなみに，米国のニューヨーク州保険庁は，フロンティング行為が，域外保険者の代理人やブローカーとして活動することを禁ずる同州保険法1102条，2117条他に抵触する場合がある[224]ことを指摘している（New York Insurance Dept., Office of General Counsel (OGC) Opinions Nos 83-9, 92-122, 05-01-11, 06-01-05; New York Insurance Dept. Circular Letter 1982-26)[225]。

---

[222]　さらに，再保険キャプティブの設立も，キャプティブ保険会社法制のある法域では明確に可能である。だからこそ，これまで日本の企業が設立したキャプティブ保険会社は全てこの方式だったのだと言えよう。

[223]　フロンティング保険会社が「藁人形的」であれば，海外直接付保規制を簡単にかいくぐれるかは微妙である。石黒（1983）98頁参照。

[224]　特に，フロンティング保険会社が引き受けた元受保険契約について，当事者代替契約（novation）によって，キャプティブ保険会社が保険者の地位を引き継ぐ場合は再保険契約の仮装であるとしている。

[225]　ニューヨーク州は，もともとフロンティング行為を一切禁止していた（New York Insurance Dept. Circular Letters 1958-1, 1958-2）。その後，これらの通達は廃止され，1980年代初めに新しいフロンティング規制（Regulation 82）が提案されたが発布されるに至っていない。しかしながら，本文に掲げるようなフロンティング行為に関する行政規制が存在している。

第1章　国際的な保険取引に対する監督規制のあり方

　第2に，仮に当該再保険取引が脱法行為ではなくて適法な行為であるとしても，保険該当性の問題（前述3(1)①(a)参照）を避けて通れない。なぜなら，フロンティング保険会社が引き受ける元受保険契約と，海外再保険キャプティブがフロンティング保険会社から引き受ける再保険契約とを一体として捉えると，フロンティング保険会社は導管に過ぎず，保険の経済的要件であるリスク分散を具備していないことになるとも考えられるからである。また，仮にフロンティング保険会社が引き受ける元受保険契約と，海外再保険キャプティブがフロンティング保険会社から引き受ける再保険契約とを一体として捉えないとしても，再保険契約の保険契約者はフロンティング保険会社1者であり，その背後にいる元受保険契約者もピュア・キャプティブたる海外再保険キャプティブの親会社1者であるので，リスク分散要件を充足していないと考えられるからである（以上，前述3(1)②参照）。このいずれかのように捉えると，フロンティング保険会社から海外再保険キャプティブへのリスク移転契約は保険ではないことになる。そのため，この立場では，フロンティング保険会社は当該リスク移転契約を出再保険契約として取り扱うことができない。

　このように，海外再保険キャプティブに関しても解決すべき法的論点は存在しているのである。

4　親会社・キャプティブ保険会社間の通謀

(1) 元受キャプティブ —— 保険引受等の信頼性

　親会社（＝保険契約者）とキャプティブ保険会社とは，親子会社あるいは関連会社であるから当然に，意思を通じた活動や取引を行うことが十分に想定される。したがって，元受キャプティブの場合には，内国キャプティブであろうと海外キャプティブであろうと，通謀虚偽表示が行われる可能性が通常の保険取引よりも理論的には高い。たとえば，元受キャプティブが親会社たる保険契約者に有利な保険給付をしたり，親会社たる保険契約者に有利な条件で保険引き受けをしたりする惧れがある[226]。

――――――――――――――

(226)　*Ref.,* Kiln and Kiln（2001）pp. 361-362.

第3節　日本の事業会社によるキャプティブ保険会社の設立・利用

ただ，こうした可能性は関連会社間の取引では一般に生じ得る事態である。保険における特殊事情は，元受キャプティブによる元受保険引受後の取引，つまり再保険契約にある。すなわち，保険契約は古くから「最大善意」（utmost good faith）の契約であるとされてきた（たとえば，1906年英国海上保険法17条）[227]。特に，再保険においては受再者自身が引受リスクの調査や損害調査を実施できないことがほとんどであるため，このことが強調されている[228]。換言すると，再保険取引は出再者・受再者間の永年に亘る確固たる信頼関係に基づいて行われている。しかるに，キャプティブ保険会社にはこうした信頼関係がないことが多いので，元受キャプティブの場合には優良な再保険会社への出再が事実上困難である[229]。

(2) 再保険キャプティブ ── 特別利益の提供等

親会社（＝保険契約者）とキャプティブ保険会社は意思を通じた活動や取引を行うが（前述4(1)参照），再保険キャプティブでは，フロンティング保険会社に対する圧力という形でその弊害が現れる。保険契約者となる親会社は，一般に，フロンティング保険会社にとって大口の重要顧客だからである。

本来，元受保険者は合理的な判断で元受保険契約の引受を独自に行い，そして，自社の合理的な保有規程に則って出再の可否を独自に判断するものである。しかるに，再保険キャプティブにおいては，元受保険の引受時点で，まず第1に，保険契約者から出再を求められる，という点で異例である。第2に，保険契約者によって出再先が指定される，という点でも異例である。第3に，キャプティブ保険会社への全額（または大半）の出再を前提に，通常とは異なる特別の条件での元受保険の引き受けが求められることがある，という点でも異例

---

(227)　大森（1985）86頁参照。

(228)　松木（1951）15-19頁，トーア再保険（2011）14頁，328頁参照。

(229)　他方，再保険キャプティブの場合には，フロンティング保険会社が元受保険者として介在しており，そのフロンティング保険会社が名の通った保険会社であり，かつ，100％出再ではない場合には，元受保険契約において適正な保険引受や損害処理が行われているものと推測されるので，再保険キャプティブがさらに再々保険を出再することも容易となる。こうした事情も，元受キャプティブが発展しない重要な要因となっていると思われる。

第1章　国際的な保険取引に対する監督規制のあり方

である[230]。

　保険契約者のこうした要請が単なる希望の表明に止まる限りは法的問題を生じないかもしれないが，保険契約者が再保険キャプティブへの出再を希望する元受保険契約に関して，ほとんど常に再保険キャプティブへの出再が実行されていると思われる現実に鑑みると，ただちに全てが適法であるとは断言できない。そうであるとすると，一応は個々の保険取引の内容が適正であるか否かを判断しなければならない。なお，ここで問題となる保険取引とは，保険契約者・フロンティング保険会社間の元受保険契約と，フロンティング保険会社・再保険キャプティブ間の再保険取引が中心となるが[231]，再保険キャプティブ・再々保険者間の再々保険契約をフロンティング保険会社が手配している場合には，再々保険契約も問題となる。

　検討を要する第1の論点は，保険契約者に対する特別利益の提供（保険業法300条1項5号，同項9号，同法施行規則234条1項1号）である。たとえば，元受保険の合理性，出再すること自体の合理性[232]，出再先選定の合理性，出再条件の合理性[233]，再々保険の手配をしないこと（フロンティング保険会社自身が再々保険の受再者となる場合を含む[234]）を検証する必要がある[235]。

---

(230)　*Ref.*, Hall (2001), II B.

(231)　元受保険契約や再保険契約における保険仲介者が保険契約者の関連者である場合には，フロンティング保険会社・保険仲介者間の契約内容（特に，報酬）も問題となる。

(232)　たとえば，フロンティング保険会社の保有規程に照らして，出再しなければならない巨大リスクや集積リスクであったり，保険者にとって非常に危険なリスク（確率分布が判然としないものや，保険者としてのリスク集積が不十分で分散が大きいもの等）であるがために相当程度出再することが望ましいものであったり，非常に安価に出再できるので一定の保険収益を確定させることができたり，キャプティブ保険会社に一部出再することによって保険成績の善し悪しがキャプティブ保険会社を通じて保険契約者にも及ぶので，保険契約者のリスク・マネジメント（ロス・コントロールを含む）の向上が期待できたりする（カーター（1983）35頁注7参照）場合が，出再の合理性の理由となろう。換言すると，フロンティング保険会社として出再する必要のない安定的なリスクに関しては，たとえ出再部分についてフロンティング保険会社が上乗せ手数料（over-riding commission or over-rider）を徴していたとしても，出再の合理性が問われることになろう。

(233)　保険料率自由化（1998年）以前から指摘されている。石黒（1983）98頁参照。

118

第3節　日本の事業会社によるキャプティブ保険会社の設立・利用

これらと関連する部分もあるが，第2の論点は，不公正な取引方法（独禁法2条9項）である。具体的には，一般指定11項（排他条件付取引），13項（拘束条件付取引），14項（優越的地位の濫用）が問題となり得よう。こうした行為によって被害を受けることになるのは，他の再保険者，および，フロンティング保険会社の他の保険契約者（キャプティブ保険会社の親会社以外の保険契約者）である。

第3の論点は，海外直接付保規制（保険業法186条）その他の違法行為や脱法行為である。特に，フロンティング保険会社が元受保険で引き受けた保険リスクの全部を海外の再保険キャプティブに出再する（100％出再[236]。この場合，フロンティング保険会社の保有はない）場合には，フロンティング保険会社を単なる導管（conduit）として利用しているに過ぎないと判断されるおそれがある。

たとえば，フロンティング保険会社を介在させる主目的が海外直接付保規制の回避にあるとすると，脱法行為とみなされよう（前述3(1)②参照）。

またたとえば，フロンティング保険会社を介在させる主目的が非弁行為規制（弁護士法72条）の回避にあるとすると，脱法行為とみなされよう。たとえば，フロンティング保険会社による示談代行役務のみを実質的に購入する目的で，親会社がフロンティング保険会社の示談代行付きの賠償責任保険に加入したうえで，フロンティング保険会社から再保険キャプティブに100％出再をさせるような場合には，ほぼ「出再手数料－代理店手数料[237]」でフロンティング保険会社による示談代行役務を購入したのと同じことになろう。

さらにたとえば，フロンティング保険会社を介在させる主目的が親会社からキャプティブ保険会社への不当な所得移転や資産移転にあるとすると，違法行

---

(234)　こうした事態があり得ることは石黒（1983）98頁でも指摘されている。

(235)　全米保険庁長官会議（NAIC）がフロンティング規制（Anti-Fronting Regulation）を検討していた際の論議が参考になる（森宮（1997）61-62頁参照）。

(236)　100％出再を行う元受保険会社のことをフロンティング保険会社と呼ぶこともあるほどである。Ref., Staring, pp. 2-9, 13.
　　なお，その場合でもフロンティング保険会社は一定の手数料を徴している（AIG社では8～30％，CIGNA社では1～6％。森宮（1997）74-75頁参照）。

(237)　代理店手数料は親会社の関連会社である機関代理店が回収していることが多く，親会社としてはグループ外への資金流出とはならない。

第1章　国際的な保険取引に対する監督規制のあり方

為あるいは脱法行為と見なされよう。

5　キャプティブ保険会社の倒産リスク

(1) キャプティブ保険会社に特有の問題

　キャプティブ保険会社は，基本的には一般の保険会社と同じ経営リスクを抱えているが，さらに，一般の保険会社とは異なる次のような経営リスクを抱えている。

　第1に，キャプティブ保険会社を設立・利用するということは，当然のことながら，保険リスクを始めとする保険会社としての種々のリスク（資産運用リスク，再保険金回収不能リスクなど）を抱えることである。ここまでは通常の保険会社と同等のリスクであるが，キャプティブ保険会社の場合には，保険業法の適用を受けなかったり（たとえば，日本の元受キャプティブ），一般の保険会社よりも緩やかな規制しか受けなかったりするので（キャプティブ保険会社法制がある場合），充分なリスク管理がなされない危険性は高い。

　第2に，キャプティブ保険会社では，保険業務に精通している役員や従業員を揃えることが難しい（そもそも，そのような人材を確保するとコスト高になってしまい，キャプティブ保険会社を設立する意義が大きく減殺されてしまう）。そのため，適切な外部者の援助を受けない限り，キャプティブ保険会社が自前で保険業務を適切に運営することは一般に困難であり，保険事業リスクは通常の保険会社よりも高まることになろう（なお，外部者の援助を受ける場合には，エージェンシー・リスク（次述(2)参照）を抱えることになる）。

　第3に，キャプティブ保険会社には親会社や関連企業のリスクのみが集積することになるので，一般の保険会社に比べて相対的にリスク集積の効果に乏しい。なぜなら，リスク集積の効果を高めるには同質のリスクを大量に集積することが必要となるが，キャプティブ保険会社，特にピュア・キャプティブに集積するリスクは親会社（や関連会社）のリスクのみであるので自ずと集積量に限界があり，また，リスクの独立性が不完全であるので共分散（covariance）が大きくなって，リスク集積の効果が表れにくくなる[238]。そのため，キャプティブ保険会社が引き受ける保険契約の保険料設定においては，規模の大きい

一般の保険会社が設定する保険料よりも安全率（安全割増）を高める必要がある[239]。けれども，キャプティブ保険会社における保険料算定において十分な安全割増を確保できているのか不明である。また，キャプティブ保険会社が再保険会社に出再する際には，出再保険料がその分だけ高くなる[240]。

　第4に，キャプティブ保険会社法制が許す限り，キャプティブ保険会社は十分な資本や準備金を用意していないことが多い。資本コストを考慮すると少ないに越したことはないからであり，また，保険金支払が膨らむ場合には親会社が随時の増資に応じればよいと考えているからである。けれども，キャプティブ保険会社の保険金支払が膨らんだときに親会社が適時に増資するかどうか，あるいは，適時に増資できるかどうかは分からない。なぜなら，巨大事故が発生すると，保険契約者である親会社には，キャプティブ保険会社あるいはフロンティング保険会社からの保険金だけではカバーできない大損失が生じる可能性があり，そのような状況下においてキャプティブ保険会社に適時に増資できるとは限らないからである。

　なお，フロンティング保険会社を介するスキームにおいては，キャプティブ保険会社の再保険金支払債務の不履行に備えて，フロンティング保険会社が，キャプティブ保険会社の親会社から保証を事前に取り付けておくことがある。けれども，その場合には，親会社からフロンティング保険会社へのリスク移転が疑われて，税務・会計上，保険とは認識されなくなる惧れがある。

(2) エージェンシー問題

　一般に，キャプティブ保険会社は，保険引受，損害処理，資産運用や資産管理などを外部のマネジメント会社等に委ねている[241]。そのため，エージェンシー問題を避けて通れない。特に，広範な代理権を付与される MGA（managing general agent）に関しては，この問題は深刻である（ただし，この問題はキャプティブ保険会社に特有の問題ではなく，一般の保険会社でも生じ得る問題で

---

(238)　*Ref.*, IAIS (2015) p. 15, St. John (2017) p. 383.
(239)　吉澤（2006）41-42頁参照。
(240)　浜田他（2023）16頁参照。
(241)　浜田他（2023）i頁，62-63頁参照。

第1章　国際的な保険取引に対する監督規制のあり方

ある）。MGA は，委託契約内容次第であるが，リスク・キャリー以外の全ての保険会社の機能について，保険会社から代理権を付与されることがある。

そして当然のことながら，代理権を付与した保険会社自身による MGA に対する監督・監査が不十分であると，当該保険会社の破綻に結びつくことになる。たとえば，米国のトランジット損害保険会社（Transit Casualty Company）はフロンティング業務を17の MGA に委ねていたが，監督・監査が不十分だったがために1985年に清算に至った。この事件は米国下院の報告書でも取りあげられた[242]。またたとえば，日本の損害保険会社３社（あいおい損害保険，日産火災海上保険，大成火災海上保険）は航空保険に関する再保険プールを組織していた。そして，その運営を MA（managing agent）であるフォートレス・リー（Fortress Re）に委ねていたが，監督・監査が不十分だったがために2001年に再保険プールは破綻し，プール・メンバーの１社であった大成火災海上保険は会社更生手続開始の申立てをするに至った[243]。

保険会社ですら代理権を付与した MGA の不正を見抜けなかったのであるから，ましてや一般事業会社やその子会社であるキャプティブ保険会社が，委託先である MGA を適切に監督・監査することは容易なことではない。そして，MGA が業務を行っているキャプティブ保険会社の所在地であるオフショアは親会社が所在する日本から遠く離れており，親会社による十分な監視は望めない（また，日本人をキャプティブ保険会社の役員の一員とすることもあるが，当該役員が普段は日本に居住していて取締役会等の場合にのみ現地に赴く場合には，やはり当該役員による十分な監視は望めない）。

もし，MGA を適切に監督・監査しなければ，MGA はキャプティブ保険会

---

(242)　*Ref.*, Subcommittee on Oversight and Investigations（1990）pp. 31-51.

　　なお，米国のニューヨーク州では，MGA に関する規制を設けている。*Ref.*, Regulation 120（11 CRR-NY 33）. ちなみに，三井住友海上火災保険は，MGA に権限を委譲して保険を販売し，その保険契約のフロンティング業務を行う Traverse 保険会社の親会社を2023年に買収した。*Ref.*, https://www.ms-ad-hd.com/ja/news/irnews/auto_20220805512783/pdfFile.pdf; https://www.ms-ins.com/news/fy2022/pdf/0104_1.pdf.

(243)　フォートレス・リー事件については，吉澤（2006）79-80頁，同（2014），同（2015）を参照。

社の代理人として，保険市場の相場よりも安い保険料率で保険引受を行うかもしれない（この場合，元受保険料が下がるので，親会社はキャプティブ保険会社設立の効果が表れたと勘違いして喜ぶであろう）。あるいは，MGA は，キャプティブ保険会社が引き受けた保険リスクのうち良質なものについて，MGA 自身やその家族がオフショアに設立した再保険会社に再出再してしまい，再出再先である身内の再保険会社に意図的に利益を落とすかもしれない（換言すると，キャプティブ保険会社自身が保険収益を失う）。あるいは，MGA は，キャプティブ保険会社が引き受けた保険リスクのうち悪質なものについて，他の再保険会社に再出再しようとするが，元受保険料率が低いので信用力の高い再保険会社には再出再できずに，信用力の低い再保険会社にしか再出再することができず，再出再先である再保険会社の倒産により再保険金を回収できなくなるかもしれないのである。

(3) フロンティング保険会社の保険契約者保護のための出再規制

　以上のように，キャプティブ保険会社は，一般の保険会社よりも相対的に高い倒産リスクを抱えている（前述(1)(2)参照）。実際，世界のキャプティブ保険会社の倒産や閉鎖は珍しいことではない。

　ところで，キャプティブ保険会社がピュア・キャプティブである元受キャプティブとして機能している場合には，仮にキャプティブ保険会社が破綻しても，その影響は元受保険契約者，すなわち，親会社（を始めとした関連会社）に波及するにすぎない。しかしながら，キャプティブ保険会社が再保険キャプティブとして機能している場合には，ピュア・キャプティブであるとしても，キャプティブ保険会社の破綻の影響はフロンティング保険会社，ひいては，フロンティング保険会社の保険契約者全体にも及ぶことになってしまう[244]。この点

---

(244)　そのため，オンショアのキャプティブ保険会社法制においては，監督当局の許可がなければピュア・キャプティブは受再ができないことがある（この場合，キャプティブ保険会社は原則として元受しかできない）。*Ref. Eg.*, Hawaii Insurance Code §431: 19-111. なお，米国のニューヨーク州では，ピュア・キャプティブは，親会社のリスクであれば，監督当局の許可がなくとも元受のみならず受再もできる。*Ref.*, New York Insurance Law §§7003(a)(1)(5), 7010(a)(b).

第1章　国際的な保険取引に対する監督規制のあり方

において，再保険キャプティブの危険性は，元受キャプティブの危険性と決定的に異なる。監督当局が，元受キャプティブよりも再保険キャプティブに慎重な態度をとることには合理性がある。そのため，フロンティング保険会社の保険契約者保護の観点から，一般の保険会社に対する一定の出再規制がどうしても必要となる。

　一つの方法は，出再先に一定の信用力が認められないと，出再者は，出再部分について責任準備金積立を免れることができないとする規制である（ただし，これは再保険キャプティブ特有の規制ではなく，出再全般に亘る規制である）。たとえば日本では，出再先が，「業務又は財産の状況に照らして，当該再保険を付した保険会社の経営の健全性を損なうおそれがない外国保険業者」であることが必要とされている（法116条3項，則71条1項4号）。そして，1事故によるキャプティブ保険会社の再保険責任の最大額が，フロンティング保険会社の総資産の1％未満である場合は，原則として問題がないとされている[245]。こうした規制は間接的であるが，適切な規制であれば実効性は極めて高い。

　もう一つの方法は，特にフロンティング行為を規制するものである（Anti-Fronting Regulation）。たとえば，米国の一部の州では，フロンティング行為を禁止している（Fla. Stat. §624.404 (4), Va. Code Ann. §38.2-2614）[246]。ただし，フロンティング規制を設けている州は米国でも一部に留まっている。また，全米保険庁長官会議（NAIC）は，フロンティングに関して監督当局への報告義務等を定めるモデル法（Fronting Disclosure and Regulation Model Act）を一

---

(245)　金融庁『保険会社向けの総合的な監督指針』（令和5年6月）II-2-1-4（経理処理）(8)②ア参照。ただし，この監督指針が提示する基準は，出再先の業務の状況や出再先の財務の状況を考慮して判断するものではないように思われる。

(246)　米国の他のいくつかの州等にもフロンティング規制があるが，限定的な内容である。たとえば，制定法による規制としては，特定保険種目に限定したり（Nev. Rev. Stat. Ann. §690A.260（消費者信用保険）; Md. Ins. Code Ann. §13-116（信用生命保険，信用医療保険，信用失業保険）），州保険法の対象となる役務のうち特定のものに限定したりしている（N.C. Gen. Stat. §66-372（自動車の延長保証や住宅設備機器の保証）; Code of Virginia §38.2-2614（住宅設備機器の保証）; 22 Virgin Islands Code §1695（救急搬送サービス））。ちなみに，ニューヨーク州には，制定法による規制ではなく，行政規制が存在する（前掲注225参照）。

第3節　日本の事業会社によるキャプティブ保険会社の設立・利用

度は制定したが，現在は廃止されている⁽²⁴⁷⁾。

6　小　括

　本節では，ピュア・キャプティブを巡る法的論点を，元受キャプティブと再保険キャプティブ，内国キャプティブと海外キャプティブに区別しながら検討した。

　その結果，再保険キャプティブには大きな法的問題が起こり得ることが明らかとなった。具体的には，フロンティング保険会社を利用した違法行為や脱法行為の問題（前述4(2)参照）と，フロンティング保険会社の保険契約者保護の問題（前述5参照）である。両者ともに再保険キャプティブの仕組みから必然的に発生するものである。

　こうした再保険キャプティブの問題点は，内国キャプティブであろうが海外キャプティブであろうが，理論的にはほとんど相違がない（なお，海外直接付保規制の脱法行為の危険性は，再保険キャプティブのみならず，内国元受キャプティブにもある。前述3(1)①(b)参照）。そのため，もし，日本国内で再保険キャプティブを設立することを認めることになると（つまり，（再保険）キャプティブ保険会社法制を創設すると），少なくとも，内国再保険キャプティブの設立・利用の進展に応じて比例的に法的問題が増加するであろう。また，多種多様な事業会社が再保険キャプティブの設立・利用を始めるので，比例割合以上に上述の法的問題が顕在化することになるものと思われる。こうした事情に鑑みると，日本国内において再保険キャプティブの設立を認めずに，再保険キャプティブの設立・利用に消極的な態度をとることも，保険監督の立場としては充分に首肯できるものである。

---

(247)　このモデル法は，元受保険者が非認可再保険者に元受保険の引受権限または損害
　　　処理権限を付与する場合に，州保険庁長官への報告義務を元受保険者に課したりするも
　　　のである。ただし，シングル・ペアレント・キャプティブへの出再や，生命保険・年金
　　　等の保険種目等は，この規制の適用除外となる（制定に至る経緯の詳細については森宮
　　　（1997）61-73頁参照）。なお，このモデル法は1993年12月に採択されたが，その後どの
　　　州にも採用されず，2004年に廃止となっている。

第1章　国際的な保険取引に対する監督規制のあり方

　なお，事業会社としては，日本国内に元受キャプティブを設立することは従前から可能であったし，平成17年保険業法改正後の現在も可能である（前述2(1)①参照）。にもかかわらず，内国元受キャプティブはこれまで設立されていないようである。その要因の一つとして次の問題もあるかと思われる。すなわち，保険業法等における保険とは何かが明確にされていないがために，内国元受キャプティブが引き受けるリスク移転契約が保険契約としての取扱いを受けることができるのか否かが判然としない（前述3(1)①(a)参照）。また，内国元受キャプティブから海外再保険者（正確には，外国保険会社免許を受けていない「外国保険業者」）への付保が「再保険」として取り扱われて，海外直接付保規制の適用除外となるのか否かも判然としない（前述3(1)①(b)参照），という問題である。ただし，この保険該当性の論点は，内国再保険キャプティブでも（前述3(1)②），海外元受キャプティブでも（前述3(2)①），海外再保険キャプティブでも（前述3(2)②），問題となる。

　以上のように，キャプティブ保険会社は，内国キャプティブであろうと海外キャプティブであろうと，また，元受キャプティブであろうと再保険キャプティブであろうと，様々な法的課題を抱えていることが明らかとなった。そのため，我が国としてキャプティブ保険を推進するか否かの立法政策判断では，こうした法的課題を乗り越えてまでキャプティブ保険を推進していくべき大きな利益が我が国に存在するか否かが問われることになる（ちなみに，キャプティブ保険推進可否に関して，我が国独自の立法政策判断は下されてないと言われている[248]）。この判断を行う際には，次の2つの観点からの検討が必要である。

　第1は，キャプティブ推進に伴って生じる，関係者の利害得失と日本国全体の利害得失である。一般に，キャプティブ推進によって，キャプティブ保険会社を設立したり利用したりすることになる日本の事業会社には，たとえば，「分散している保険契約の一元的管理，保険料の低減，投資運用収益，一般の保険市場では入手不可能なリスクへの対応，元受段階での規制回避，再保険市場へのアクセス，節税効果」といったメリットが生じると言われている[249]。

（248）　山下（2009b）489頁参照。ただし，こうした評価の是非は，内国元受キャプティブを想定していると言われている保険業法2条1項2号ニを，我が国の立法政策判断の一つだと捉えるか否か次第である。

第 3 節　日本の事業会社によるキャプティブ保険会社の設立・利用

　しかしながら，海外ではキャプティブ保険に関して既に相当程度の歴史があるのであるから，こうした定性的な評価だけではなくて，定量的な評価で定性的評価の真偽を検証すべきであろう。たとえば，従来の海外における研究成果によると，まずイベントスタディ手法での分析では，キャプティブ設立のニュースは親会社の株主価値を高めることはない。また，キャプティブ保険会社を持つ企業とキャプティブ保険会社を持たない企業を比較した実証研究によると，キャプティブ保険会社を持つ企業では経営者と株主間での利益相反による確執が多く見られ，経営者は自分自身の便益向上のためにキャプティブ保険会社を設立・利用している可能性がある。さらに，モンテカルロシミュレーションによる分析では，平均的にはキャプティブ保険会社が親会社の株主価値を創造する確率は低いとのことである[250]。またたとえば，2000年から2016年までのパネルデータセットを用いた米国の分析によると，キャプティブ保険会社を保有する企業と保有しない企業とを比較した単変量解析の結果，キャプティブ保険会社を保有する企業はキャプティブ保険会社を保有しない企業よりも成長性が低く，また，現金や現金同等物の保有が少ないとの研究もある[251]。

---

(249)　下和田（2014）202頁［岡田太］参照。また，St. John（2017）pp. 379-381は，キャプティブ保険会社の設立には，安定的かつ安価な保険料（stable and economic premia），定量化できる管理可能なリスクの保有増加（increased retention in quantifiable and manageable risks），付保困難なリスクに関する保険カバーの確保，再保険市場というホールセール市場へのアクセス確保といった直接的なメリットのほか，広い意味では，親会社のリスクの一元的管理に寄与することもあることを指摘している。また，やや古いがIAIS（2006）12-14頁も参照。

　　なお，節税効果に関しては，「BEPS（Base Erosion and Profit Shifting. 税源浸食と利益移転）包摂的枠組み（Inclusive Framework）」の加盟国中の136の国・地域が2021年10月に合意して，多国籍企業の租税回避防止のため，各国共通で法人税の最低税率を15%とすることになった（グローバル・ミニマム課税）。これを受けて，加盟国である日本では，所得税法等の一部を改正する法律（令和5年法律3号）が制定され，2024年4月1日以降に開始する会計年度より，企業グループの全世界での年間総収入金額が7.5億ユーロ以上の多国籍企業は，子会社等の所在する軽課税国での税負担が基準税率である15%に至るまで，日本所在の親会社等に対して上乗せ（トップアップ）課税がなされることになった。

(250)　以上の海外研究のサマリーについて前田（2016）3-4頁参照。

(251)　Ref., Chang and Chen（2018）. ただし，相関関係が示されたものであって，因果関

第 1 章　国際的な保険取引に対する監督規制のあり方

　ただし，日本企業に関するモンテカルロシミュレーションによる分析では，キャプティブ保険会社の利用によって親会社の企業価値を高める可能性が高いとの研究もある[252]。

　日本の保険会社にとっては，元受キャプティブ（および，元受キャプティブからの海外出再）が増加すると，それが内国キャプティブであろうと海外キャプティブであろうと，実質的には，自家保険（self-insurance）（および，自家保険からの海外出再）への移行となるので，保険収益機会を逃すことになる。また，再保険キャプティブが増加すると，それが内国キャプティブであろうと海外キャプティブであろうと，日本の保険会社はフロンティング行為を事業会社から強要されることになるが，再保険キャプティブへの出再分については，保険収益機会を逃すことになるとともに，元受責任は負担しているので再保険キャプティブの倒産リスクを抱えることになり（フロンティング行為は単なるフィー・ビジネスではない），さらに，海外直接付保規制の脱法行為を幇助していることになる惧れがある。こうした事情により，キャプティブ保険会社の設立地や形態のいかんを問わず，保険会社にとってキャプティブ推進はマイナスとなる[253]。

　一方，日本の事業会社によるキャプティブ保険会社設立の増加によって確実に利得が生ずる関係者は，キャプティブ・スキームを提案する保険仲立人（特に，海外におけるキャプティブ保険会社設立に通じている世界的な保険ブローカー），設立されたキャプティブ保険会社の運営・管理等を受託する業者（MGA，保険

　　　係が示されたものではない。なお，同論文は多変量解析の結果において，キャプティブ
　　　保険会社を保有する親会社は，キャプティブ保険会社をバックストップとして利用する
　　　ため，親会社自身の現金・現金同等物の保有が少ないと述べている。
（252）　*Ref.,* Maeda *et al.* (2011)，前田（2016）.親会社の企業価値を高める理由としては，
　　　リスクコストの軽減と運用利回りの享受が挙げられている（前田（2016）p. 17）。ただ
　　　し，仮に当該理由が正しいとしても，リスクコストの軽減や海外での高い運用利回りは，
　　　キャプティブ保険会社の設立によらなくても実現できる可能性があることにも留意すべ
　　　きであろう。
（253）　日本の事業会社に関して，大株主が損害保険会社である場合に当該事業会社は
　　　キャプティブを設立していないとする仮説が検証されたとする実証分析があるが（柳澤
　　　（2019）），大株主たる損害保険会社からの何らかの圧力が働いているのかもしれない。

128

第3節　日本の事業会社によるキャプティブ保険会社の設立・利用

管理会社，税理士・公認会計士，弁護士等），キャプティブ保険会社からの出再を引き受ける海外再保険会社（キャプティブ保険会社は多くのリスクを保有することができないので，従前に日本の保険会社が引き受けていた時よりも出再が増えることになる）である（なお，前2者は同一の法人または関連会社であることもある）。そして，キャプティブ推進によって確実に利得が生じるこうした関係者は，現在のところ，その多くは海外の事業者であると思われる。

　これらのことを総合すると，キャプティブ保険を推進した場合の日本国全体としての利害得失は，保険収益の海外流出という負の側面が非常に大きくなると思われる。一つには，海外キャプティブに関して，キャプティブ保険会社が引き受ける保険契約の保険料として海外に保険収益が流出するからである。もう一つには，キャプティブ保険会社の設立地のいかんを問わず，キャプティブ保険会社から海外再保険者へと出再がなされるので，出再保険料として海外に保険収益が流出することになるからである。こうしたことは，多数の事業会社が海外にキャプティブ保険会社を設立し，利用してきた米国において，多額の保険収益が海外（いわゆるオフショアのキャプティブ・ドイサイル）に流出してきた歴史を見れば一目瞭然である。したがって，保険契約者である日本の事業会社（あるいは，その株主）に，日本の保険会社が失う保険収益を上回る大きな利益が日本の事業会社に生じない限り，キャプティブ保険を日本国として推進する必要性がないことになろう。そうであるとすると，日本の事業会社に大きな利益が生じるか否かがキャプティブ保険推進の是非を判断する要点となるが，そのような大きな利益が生じることは，少なくとも海外における研究成果からは明らかではない。

　第2は，日本の通商政策の問題である。本節で検討したように，キャプティブ保険会社法制は海外直接付保規制と連動している。なぜなら，一般にキャプティブ推進者は「フロンティング保険会社による元受＋海外再保険キャプティブへの出再」というスキームであるが，これは実質的には海外直接付保だからである。そして，海外直接付保規制が極めて政治的色彩の強い通商政策の一つである（本章第1節および第2節を参照）。したがって，仮にキャプティブ保険の推進によって日本の事業会社に大きな利益が生じ，かつ，当該利益が日本の保険会社が失う保険収益を大幅に上回るものであるとしても，海外直接付保規

第 1 章　国際的な保険取引に対する監督規制のあり方

制への影響，あるいは，海外直接付保規制との相互関連性をさらに考慮する必要がある。なぜなら，キャプティブ保険会社法制次第では，海外直接付保規制が実質的に骨抜きとなり，さらなる保険収益の海外流出が生ずるのみならず，日本の保険契約者（キャプティブ保険会社を設立した親会社，および，他の保険契約者）の保護の観点からも看過できない状況が生ずるかもしれないからである（なお，キャプティブ保険会社を設立した親会社である保険契約者のことまで保険業法が心配する必要はないのかもしれないが，海外直接付保規制は海外直接付保をしようとする保険契約者を保護する趣旨の規制でもあるので，規制の平仄を合わせる必要がある）。

　以上からすると，日本においてキャプティブ保険会社法制の創設可否を検討するにあたっては，関係者および日本国全体の利害得失を踏まえたうえで[254]，海外直接付保規制との関係に目配りしながら，通商政策の一つとして是非を政策決定すべきであろう。EU においても，キャプティブ保険会社は，基本的には一般の保険会社と同じ規制下に置かれている（なお，米国においてはオンショア・キャプティブ法制を整備しつつあるが，それは，従来，海外キャプティブへと保険収益の大量流出が続いてきたが，そうした状況を改善すべく対応しているものに過ぎない）。

（254）　キャプティブ保険会社法制の推進論者は，とかくキャプティブ保険会社の設立・利用者となる者（それも，金融機関を除く一般事業会社）の利害得失のみに着目した議論をしがちであるように思われる。

第 2 章

国際的な保険取引に関する
契約準拠法の捉え方

第1節　外国居住者を保険契約者兼被保険者とする生命保険契約の準拠法

1　本節の目的

　一般に，日本の免許保険会社[255]は，日本において生命保険契約を引き受ける場合には，保険契約締結時における内国居住者を保険契約者や被保険者としているものと思われる[256]（契約締結後に保険契約者や被保険者が海外に転勤した

---

[255]　本節において免許保険会社とは，保険会社免許（保険業法3条1項）を受けた内国保険会社（保険業法上は「保険会社」。同法2条2項），外国保険会社免許（同法185条1項）を受けた「外国保険会社等」（同法2条7項），および，少額短期保険業の登録（同法272条1項）の登録を受けた少額短期保険業者（同法2条18項）を指すこととする。

[256]　外国居住者を被保険者とする生命保険契約は，保険会社が危険選択を現実に実施することが困難である。また，一般に，内国居住者を被保険者とする生命保険契約に関して，各国は海外直接付保を規制していることが多いので，日本の保険会社が外国居住者を被保険者とする生命保険契約を引き受けると，当該外国の海外直接付保規制または免許制に抵触する惧れがある（第1章第2節3参照）。そのため，外国居住者を被保険者とする生命保険契約を，生命保険会社が日本において積極的に引き受けていることはないようである。たとえば，明治安田生命保険『海外渡航のてびき』（2023年1月）2頁，7頁，住友生命保険『海外渡航のてびき　生命保険契約のお取扱い』6頁参照。*Ref.*, http://www.meijiyasuda.co.jp/contractor/service/detail/13.html; https://www.sumitomolife.co.jp/contract/about/overseas/pdf/tebiki.pdf.

　なお，保険契約者が外国に居住する場合には，危険選択のみならず，保険契約の締結，保険料の支払，保険会社からの通知，契約内容の変更，保険契約の更新等に支障が生じる惧れがある。そのこともあって（松下（2022）123頁参照），外国居住者を保険契約者とする生命保険契約を日本において積極的に引き受けることはないようである。けれども，日本国内で保険契約を締結した場合には，その後，保険契約者が海外渡航しても，保険料の支払，保険会社からの通知，契約内容の変更（一部），保険金等の請求に関する対応が整備されている（たとえば，上記明治安田生命保険『海外渡航のてびき』2-4頁，上記住友生命保険『海外渡航のてびき』4頁，7-16頁参照）。したがって，外国居住者を保険契約者とする生命保険契約に日本の保険会社が消極的であるのは，主として，危険

第2章　国際的な保険取引に関する契約準拠法の捉え方

り，移住したりすることもあり得るが，本節が問題とするのは保険契約締結時における保険契約者や被保険者の常居所地である）。そのため，保険契約者や被保険者となる内国居住者の大半は日本人であるが，外国人の内国居住者も保険契約者や被保険者となり得る。他方，外国居住者を保険契約者や被保険者とする保険契約は，当該外国居住者が日本人であるか否かを問わず，基本的には日本における引受対象としていない筈である。

けれども，実際には，保険者としては意図的ではないであろうが，外国居住者を保険契約者や被保険者とする生命保険契約を，日本において，日本の免許生命保険会社が引き受けてしまうことがあるようである。その実例が，東京地判平成25年5月31日・判例集未登載（平成24(ワ)14059号。保険金請求事件。LEX/DB25513039。以下本節では，本件裁判という）である[257]。本件裁判は，日本の生命保険会社が，日本において，外国居住者を保険契約者兼被保険者として死亡保険契約を引き受けた事案であり（以下本節において，当該保険契約を本件保険契約という），告知義務違反の有無が争われた。本件裁判は渉外的要素を含むので，まずは適用される準拠法を決定すべき必要がある筈だが，本件裁判の判決理由を読む限り，特段の検討はなされていない。そこで，本節では，本件裁判を手がかりとして，外国居住者を保険契約者兼被保険者として日本国内で締結された生命保険契約の準拠法を検討することとする。

2　本件裁判の概要と検討の進め方

(1)　東京地判平成25年5月31日の概要

本件裁判は，死亡保険契約の被保険者が死亡したため，保険金受取人が生命保険会社に保険金の支払を求めた裁判である。

引受保険会社は，日本の内国保険会社免許（保険業法3条1項）を有する「プルデンシャル ジブラルタ ファイナンシャル生命保険株式会社」である。この生命保険会社は，元は1911年に「日本徴兵保険株式会社」として設立され，

　　選択の問題と，当該外国の海外直接付保規制または免許制とにあるものと思われる。
（257）　評釈として仲野（2015），遠山（2018）があるが，抵触法に関する検討はなされていない。

第1節　外国居住者を保険契約者兼被保険者とする生命保険契約の準拠法

1945年10月に「大和生命株式会社」に改称し，1947年10月に「大和生命保険相互会社」に組織変更した内国保険会社である。その後，1997年4月の日産生命保険相互会社の経営破綻[258]に端を発した一連の生保危機の中，2002年4月に「あざみ生命保険株式会社」に吸収合併された（同時に，「あざみ生命保険株式会社」から「大和生命保険株式会社」に商号変更）[259]。しかしながら，世界的な経済危機の影響を受けて債務超過見込みとなり，2008年10月に大和生命保険株式会社は経営破綻する（会社更生手続の開始決定）。破綻処理において，「プルデンシャル ファイナンシャル ジャパン生命保険株式会社」に商号変更し，米国の「プルデンシャル ファイナンシャル」（Prudential Financial, Inc.）グループの一員であるジブラルタ生命保険株式会社の完全子会社となった[260]。2009年6月に更生手続が終結して業務を再開し，2010年4月に現社名である「プルデンシャル ジブラルタ ファイナンシャル生命保険株式会社」（以下，PGF生命という）に商号を変更した。そして，2010年8月より正式に営業を開始し，提携金融機関等を通じた新契約販売を始めた[261]。このような状況の中，2010年12月に，PGF生命は，本件裁判で問題となる死亡保険契約を締結するに至った。

　一方，保険契約者兼被保険者は，1948年7月生まれの女性であるが（保険契約締結時は62歳），国籍は不明である（氏名からすると，日本人かと思われる）。メキシコ合衆国において，娘夫婦と居住している（ただし，住民票上は，名古屋市在住であり，2000年にメキシコ市から転入したとされている。また，健康保険や病院のカルテでも名古屋市の住所が記載されている）。

---

(258)　経営破綻した日産生命保険相互会社は，保険業法に基づいて破綻処理が行われ，受け皿会社として設立したあおば生命保険株式会社へ契約移転がなされた。その後，2005年に，あおば生命は，内国保険会社であるプルデンシャル生命保険株式会社（米国系）に吸収合併された。

(259)　あざみ生命保険株式会社は，2000年8月に破綻した大正生命保険株式会社の保険契約の受け皿と，大和生命保険相互会社の事業承継とを目的として，2001年2月に，ソフトバンク・ファイナンスと大和生命保険相互会社との折半出資により設立された会社である。武田（2008）15-18頁，稲田＝大平（2015）129-130頁参照。

(260)　稲田＝大平（2015）137-138頁参照。

(261)　PGF生命のウェブサイトによる。*Ref.*, http://www.pgf-life.co.jp/company/info/history.html.

第2章　国際的な保険取引に関する契約準拠法の捉え方

　そして，年に1，2回は生まれ故郷である日本に来ていた（なお，名古屋市の実家では，息子夫婦が暮らしている）。本件保険契約は，来日時に，シティバンク銀行(262)名古屋支店を投資信託売却のために訪れた際に，生命保険商品の加入を勧められたのが契機である（2010年12月17日）。保険契約者兼被保険者はその10日後（同年12月27日）に同支店を再訪し，同支店の担当者から意向確認および重要事項説明を受けたうえ，本件保険契約の申し込みを行った（保険契約者兼被保険者の住所として記載したのは名古屋市の住所。なお，保険契約申込書の保険契約者欄は，保険契約者が漢字で記載しているが，捺印欄にはローマ字でサインをしている）。本件保険契約の保険商品は，「米国ドル建終身保険」である。保険期間は終身，死亡（高度障害）保険金額はUS＄103,000，保険料はUS＄16,804.34（年払契約であり，保険料払込期間は3年間）である。

　また，保険契約申込みの同日，保険契約者兼被保険者は，PGF生命の診査医がいるA病院を訪れて告知を行った（本件保険契約の契約日は2010年12月27日）。なお，保険契約者兼被保険者は便秘が続いていたため，同年12月20日と

---

　(262)　シティバンクは，従前より日本において，外国銀行であるシティバンクエヌエイの在日支店として営業していた。やがて，金融庁より内国銀行としての免許を受け，2007年7月にシティバンク銀行株式会社として開業した。本件保険契約は，シティバンクがこの状態のときに締結されたものである。その後，2015年に至り，シティバンク銀行は「個人金融部門」（リテールバンク事業）を三井住友FGに営業譲渡し，株式会社SMBC信託銀行の「プレスティア事業部門」に事業が引き継がれている。

　　なお，シティバンクは，2000年以降の公表分だけを見ても，4回の行政処分を受けている。在日支店時代には，2001年8月9日に行政処分を受けている。また，2004年9月17日には，名古屋出張所等のプライベートバンキング部門において，公益侵害行為，重大な法令違反（資金洗浄と疑われる行為の許容，海外生命保険募集による他業禁止違反等），極めて不適切な取引等が多数検証されたこと等を理由として行政処分を受けていた。内国銀行となった後も，2009年6月26日には，資金洗浄を始めとする疑わしい取引の届出義務を的確に履行する態勢の未整備等を理由として行政処分を受けた。さらに，2011年12月16日には，金融庁検査の検査結果（2011年9月通知）およびそれを踏まえた報告内容等に基づき，行政処分を受けている。行政処分の理由は，個人金融部門に属する支店において顧客に対する不適切な勧誘，不適切な投資商品の販売等の多数の法令違反が認められたこと等である。本件保険契約の契約日は2010年12月であり，この4度目の行政処分を受ける前に締結されたものであるので，まさに4度目の行政処分の理由となった業務の一部を構成していた可能性がある。

第1節　外国居住者を保険契約者兼被保険者とする生命保険契約の準拠法

21日にＢ病院で診察を受け，大腸炎または大腸腫瘍の疑いがあると診断され，Ｃ病院での精密検査を勧められていた（ただし，Ｃ病院での精密検査は年内の予約が一杯であった）。

　本件保険契約締結の２ヶ月後である2011年２月に，保険契約者兼被保険者はＣ病院でスキルス胃癌の診断を受け，同年７月にメキシコ市内の病院で死亡した。そこで，保険金受取人（保険契約者兼被保険者のもう一人の息子。東京在住）が死亡保険金の支払を求めたものの，PGF生命は告知義務違反を主張して保険契約を解除したため，保険金受取人が提訴したのが本件裁判である。

(2) 検討の進め方

　本件保険契約の引受保険会社は日本法人であり，保険契約の締結は日本国内で行われているものの，保険契約者兼被保険者はメキシコ居住者であり（また，保険金額および保険料が米国ドル建てである）[263]，渉外的要素を含むものであるため，問題となる生命保険契約の準拠法をまず決定する必要がある。けれども，本件判決ではこの点に言及がなされていない[264]。また，こと日本の生命保険契約に関しては，渉外的要素が含まれていないことを暗黙の了解事項としているためかもしれないが[265]，契約準拠法に関する近時の研究は多くないように思われる[266]。

---

(263)　米国ドル建ての保険契約（保険金額および保険料）である点を，渉外的要素としてどの程度に重視すべきかの判断は難しいところであるが，保険契約者兼被保険者がメキシコ居住者であること，終身保険には貯蓄要素が相当程度存在することに鑑みると（途中解約して，保険契約者が解約返戻金を取得する可能性も十分にあった），米国ドル建てであることは，日本に居住している日本人が米国ドル建ての保険契約に加入する場合と比較すると，メキシコ居住者である保険契約者にとっては格段の意義があったと考えられる。

(264)　ただし，訴訟において両当事者が共に特定国の法（通常は，法廷地法）に基づく主張立証を行う場合には，準拠法の合意があったものと扱うべきだとされている（たとえば，中野（1998）38頁参照）。けれども，本件保険契約に関しては保険契約者が死亡済みであるので，本件裁判の訴訟当事者に準拠法の事後合意を行う権限が存在したのか不明である（後掲注270参照）。

(265)　後掲注283参照。

(266)　保険契約全般の準拠法に関する研究として，通則法施行までは，たとえば三浦義

137

第2章　国際的な保険取引に関する契約準拠法の捉え方

　そこで，まずは，本件保険契約を手がかりとして，外国居住者を保険契約者兼被保険者とする生命保険契約を，日本の生命保険会社が，日本国内において締結して引き受けた場合に，当該保険契約の準拠法が日本の国際私法でいかに取り扱われるか，すなわち，日本の生命保険会社が保険金請求訴訟を日本の裁判所に提訴された場合に，いかに準拠法が決定されるかを検討する。

　準拠法の事前指定に関しては，日本で引き受けられている損害保険契約には，一般に，保険約款に準拠法条項が設けられており，日本法が指定されている[267]。他方，生命保険契約に関しては，一般に，準拠法条項が設けられていない[268]。けれども，本件保険契約の引受保険会社は，いわゆる外資系生保であり，準拠法条項が存在した可能性も否定できない[269]。そこで，保険約款に準拠法条項が存在する場合と存在しない場合とに分けたうえで，本件保険契約に適用される準拠法を検討することにする。

　具体的には，まず準拠法条項が保険約款に存在する場合を検討し（次述3），続いて，準拠法条項が存在しない場合に準拠法の黙示指定を一般的に認めることができるか否かを検討したうえで（後述4），準拠法指定が存在しない場合を検討する（後述5）。そして，通則法施行下で締結された生命保険契約に関

　　道（1935），山戸（1953），土井（1963）がある。通則法施行以後は，たとえば奥田
　　（2009）がある。

(267)　たとえば，店舗総合保険（店舗等向けの火災保険）について東京海上火災保険
　　（1992）551頁，損害保険料率算出機構『火災保険標準約款』（2021年5月）「住宅火災保
　　険普通保険約款」第3章基本条項37条を，自動車保険について東京海上火災保険
　　（1990）626頁，損害保険料率算出機構『自動車保険標準約款』（2021年6月）「自動車保
　　険普通保険約款」第4章基本条項33条を参照。

(268)　山下（2018）197頁注1，矢野（2021）243頁参照。たとえば，第一生命保険の
　　「5年ごと配当付終身保険」について山下＝米山（2010）797-827参照。

(269)　本件裁判に書証として提出された保険約款は部分抜粋であるため，準拠法条項の
　　存否は不明である。なお，PGF生命は，保険販売を行う金融機関毎に異なる保険商品
　　を提供していた模様であるが（ただし，保険約款は共通かもしれない），本件保険契約
　　を販売したシティバンクの個人金融部門は，その後営業譲渡され，SMBC信託銀行が業
　　務を引き継いでいる（前掲注262参照）。そして，SMBC信託銀行は，現在もPGF生命
　　の「米国ドル建終身保険」を販売しているが，当該保険商品の保険約款（米国ドル建終
　　身保険普通保険約款。2023年4月版）には準拠法条項が存在しないようである。

第1節　外国居住者を保険契約者兼被保険者とする生命保険契約の準拠法

して消費者契約の特例の適否について検討する（後述6）。

　ところで，本件保険契約の締結は2010年12月であり，既に法の適用に関する通則法（2007年1月1日施行。以下，通則法という）が施行されているので，こと本件保険契約に関しては，通則法で準拠法を判断すればよい。けれども，生命保険契約は長期契約が多く，今日においても法例施行下で締結された保険契約が相当数残存していると思われるので，通則法施行前に締結された生命保険契約の準拠法の取り扱いについても整理しておくこととする。なお，通則法は経過措置に関して新法主義の原則を採用しているため，通則法施行前に締結された保険契約に関しても，事前指定に関しては通則法7条が適用される（通則法附則2条，3条3項）。ただし，通則法8条〜12条に関しては旧法主義となる（通則法附則3条3項）。

　次に，簡単ではあるが，日本の生命保険会社が外国（保険契約者兼被保険者の常居所地）で提訴された場合について検討し（後述7），最後に結論を述べる（後述8）。

　なお，契約準拠法は事後指定も可能であるが，本件保険契約では事後指定は存在しないものとして議論を進める[270]。

----

(270)　保険契約締結後における準拠法の事後指定の可能性は，本件保険契約では，保険契約者兼被保険者の生存中（2010年12月末〜2011年7月）と，死亡後の時期（2011年7月以降）に分けて考えることができる。

　　前者の期間においては，被保険者たる保険契約者にとって事後指定の必要性はなく，また，胃癌と診断されて治療に専念していたため，そしてPGF生命においても事後指定を求める契機はなかったと思われるので，事後指定は行われなかったと推測される。

　　他方，後者の期間においては，保険契約者としての地位は保険契約者兼被保険者の相続人（子が3人以上いる）に包括承継されるものの，被保険者の死亡時点で死亡保険契約は自動終了するので（日本生命保険（2023）336頁［仙田晴紀］），一般に，保険契約者変更の手続がとられることはないものと思われる。仮に，保険契約者変更の手続をとる場合には，保険契約者の地位を承継した相続人間で保険約款に規定されている「保険契約者の代表者」を選任し（本件保険契約では，相続人の一人である保険金受取人を当該代表者として選任することになろう），当該代表者が民法427条の別段の意思表示として保険契約者変更の手続を行うことになろう（日本生命保険（2023）187-188頁［堀伸夫］）。そして，当該代表者が必要に応じて準拠法の事後指定を行う可能性があり得ない訳ではない（契約締結時に当事者が想定していた準拠法が外国法であったとしても，日

第2章　国際的な保険取引に関する契約準拠法の捉え方

3　準拠法条項が存在する場合

　保険約款に準拠法条項が存在し，そして当該条項が契約内容として有効に組み入れられるとすれば，保険契約締結時期が通則法施行の前であるか後であるかを問わず，通則法7条に基づく有効な準拠法指定となる（通則法は，上述のとおり，経過措置に関して新法主義の原則を採用しているので，2006年12月31日以前に締結された保険契約にも通則法7条が適用される。ただし，消費者契約の特例（通則法11条。後述6）に関しては旧法主義を採用しているので，2007年1月1日以降に締結された保険契約に関してのみ消費者契約の特例の適否を検討することになる）。

　そこで，保険約款中の準拠法条項の契約内容への組入れを検討することになる。保険約款の拘束力に関しては，大判大正4年12月24日・民録21輯2182頁（稚内大火事件）が，「火災保険契約当事者ノ一方タル保険者カ我国ニ於テ営業スル以上ハ，其内国会社ナルト外国会社ナルトヲ問ハス，苟モ当事者双方カ，特ニ普通保険約款ニ依ラサル旨ノ意思ヲ表示セスシテ契約シタルトキハ，反証ナキ限リ，其約款ニ依ルノ意思ヲ以テ契約シタルモノト推定スヘク，……」（読点は筆者）と述べ，保険約款規定内容に依るという意思で契約したと推定すると解して以来，保険約款の一般的拘束力を認めるのが判例である[271]。

　そして，保険契約を始めとする附合契約に関しては，大量の契約を画一的に処理するという要請がある（さらに，保険契約に関しては，多数の保険契約者を糾合することが保険の経済的な要件となっている）。また，保険約款で指定される準拠法が保険契約者にとって常に不利である訳ではないし，当該準拠法による保護は得られることになる。特に，準拠法条項で指定される準拠法が，保険会社の本拠地（外国保険会社の場合には，当該保険契約を引き受ける支店所在地）の法であって，当該地において保険契約の締結や保険給付を行う場合には，準拠

　　本での訴訟遂行の便宜のため準拠法を日本法にしたいとする実務上のニーズがあることについて早川（2007）16-20参照。

（271）　その後も，保険約款の拘束力を認める裁判例が連綿と続いている。たとえば，最判昭和42年10月24日・集民88号741頁，札幌地判平成2年3月29日・判夕730号224頁，神戸地判平成9年6月17日・判夕958号268頁参照。

140

第1節　外国居住者を保険契約者兼被保険者とする生命保険契約の準拠法

法指定に合理性が認められるし，また，保険契約者にとっても予期せぬ準拠法であるとか，不利な準拠法であるとまでは言えないであろう。

　なお，本件裁判の判決後となる2020年4月1日より，債権法改正（平成29年法律44号）を受けた民法が施行されている。この改正によって，民法548条の2〜548条の4が新設され，一定の条件の下に「定型約款」についてみなし合意（約款の組入れ）が認められることになった。したがって，現在においては，この規整が適用される（経過措置に関する新法主義。民法改正附則33条）。そして，保険約款において日本法を契約準拠法と規定する保険契約を日本国内で締結するにあたり，民法548条の2第1項のみなし合意が成立する場合には，同条2項によって保険約款中の準拠法条項に関する合意が否定されることはないと考えられる。

　以上のとおり，日本で営業する保険会社が，日本国内で保険契約を締結し，日本国内で保険給付を行う保険契約に関して，日本法を準拠法と指定する約款条項を用いた場合に，当該約款の拘束力が否定されることは基本的にはないと考えられる[272]。したがって，保険約款中に日本法を準拠法とする準拠法条項が存在する場合には，当該準拠法が保険契約の成立および効力の準拠法として適用されることになる。ただし，通則法施行（2007年1月）以降に締結された保険契約に関しては，消費者契約に関する特例（後述6）の適否も検討する必要がある。

---

[272]　附合契約には当事者自治が妥当しないとの考え方もあり得るが，一般に，附合契約での準拠法指定も有効性が認められている。たとえば，船荷証券中の準拠法条項について東京地判平成13年5月28日・判タ1093号174頁を，外航貨物海上保険約款中の準拠法条項について東京地判平成14年2月26日・判例集未登載（LEX/DB 28082189）を参照。学説もその有効性を認めている。たとえば，山田（2004）320-321頁，松岡（2015）101頁（一応は有効としたうえで，指定された準拠法の適用が顧客に極めて不利な結果をもたらし不当である場合は効力を否定すべきとする）参照。

　なお，附合契約を法例7条の適用範囲外と捉えたうえで，約款使用者の業務の本拠地法によるべきとする見解もあったが（久保（1959）164頁），日本における保険契約締結に関して日本法を準拠法と指定する場合には，この立場でも日本法が準拠法となるので問題ないことになる。

第2章　国際的な保険取引に関する契約準拠法の捉え方

4　黙示指定の一般的な存否

準拠法条項が存在しない場合には，まず，準拠法の黙示指定がなされていたか否かが問題となる。準拠法指定の合意（通則法7条）には，黙示の合意も含まれるとするのが判例（最判昭和53年4月20日・民集32巻3号616頁），学説だからである。そして，黙示の準拠法指定を，現実の意思による黙示合意と，仮定的意思による黙示合意（当事者意思の推定）に大別すると，後者に関しては，法例施行下では認められるとしても[273]，通則法施行後は許されない，あるいは，その必要性はないとするのが通説である[274]。したがって，少なくとも通則法施行（2007年1月）以降に締結された保険契約に関しては，仮定的意思による黙示合意は検討する必要がない[275]。

そこで，前者，すなわち現実の意思による黙示合意を認めることができるか否かに焦点を絞ると，生命保険契約に関する裁判例は見当たらないようである。

学説の中には，「契約当事者が用いた標準契約条件が，特定国の法制度を前提としてその国の官庁の認可を受けているものであった場合には，黙示ではあ

---

(273)　松岡（1993）202頁，川又（1995）75頁，山田（2004）327頁参照。

(274)　櫻田＝道垣内（2011）193-194頁［中西康］，道垣内（2012）34頁，小出（2014）82頁，西谷（2015）18頁，澤木＝道垣内（2018）179頁，中西他（2022）227頁参照。

(275)　通則法施行以前（すなわち2006年12月31日以前に締結された保険契約（以下，旧契約という）に関しては，通則法施行以降，仮定的意思による黙示合意を認めるか否かに関して解釈上の問題がある。なぜなら，通則法の経過措置に関する新法主義（附則2条，3条3項）により，旧契約に関しても，法例7条1項ではなくて，通則法7条が適用される。そして，仮定的意思による黙示合意を認めないのが通則法7条の解釈だからである。

　　旧契約に関しても通則法7条が適用され，そして，同一条文の解釈が契約締結時期で異なるのは通例でないとすると，旧契約に関しても仮定的意思による黙示合意を認めないことになる。

　　けれども，通則法下では仮定的意思による黙示合意を認めないのは，法例7条2項が廃止されて通則法8条が創設されたことに大きく依拠するためであるが（櫻田＝道垣内（2011）193-194頁［中西康］），旧契約には通則法8条～12条が適用されないこと（通則法附則3条3項），また，ある契約（具体的には，旧契約）の準拠法が，通則法の施行によって変わってしまうのは法的安定性の観点から好ましくないことからすると，旧契約に関しては，通則法施行後も仮定的意思による黙示合意を認める立場もあり得よう。

第 1 節　外国居住者を保険契約者兼被保険者とする生命保険契約の準拠法

るが現実の準拠法選択があったと解釈されるべきであろう。」と述べる説がある[276]。日本で販売・引受されている消費者向けの保険契約は，まさに標準契約条件であり，日本の保険法を前提として保険約款が作成されており，しかも監督官庁の認可等を受けているので（保険業法 4 条 2 項 3 号，123条），この立場からすると，たとえ保険約款に準拠法条項が存在しない場合でも，日本法が準拠法となろう。

　しかしながら，この考え方に俄には賛同し難い。たとえば，保険契約に関しては，日本においても，損害保険契約では保険約款に準拠法条項が置かれているのが一般的である。他方，日本の生命保険会社の保険約款には準拠法条項が一般に置かれていないが，保険約款を作成するのは保険会社であり，準拠法条項を設けることができない，あるいは，困難である特段の事情は認められない（損害保険会社の国内消費者向けの保険約款（たとえば，自動車保険や傷害保険）にも準拠法条項が存在することからすると[277]，生命保険約款に準拠法条項を置くことに支障があるとは考えがたい）。また，本件保険契約のように外国居住者が来日して生命保険契約を締結することは稀であるとしても，日本国内には多数の外国人が居住しており[278]，日本在住の外国人が保険契約者となる渉外的な生命保険契約は多数存在すると思われるので，準拠法条項を置く意義はあるとも考えられる[279]。にもかかわらず，生命保険約款中に準拠法条項を置いていない

---

(276)　中西（2005）28頁，櫻田＝道垣内（2011）194頁［中西康］参照。

(277)　日本の損害保険会社の保険約款には一般に準拠法条項が置かれている。たとえば，損害保険料率算出機構「火災保険標準約款　住宅火災保険普通保険約款」（2014年）37条，同「自動車保険標準約款　自動車保険普通保険約款」（2017年）第 6 章一般条項33条参照。ちなみに，自動車保険約款に準拠法条項が新設されたのは昭和47年（1972年）約款である（鴻（1995）188頁［鴻常夫］参照）。

(278)　法務省の在留外国人統計によると，2022年12月末において，日本には308万人の外国人がいる。そのうち，日本人の配偶者等が14万人，永住者およびその配偶者等が91万人，特別永住者が29万人，定住者（日系人等）が21万人，それ以外（留学，技能実習等やその家族）が153万人である。

(279)　また，外国保険会社の日本支店が引き受ける生命保険は，保険契約者が日本人であっても外国人であっても，渉外的な生命保険契約である。

　　ちなみに，アメリカン ファミリー ライフ インシュアランス カンパニー オブ コロンバス（American Family Life Assurance Company of Columbus）は，米国の生命保

第 2 章　国際的な保険取引に関する契約準拠法の捉え方

ことからすると，保険会社側には常に日本法を準拠法とする現実的な意思があった，とは必ずしも断言できないとも考えられる。

　また，保険契約者側の意思としても，保険契約者兼被保険者が外国人である場合には，常に日本法を準拠法とする現実の意思があったとは断言できないであろう。確かに，日本に永住する外国人を保険契約者兼被保険者とする保険契約に関しては，日本法を準拠法とする黙示の合意が認められやすいであろう[280]。けれども，日本国内には一時的に居住する外国人も相当数存在する（その中には，就労が認められている者と認められていない者がいる）。そして，彼らが日本国内において生命保険契約を締結する可能性があるが[281][282]，少な

　　険会社である（設立地はネブラスカ州，本社はジョージア州）。同社は日本支店を設置のうえ，日本において大々的に生命保険業を永らく営んでいたので（1974年〜2018年。2018年 4 月に内国保険会社に移行した。前掲注62参照），渉外的要素のある保険契約が多数存在した。けれども，同社の保険約款には準拠法条項が設けられていなかったようである（ただし，実際の裁判においては，準拠法が日本法であることを前提とした主張立証がなされていたように思われる。たとえば，東京地判平成25年 1 月28日・判例集未登載（LEX／DB25510428）や東京地判平成26年 7 月 1 日・判例集未登載（LEX／DB25520480）では，準拠法に関する検討が特になされていない。

（280）　ただし，日本に永住する外国人が保険契約者となる場合であっても，保険者が外国保険業者の日本支店である場合には，日本法を準拠法とする黙示の合意をただちに認めることはできないのかもしれない（三浦義道（1935）230頁参照）。

　　なお，法例下において日本で外国人または外国会社が外国保険会社（共に米国）と締結した損害保険契約に関して，日本法で判断したと思われる裁判例がある（身元信用保険契約について東京地判昭和31年10月15日・下民集 7 巻10号2906頁，同控訴審東京高判昭和35年 4 月 9 日・下民集11巻 4 号765頁，同上告審最判昭和39年10月15日・民集18巻 8 号1637頁，自動車保険契約について東京地判昭和40年 4 月26日・下民集16巻 4 号739頁。なお，両保険契約とも準拠法条項は存在しなかった模様である）。これらの裁判例については，「行為地法を前提に判断していると見られる」との解説もある（櫻田（2000）39頁）。けれども，少なくとも身元信用保険契約に関する控訴審では，被保険者側は日本法によるという意思だったと主張しており，また，保険者側も特に反論していないことからすると，裁判所は日本法を行為地法として適用したのではなく，黙示指定として適用した可能性がある。

　　また，銀行取引に関する裁判例であるが，日本に居住していた華僑による外銀（タイ国銀行）日本支店での定期預金契約について，日本法を準拠法とする黙示指定を認めた裁判例として前掲最判昭和53年 4 月20日がある。

第1節　外国居住者を保険契約者兼被保険者とする生命保険契約の準拠法

くともその場合には，保険契約者として日本法を準拠法とする現実の意思がある，と一般的に断言することはできないと思われる。

したがって，日本国の法制度を前提として日本の監督当局の認可等を受けた保険約款が用いられたとしても，一般的に，保険者および保険契約者において常に日本法を準拠法とする現実の選択があった，と直ちには断言できないと思われる[283]。

もちろん，個々の保険契約の締結において，保険会社側に日本法を準拠法とする現実意思が存在し，また，保険契約者側にも同様の現実意思が存在したと認定できる場合には，準拠法指定に関する黙示の合意が認められることになる[284]。本件保険契約に関しては，仮に，保険契約者がメキシコ在住であることを保険募集人が全く知らず，また，保険契約者も意図的に隠していた場合には，日本法を準拠法とする黙示の合意があったと認定される可能性が高いであろう。その一方で，仮に，本件保険契約に関して，保険契約者がメキシコ在住であることを保険募集人が知っており（本件保険契約の代理店であるシティバンク銀行は，過去に当該保険契約者に投資信託を販売し，保険契約者と一定の関係が

---

(281)　生命保険は，生命保険会社の他，一定の制限はあるものの，少額短期保険会社も引き受けることができる。そして，少額短期保険会社の中には，短期滞在の外国人や日本在住の外国人向けの医療保険や生命保険を中心に販売する保険会社がある（株式会社ビバビーダメディカルライフ）。

(282)　なお，在留資格制度（前掲注278参照）の適用対象外である駐留米軍向けの生命保険契約に関しては，海外直接付保規制の特則が設けられている。すなわち，一定の条件付で外国保険会社免許を受けた「外国保険業者」である「条件付免許外国生命保険会社等」（保険業法施行規則115条2号）は，米軍の構成員や軍属等を保険契約者とする外貨建て生命保険契約（保険業法188条，同法施行令20条）について海外直接引受をすることができる。

(283)　他方，「日本国内で締結される保険契約では，海上保険をはじめとする一部の企業リスクに関する保険を除いて，日本法が準拠法であることが自明のこととされており，……」とする有力な見解もある。山下（2018）197頁参照。

(284)　道垣内（2012）34頁は，「各当事者の内心の意思が同じ準拠法を選択するものであれば，……，黙示的な選択があるものとして扱ってもよい。」とする（澤木＝道垣内（2018）179頁も同旨）。また，鴻教授は，自動車保険に関して，「日本国の法令以外の法令を準拠法として指定しない以上は，……日本国の法令による意思であると認められるのがふつうであろう」とされる。鴻（1995）189頁［鴻常夫］。

第 2 章　国際的な保険取引に関する契約準拠法の捉え方

存在していたものであり，また，保険契約申込書の捺印欄に捺印や日本語での署名をせずに，ローマ字で署名をしていることからすると，保険契約者がメキシコ在住であること，あるいは，少なくとも日本在住ではないことを知っていた可能性がある），また，保険契約者もあえてメキシコ在住であることを隠していなかったとすると，日本法を準拠法とする黙示の合意があったと直ちに認定することは困難であろう。少なくとも，日本法を準拠法とする現実意思が保険契約者にあったと直ちに認定することは困難であろう。

　そこで，黙示の準拠法指定は存在しない場合を次に検討する。なお，個別の契約事情に応じて黙示の準拠法指定が認められる場合には，保険契約締結時期の通則法施行前後を問わず，当該準拠法が事前指定された準拠法として適用されることになる（通則法 7 条）。ただし，通則法施行（2007年 1 月）以降に締結された保険契約に関しては，消費者契約に関する特例（後述 6 ）の適否を検討する必要がある。

5　準拠法指定が存在しない場合

　明示にしても黙示にしても準拠法指定が存在しない場合，すなわち，保険約款中に準拠法条項が存在せず，また，保険契約当事者間の合意において黙示の準拠法指定も存在しない場合をここで取り上げる。通則法 8 条以下は旧法主義を採用しているので（同法附則 3 条 3 項），保険契約締結時期を通則法施行前後に分けて検討する。

⑴ 法例施行下で締結された保険契約

　法例施行下では（～2006年12月），準拠法指定がなければ，行為地法が準拠法となるのが原則である（法例 7 条 2 項）。保険契約に関しても，契約締結地の法が準拠法となる[285]。

　けれども，契約締結地次第では不具合な準拠法が適用されることになりかねない（なお，本件保険契約が法例施行下で締結されたと仮定すると，契約締結地は

---

(285)　奥田（2009）344頁参照。

146

第1節　外国居住者を保険契約者兼被保険者とする生命保険契約の準拠法

日本であるので，こと本件保険契約に関しては行為地法を準拠法としても不具合は
生じない）。

① 保険者の事業所所在地

そこで，法例施行下では，こと保険契約に関しては，準拠法の指定がない場
合には，当該保険契約を引き受ける保険者の事業所所在地法によると考えられ
ていた。すなわち，保険契約の附合契約的性質および保険の技術的構造を根拠
に，特別の事情がない限り，「契約の中心地である保険会社の本店所在地の法
によるとするのが，理論としてはより合理的であろう。」としたうえで，「保険
契約者の国籍，……，保険の目的の所在地（筆者注：人保険契約に関しては，被
保険者の居住地に相当すると考えられる），……などは，第二義的に考慮される
にすぎない」とされていた[286]。

ただ，この立場を採るとしても，こと保険会社の社員や代理人が，当該保険
会社が保険免許を付与されていない外国に赴いて当該外国で保険契約を締結し
たり，通信手段を用いて越境保険取引を行ったりする場合でない限り，保険者
は保険免許を与えられている国において保険契約を締結することになるので，
行為地法を準拠法としても，保険会社の事業所所在地法を準拠法としても，い
ずれも同じ法が準拠法となるので差違は生じない。そもそも，日本を始めとし
て世界の多くの国々では，保険の越境取引を原則として禁止しつつ（前述第1
章第2節3参照），自国が保険免許を与えた保険業者にのみ同国内での保険引受
を認めているため，行為地たる保険契約締結地と保険者の事業所所在地が異な
る事態がそれほどは発生しないのである（保険契約締結地と保険者の事業所所在
地とが異なるのは，自由な越境保険取引が認められている国際的な海上保険契約
（MAT保険）や再保険で生じやすい）。したがって，保険契約者兼被保険者が外
国居住者であっても，あるいは，外国人であっても，保険契約を日本で営業す

---

(286)　土井（1963）150頁。なお，外国に支店や営業所を設けて保険引受を行っている場
合には，当該外国の法を準拠法とする（同論文152頁以下）。また，このような考え方は，
既に，三浦義道（1935）232-236頁，山戸（1953）131頁，137-139頁で論じられていた。
また，外国の立法例としては，オーストリア国際私法38条2項，ハンガリー国際私法25
条k号，旧ユーゴスラビア国際私法20条13号，ポーランド国際私法27条1項3号，旧
チェコスロバキア国際私法10条2項d号がある（奥田（2009）344頁参照）。

第2章　国際的な保険取引に関する契約準拠法の捉え方

る保険会社が日本において保険契約を締結する場合には，行為地法である日本
法を準拠法と捉えても支障は生じないことが多い。

② 付保対象リスクの所在地

他方，保険会社の事業所所在地ではなく，当該保険契約の対象リスクの所在
地を最も重視すべきだとする学説もあった[287]（実際にも，EU[288]や米国[289]に
おいてはこの考え方が採用されている）。この考え方によると，日本の生命保険
会社が外国居住者を被保険者とする生命保険契約を日本国内で締結する場合に
は[290]，リスクの所在地である被保険者の常居所地を重視するので外国法が準
拠法となるであろう[291]。

けれども，この学説では，被保険者が居住地を虚偽申告した場合にも（ある

---

(287)　松岡（1967），山下（2005）136頁注3参照。

(288)　EU では，準拠法指定がない場合の生命保険契約の準拠法をリスク所在地法と捉
　　えている。

　　　すなわち，まず，生命保険統合指令（consolidated Life Assurance Directive.
　　2002/83/EC）では，個人保険契約に関しては，保険契約者の常居所（habitual resi-
　　dence）のある加盟国（Member State of the commitment）の法が準拠法になると規定
　　していた。

　　　その後，契約債務準拠法条約（ローマⅠ規則。Regulation（EC）No 593/2008）が制
　　定され，保険契約に関しては，準拠法の指定がない場合には，保険契約締結時において
　　リスクが所在している加盟国の法が準拠法になると規定された（同条約7条3項第3パ
　　ラグラフ）。

(289)　米国の抵触法リステイトメントは，準拠法指定がない場合に，損害保険契約に関
　　しては保険期間中における付保リスクの主たる所在地の法が原則として準拠法となり，
　　生命保険契約に関しては保険契約締結時の保険契約者の常居所地法が原則として準拠法
　　となるとする。Ref., Restatement of the Law, Conflict of Laws, 2 nd（1971）§192,
　　§193.

(290)　「外国居住者を被保険者とする生命保険契約を日本国内で締結する」とは，保険契
　　約者と被保険者が同一であれば，保険契約者兼被保険者が来日して保険契約を締結する
　　ことになる。他方，保険契約者と被保険者が異なる場合には，海外居住者たる被保険者
　　は来日せずに，保険契約者（日本の居住者かもしれない）と日本国内で保険契約を締結
　　することになる。

(291)　外国居住者が日本に赴いて，日本の生命保険会社と日本国内で生命保険契約を締
　　結する行為は，当該外国の海外直接付保規制によって禁止されている可能性がある。た
　　だし，禁止されているとしても，その実効性に乏しいことが多いであろう。

第1節　外国居住者を保険契約者兼被保険者とする生命保険契約の準拠法

いは，被保険者が居住地を虚偽申告し，かつ，虚偽申告であることを保険者側が了知していなかった場合にも），リスク所在地を最重要視すべきだとするのか不明である。ちなみに，本件保険契約は通則法施行後に締結されたものであるが，仮に法例施行下で締結されたものだったとすると，こうした事例であった可能性がある。なぜなら，被保険者の実際の常居所はメキシコであるが，保険募集人がそのことを知らなかった可能性があるからである（保険契約申込書には，保険契約者兼被保険者の住所地として名古屋市の住所が記載されている）。

　リスク所在地法を準拠法とする立場では，準拠法指定がない場合において，保険契約者がリスク所在地を虚偽告知したり，保険契約者が錯誤でリスク所在地を誤解しており，誤解した内容を保険者に告知したりしたときに，どう取り扱うのかが判然としない。たとえば，本件保険契約において，メキシコ在住であることを秘して保険契約者兼被保険者が保険契約の申し込みを行い，保険者は被保険者が日本居住者であると信じて保険引受をしたような場合に，準拠法の判断基準となるリスク所在地（＝被保険者の居住地）を日本として取り扱うのか（その場合，準拠法は日本法となる），それとも真実の居住地であるメキシコとして取り扱うのか（その場合，準拠法はメキシコ法となる），はたまた，このような場合にはリスク所在地を重要視せずに，他の諸要素を考慮して最密接関係地を判断するのかが不明である。

　この論点を考えるにあたっては，リスク所在地を最重要視する理論的根拠に立ち返る必要がある。現在の EU 法においては，準拠法指定がない保険契約はリスク所在地法が準拠法になると規定されているが[292]，その制定理由として，通常はリスク所在地に重心があるので，リスク所在地法を準拠法とすることは非常に実際的で論理的であること，および，特に消費者保護になることの2点が指摘されている[293]。消費者保護の観点からは，リスク所在地を虚偽申告するような保険契約者兼被保険者は保護に値しないと言えるかもしれない。一方，リスク所在地に保険契約の重心があるとする点をどう考えるかが問題となる。保険者による保険契約引受の合意（保険引受の可否や保険契約の内容に関する合

---

(292)　前掲注288参照。
(293)　*Ref.*, Bělohlávek（2010）p. 1293.

第2章 国際的な保険取引に関する契約準拠法の捉え方

意）は虚偽のリスク所在地（本件保険契約では，日本）を前提としてなされているので，虚偽のリスク所在地に保険契約の重心があると捉えるのか，それとも，実際に当該保険契約において保険者が負担するリスクが重要であるので，保険者の主観的事情を勘案ぜずに，真実のリスク所在地（本件保険契約では，メキシコ）を保険契約の重心と捉えるのかという問題である。

　ここで，検討対象となる保険契約の種類を勘案する必要があるかもしれない。たとえば，火災保険では，保険の目的物の所在地は，担保危険の大小に決定的な影響を与える。そのため，リスクの所在地（＝保険の目的物の所在地）次第で，保険引受を行うか否か，また，保険引受を行う場合の保険料率や担保条件をいかに設定するかに関して，保険者は判断を異にしている。つまり，こと火災保険に関しては，リスクの所在地は保険引受判断において決定的に重要な事項である。保険契約者の申告内容が真実でない場合には，真実のリスク所在地に関しては，少なくとも保険者は保険契約締結時に知らない事情であるので，真実のリスク所在地を重要な連結点とすることには合理性がない。保険者は真実のリスク所在地を知らず，不実のリスク所在地を前提としてリスク判断を行ったからである。そして，消費者保護の観点からは，保険契約者自身が不実のリスク所在地を告げたのであるから，不実のリスク所在地を最重要視されることを甘受すべきであるとも言える（ただし，真実のリスク所在地よりも不実のリスク所在地の方が保険契約者に有利となる場合には，そのように言い切れないかもしれない）。少なくともリスク所在地判断において，特段の消費者保護を図る必要はないと考えられる。したがって，こと火災保険に関しては，最重要視すべきかどうかはともかくとしても，不実のリスク所在地を重視して準拠法を決定すべきであろう[294]。

（294）　ただし，ここでいうリスク所在地は，主観的に決定すべきではなく，客観的に決定すべきであるとの反論もあり得よう。

　　ちなみに，通則法8条1項の最密接関係地の判断においても同様の論点が考えられる。すなわち，最密接関係地を判断するための諸事情のうちのある事情について一方当事者が不実説明を行い，他方当事者が当該説明を信じて契約締結に至った場合に，当該事情に関しては，真実を基準とするのか，不実を基準とするのかという問題である。通則法では，主観的事情は同法7条で考慮し，同法8条では客観的事情のみを考慮するという立場を貫くのであれば真実を基礎とすべきことになるが（ただし，不実説明をした当事

第 1 節　外国居住者を保険契約者兼被保険者とする生命保険契約の準拠法

　一方，生命保険契約に関しては，やや事情が異なる。なぜなら，保険契約締結時においては，保険会社は被保険者の居住地について関心を払うかもしれない。けれども，少なくとも保険契約締結後においては，被保険者がどこに居住しようと，一般に保険者は保険契約の終了や変更を求めないからである[295]。また，保険契約締結時において，保険会社が被保険者の居住地に関心を払うとしても（すなわち，外国居住者でないことに関心を払う），それは外国居住が引き受けることとなる死亡リスクや生存リスクに大きな影響を与えるという理由よりも，むしろ，危険選択を実施することや当該外国の海外直接付保に関する規制との抵触を避けることを主たる理由としているようである[296]。したがって，火災保険におけるリスク所在地（＝保険の目的物の所在地）と比較すると，生命保険におけるリスク所在地（＝被保険者の常居所地）は，保険者によるリスク判断の要素としては，相対的には重要な連結点ではないとも考えられる[297]。そうであるとすると，保険者によるリスク判断の要素は重視せずに，主として保険契約者保護（なお，生命保険の保険契約者は基本的には消費者である）の観点から判断すべきことになる。そこで，保険契約者保護に鑑みると，被保険者の居住地について不実申告した保険契約者に関しては，上述のとおり，少なくともリスク所在地判断において，特段の保護を図る必要はないと考えられる。したがって，こと生命保険契約に関しては，保険契約者が被保険者の居住地を不実申告した場合には，リスク所在地を重視して準拠法を決定する必要性は乏しいと言えよう[298]。

　　者は，禁反言則により，裁判において真実を基礎とすべきことを主張できないと取り扱う可能性はあり得よう），釈然としない感を拭えない。

(295)　日本生命保険（2023）87頁［平松莉奈］参照。
　　　たとえば，第一生命保険の「5年ごと配当付終身保険」の普通保険約款43条では，「保険契約の継続中に，被保険者がどのような業務に従事し，またはどのような場所に転居し，もしくは旅行しても，当会社は，保険契約の解除も保険料の変更もしないで，保険契約上の責任を負います。」と明記されている（山下＝米山（2010）818頁参照）。
(296)　前掲注256参照。なお，日本生命保険（2023）171頁［岡藤将玄］も参照。
(297)　こうした議論は，筆者が調べた限り，リスク所在地を重視する EU においても見当たらないようである。
(298)　ちなみに，米国においても，こと生命保険契約に関しては，保険契約者が申告し

第 2 章　国際的な保険取引に関する契約準拠法の捉え方

(2)　通則法施行下で締結された保険契約

　通則法施行下では，準拠法の指定がなければ，最密接関係地法が準拠法となる（通則法 8 条 1 項）。そして，特徴的給付に関しては，特徴的給付を行う当事者の常居所地法・事業所所在地法が最密接関係地法と推定される（通則法 8 条 2 項）。

　ここで，保険契約は特徴的給付であり，保険者が特徴的給付を行う当事者であるので[299]，保険者の事業所所在地が最密接関係地法と推定されることになる。したがって，この推定を覆す具体的な事情が認められない限り[300]，基本的には当該保険契約の成立および効力に関する準拠法は，保険者の事業所所在地法（本件保険契約では日本法）となる[301]。ただし，次に述べる消費者契約の特例の適否を検討する必要がある。

6　消費者契約の特例の適用可否

　以上のように，通則法施行下では，本件保険契約，より一般的に言えば，外国居住者である保険契約者兼被保険者と，日本で営業する保険者との間で，日本において締結される生命保険契約に関しては，保険約款中に準拠法条項があろうが（前述 3 ）なかろうが（前述 4 ，5(2)），基本的には日本法が準拠法となるであろう。

　　た住所を保険会社は基本的に信頼してよいとする。*Ref.*, Restatement of the Law, Conflict of Laws, 2 nd（1971）§ 192, Comment b.

(299)　法例研究会（2003）43頁，櫻田＝道垣内（2011）209頁［中西康］，澤木＝道垣内（2018）184頁参照。また，奥田（2009）344頁参照。

(300)　本件保険契約に関しては，保険契約者および被保険者はメキシコ在住であるものの，保険契約申込書上の保険契約者住所（したがって，保険証券上の保険契約者住所や保険証券の郵送先も当該住所となる），保険者の事業所所在地，契約締結地，保険料の支払地，保険給付の履行地は日本であるため，最密接関係地は日本であると認められよう。

　　ただし，保険契約に関してはリスクの所在地を重視する立場では（前述 5(1)②参照），被保険者の常居所地がリスク所在地となるから，特徴的給付の推定が覆されて，メキシコが最密接関係地となり，メキシコ法を準拠法と捉えることになるかもしれない。

(301)　山下（2018）199頁参照。

第1節　外国居住者を保険契約者兼被保険者とする生命保険契約の準拠法

　この重要な例外が消費者契約の特例（通則法11条）である[302]。もし消費者契約の特例が適用されると，第1に，準拠法指定が認められる場合には（前述3，4参照），消費者の常居所地法たる外国法中の特定の強行規定を適用すべき意思を消費者たる保険契約者が事業者たる保険者に表示すれば，指定された準拠法（たとえば，日本法）に加えて，当該強行規定も適用されることになる（通則法11条1項）。本件裁判では告知義務違反が争われたが，メキシコの保険契約法には告知義務に関する強行規定が存在するかもしれない[303][304]。

　第2に，準拠法指定が認められない場合，すなわち，準拠法条項が存在しない保険約款であって，かつ，準拠法に関する黙示の合意も認められない場合には（前述5参照），もし消費者契約の特例が適用されると，消費者の常居所地法たる外国法が準拠法として適用されることになる（通則法11条2項）。すなわち，日本の保険法は適用されず，外国の保険契約法（本件保険契約ではメキシコ法）が適用されるのである。

（302）　法例施行下においても，一方的商行為である消費者向け保険契約に関しては，保険者の本拠地の強行規定と保険契約者の常居所地等の強行規定の双方への独立連結を行い，保険者側にとって不利な強行規定の優先を望ましいとする学説があった。山田＝澤木（1970）139-140頁［妝場準一］参照。

（303）　メキシコの保険契約法（Ley sobre el Contrato del Seguro）は，その8条で告知義務を規定するとともに，告知義務違反に関しては同法47条が保険者の契約解除権を規定している。この解除権は契約全体に及ぶものであり，しかも，因果関係特則が否定されている。したがって，告知義務違反に対して，保険者は保険契約を解除すれば保険塡補責任を負わないことになると思われる（メキシコ連邦民法典（Código Civil Federal）1941条では解除の遡及効原則が規定されており，この解除の遡及効原則は保険法で修正されていないので，告知義務違反に基づく解除も遡及効を持つと思われる）。なお，メキシコ保険法の規定は原則として強行規定である（同法204条）。

　　ちなみに，メキシコは連邦国家であるが，保険契約に関しては連邦法が適用される。*Ref.,* Condon *et al.* (2003) p.147.

（304）　ちなみに，2010年4月に施行された日本の保険法においても（本件保険契約の締結は2010年12月であるので保険法が適用される），告知義務に関する規律は片面的強行規定とされているが（保険法41条，65条），保険法施行前は片面的強行規定ではなかった。

　　なお，通則法11条1項にいう強行規定には，いわゆる「業法」も，私法上の効力を有する限りにおいて，全て含まれる。西谷（2007）32頁参照。

第 2 章　国際的な保険取引に関する契約準拠法の捉え方

　ここで，消費者契約の特例の適用除外を検討する必要がある（通則法11条 6 項）。なぜなら，第 1 に，本件保険契約は，消費者たる保険契約者（＝メキシコ在住者）が，事業者たる PGF 生命の事業所所在地と法を同じくする地（＝日本）に赴いて生命保険契約を締結したのであり，基本的には消費者契約の特例は適用されないと考えられるからである（通則法同項 1 号本文）。ただし，メキシコにおいて，PGF 生命が当該保険契約者に対して，日本での保険契約締結について勧誘を行っていた場合には，消費者契約の特例が適用されることになる（同号但書）。ところで，PGF 生命のビジネスモデルは，保険販売を銀行窓口販売に特化しており（本件保険契約も，内国銀行であるシティバンク銀行の日本国内支店における窓口販売である），また，保険契約者が本件保険契約を勧められたのは，たまたま保険契約者が投資信託を売却するためにシティバンク銀行の名古屋支店を訪れた際のことであることからすると，当該保険契約者がメキシコにおいて勧誘を受けていた可能性は極めて低い。したがって，契約締結に至る経緯が上述のとおりだとすると，本件保険契約には消費者契約の特例は適用されないことになろう[305]。

　第 2 に，本件保険契約では，保険者の保険契約上の債務である保険金・給付金の支払や解約返戻金・失効返戻金の支払の全てが日本で行われることとされていたと思われるので（保険約款にその旨の規定が存在するであろう[306]），基本

―――――――――――――――――――――――――――――――――――――――

(305)　法適用通則法の立案担当者の解説では，「勧誘」とは，契約締結に向けた事業者による個別的な勧誘行為のみを指すとされている（小出他（2006）55頁，西谷（2007）38頁，櫻田＝道垣内（2011）265-266頁［西谷祐子］，中西他（2022）241頁，小出（2014）141頁）。その一方で，個別的な勧誘行為に限定されず，特定多数に対する勧誘も含まれるべきだとする学説もある（澤木＝道垣内（2018）205頁参照）。また，さらに進んで，不特定多数に対する公告，チラシ，受動的なウェブサイト等であっても，「勧誘」に該当する可能性があると指摘する学説もある（神前（2006）99頁）。

　　なお，最判平成29年 1 月24日・民集71巻 1 号 1 頁は，不特定多数の消費者に向けられた働きかけが消費者契約法12条 1 項，2 項の「勧誘」に当たらないということはできないとした。ただし，当該判決は特定の実質法上の「勧誘」概念に関するものであり，抵触法上の概念に関するものではない。

(306)　たとえば，第一生命保険の「 5 年ごと配当付終身保険」の普通保険約款は，保険金について 6 条 3 項，解約返戻金について25条 4 項，契約者配当金について41条 4 項が生命保険会社の本店で支払うと規定する。山下＝米山（2010）803頁，813頁，818頁参照。

154

第1節　外国居住者を保険契約者兼被保険者とする生命保険契約の準拠法

的には消費者契約の特例は適用されないと考えられるからである（通則法11条
6項2号本文）。ただし，メキシコにおいて，当該生命保険会社が当該保険契約
者に対して，日本での保険金等の支払について勧誘を行っていた場合には，消
費者契約の特例が適用されることになる（同号但書）。本件保険契約はこの適
用除外事由にも該当する可能性が高いので，やはり消費者契約の特則は適用さ
れないであろう。

　第3に，本件保険契約に関しては，保険契約者兼被保険者がメキシコ居住者
であることを保険者やその代理人が知らず[307]，かつ，不知について相当理由
がある可能性があるからである（通則法11条6項3号）。ただし，この点は裁判
資料からは明らかではない。もしかすると，本件保険契約を販売したシティバ
ンク銀行名古屋支店の担当者は，保険契約者兼被保険者がメキシコ在住である
ことを了知していたのかもしれない。また，了知していなかった場合には，了
知しなかったことについて相当理由の存否を具体的な事情から総合的に判断す
る必要がある（ちなみに，当該保険契約者兼被保険者（当時62歳）は，署名欄に
ローマ字でサインをしているが，外国居住者である可能性を疑わせる一つの徴候と
して捉えることができるかもしれない）。

7　外国で提訴された場合

(1) 裁判管轄

　ここまでは，日本で提訴されたことを前提として検討を行ってきた（前述3
～6）。日本の裁判所に保険金受取人が提訴した場合には（本件裁判においても，
保険契約者兼被保険者の息子であって日本在住の者が日本の裁判所に提訴した），被
告である日本の保険会社は裁判管轄権を争わないし，また，日本の生命保険会
社の約款には日本の裁判所を合意管轄裁判所とする管轄条項が存在することが
一般的であるので（PGF生命の現在の保険約款においても，同社の本社，または，
保険金受取人の住所地と同一の都道府県内にあるPGF生命の支社の所在地を管轄す

（307）　ただし，シティバンク銀行はPGF生命から保険契約締結に関する代理権を付与さ
　　　れていなかった可能性も高い。

第2章　国際的な保険取引に関する契約準拠法の捉え方

る地方裁判所を合意管轄裁判所とする管轄条項が置かれている），日本の裁判所の管轄が認められることは間違いない。

　しかしながら，日本の生命保険会社が，保険契約者兼被保険者の常居所地である外国において提訴される可能性もある。そして，当該外国は，保険金受取人の常居所地でもある可能性がある（本件裁判においても，保険契約者兼被保険者は，娘夫婦とメキシコで暮らしていたのであり，娘も保険金受取人の一人であったとすると，メキシコで提訴する可能性も十二分にあった事案である）。そこで，ここでは，日本の生命保険会社が外国，すなわち，保険契約者兼被保険者の常居所地国，かつ，保険金受取人の常居所地国である法域において提訴された事態のことを簡単に検討してみる。

　この場合にまず問題となるのは，当該外国の裁判管轄権である。被告となった日本の生命保険会社は，当該外国の裁判管轄権を争うと考えられるからである。まず，専属的管轄合意条項が保険約款中に存在しない場合には，保険契約者兼被保険者が居住する外国の裁判所が管轄権を行使する可能性がある[308]。ここで，専属的管轄合意条項が存在しない場合とは，管轄合意条項が全く存在しない場合のみならず，管轄合意条項が存在しても，専属的管轄合意であるとは認められないない場合（すなわち，併存的管轄合意の場合）も含まれる。日本の生命保険会社の保険約款には管轄条項が設けられていることが多いが，専属的管轄合意であることが明確ではない[309]。提訴された外国裁判所による当該

――――――

(308)　たとえば，米国では，広範な裁判管轄権が認められている。すなわち，連邦憲法の第5修正条項および第14修正条項から成るデュー・プロセス条項によって，州裁判所および連邦裁判所の裁判管轄権が一定範囲に制限されている。この範囲の画定は，具体的には判例法によることになる。*International Shoe v. Washington*, 326 U.S. 310 (1945) は，「フェアプレイと実質的正義の伝統的概念に反しない程度に，被告が法廷地と最小限度の関連（minimum contacts）を有すること」を求めているが，相当に広範である。各州は，連邦憲法および州憲法が認める裁判管轄権の範囲内で，さらに州裁判所の管轄権（保険契約を巡る民事紛争は州裁判所の管轄事件である）を州法で制限することも可能である。けれども，各州はいわゆるロング・アーム法（long-arm statute）を制定し，一般にそこでは連邦憲法および州憲法に反しない範囲で州裁判所の管轄権を行使できると規定しているので，やはり裁判管轄権は広範である。

(309)　たとえば，第一生命保険の「5年ごと配当付終身保険」の普通保険約款47条1項（山下＝米山（2010）819頁）参照。

156

第1節　外国居住者を保険契約者兼被保険者とする生命保険契約の準拠法

条項の解釈如何であるが，併存的管轄合意に過ぎないと解される可能性もあり得よう。

　他方，保険約款中に日本の裁判所を専属的合意管轄裁判所とする明確な条項を設けておけば，外国での裁判をある程度は防止できよう[310]。けれども，こと消費者契約に関しては，当該外国の裁判所が管轄権を行使する可能性も否定できない。たとえば，日本においても，こと消費者契約に関しては専属的管轄合意の有効性を制限している（民訴法3条の7第5項，3条の4第1項，第3項）[311]。このような法制度が当該外国に存在する可能性がある[312]。なお，EUの「民事及び商事に関する裁判管轄並びに裁判の承認及び執行に関する2012年12月12日の欧州議会及び理事会規則」（Regulation (EU) No. 1215/2012. ブリュッセルI改正規則。2015年1月10日適用開始）では，保険契約に関しては，保険契約者が域内保険者に対して提起する訴えは保険契約者の住所地国の裁判所にも提起することができ（同規則11条1項(b)），他方，保険者が保険契約者に対して提起する訴えは保険契約者の住所地国の裁判所にのみ提起することができると規定されている（同規則14条）。そして，以上と異なる専属的管轄の合意は，原則として紛争発生後にしか行うことができない（同規則15条1項）[313]。

---

(310)　たとえば，かつては専属的管轄合意の有効性を認めることに消極的であった米国においても，近時は専属的管轄合意の有効性が原則として認められている（連邦事件（海事法）に関する判例として，*The Bremen v. Zapata Off-Shore Company*, 407 U.S. 1 (1972), *Carnival Cruise Lines, Inc. v. Shute*, 499 U.S. 585 (1991) 参照。また，州裁判所でも専属的管轄条項の有効性を原則として認める州が圧倒的である。樋口（2015）77頁参照）。したがって，万全ではないものの，日本の裁判所を指定する専属的管轄合意は有用であろう。

(311)　なお，消費者の住所が日本国内にあるときに日本の裁判管轄権を民訴法3条の4第1項が肯定する理由の一つとして，事業者にとっての予測可能性が挙げられている（佐藤＝小林（2012）87頁）。けれども，消費者が住所地を事業者に虚偽申告した場合には（本件保険契約はその可能性がある），当てはまらない。

(312)　たとえば，韓国には，裁判管轄に関して消費者保護規定があり，一定の場合には韓国の裁判所に裁判管轄権が認められる（韓国国際私法27条4項～6項）。

(313)　同様の規定は，ブリュッセルI改正規則の前身である「民事及び商事事件における裁判管轄及び裁判の執行に関するブリュッセル条約」8条，11条，12条や，ブリュッセル条約とほぼ同内容の規律をEUおよびEFTA諸国の域内で実現する「民事及び商

第2章　国際的な保険取引に関する契約準拠法の捉え方

　ただし，保険契約者が居住する外国に専属的管轄合意を否定する消費者保護
法制が存在するとしても，居住地を虚偽申告した保険契約者についても当該法
制で保護されるかどうかをさらに検討する必要があろう。禁反言則などにより，
専属的管轄合意を否定する保険契約者側の主張が認められないこともあり得る
かもしれないからである[(314)]。

(2) 準 拠 法

　保険契約者兼被保険者が，その常居所地である外国で提訴し，裁判管轄権が
認められた場合には，当該外国の国際私法に従って契約準拠法が決定されるこ
とになる。

　まず，契約準拠法指定の合意がなされている場合には，多くの法域において，
当該合意の有効性が承認されている（たとえば，通則法7条，Regulation (EC)
No 593/2008 (Rome I), Article 3 (1)[(315)]; Restatement of the Laws, Conflict of
Laws, 2nd (1971), §187[(316)]）。ちなみに，メキシコにおいても契約準拠法指定

　　事事件における裁判管轄及び裁判の執行に関するルガノ条約」(Lugano Convention)
　　9条，12条，13条にも存在する。

(314)　前掲注311参照。

(315)　ただし，EUでは，こと生命保険契約に関しては自由な準拠法選択は認められて
　　いない。

　　すなわち，まず，生命保険統合指令（前掲注288参照）は，個人保険契約に関しては，
　　保険契約者の常居所のある加盟国の法が準拠法になるとする一方で，他国の法を準拠法
　　として指定することもできるし，保険契約者の本国が他の加盟国である場合には当該本
　　国法を指定することもできると規定していた（以上，同指令32条1項，2項，1条1項
　　(g)）。

　　その後に制定された契約債務準拠法条約（Rome I）では，生命保険契約に関しては，
　　指定可能な準拠法がいくつかの地の法に限定されることになった（保険契約締結時にお
　　いてリスクが所在している加盟国，保険契約者の常居所地，保険契約者の本国たる加盟
　　国等。同条約7条3項第1パラグラフ(a)-(e)）。

(316)　ただし，米国では，こと生命保険契約における準拠法指定は，指定された法が被
　　保険者の常居所地法でない場合には，準拠法に関する合意が明示的なものでない限り
　　（保険約款の準拠法条項のみでは不可），当該法が保険契約者側に不利なときは，当該指
　　定の有効性が否定される。Ref., Restatement of the Law, Conflict of Laws, 2 nd (1971)
　　§192, Comment c. なお，損害保険契約に関しても，保険契約者の交渉力が強くない場

第1節　外国居住者を保険契約者兼被保険者とする生命保険契約の準拠法

の合意の有効性が認められているようである（メキシコ連邦民法典13条5項）[317]。

　ところで，日本の生命保険会社の保険約款には準拠法条項が設けられていないことが多い（前述2(1)参照）。そして，こと消費者契約に関しては，準拠法の指定がなされていない場合には，日本法が準拠法とならない可能性がある。たとえば，日本においても，こと消費者契約に関しては，準拠法指定がない場合には消費者の常居所地法が準拠法となる（通則法11条2項）。このような法制度が当該外国に存在する可能性がある。また，また，韓国では，保険契約に関する特則は存在しないが，消費者契約に関する特則により，消費者の常居所地法が準拠法となる（韓国国際私法27条2項）。他方，EUでは，準拠法指定がない場合，保険契約に関する特則により，リスク所在地法が準拠法となる[318]。ちなみに，メキシコでは，履行地法が準拠法となるようである（メキシコ連邦民法13条5項）。

　このようなことからすると，日本の生命保険会社は，生命保険契約に関しても，やはり保険約款中に準拠法条項を設けておくべきであろう（もちろん，保険約款に日本法を準拠法と指定する準拠法条項を置いていたとしても，その効力が否定されたり[319]，当該外国法中の強行規定も適用されたりする可能性はある[320]）。

　　合には同様である。*Id.*, §193, Comment e.
(317)　なお，連邦制を採るメキシコにおいては，従前は，連邦には民法の立法権限がなく，各州および連邦区（メキシコシティ）が民法を制定していた（笠原（1998）参照。連邦区民法は，Código Civil para el Distrito Federal である）。その後，2000年に至り連邦が民法を制定することとなったが，連邦区の民法と同じ内容が連邦民法（Código Civil Federal）として制定された（*Ref.*, Vargas（2005）. なお，連邦区民法も存続している）。
(318)　前掲注288参照。なお，準拠法指定なき場合は，たとえリスク所在地よりも明らかな密接関係地がある場合であっても，強制的にリスク所在地法が準拠法となってしまう。そのため，明らかにより密接な関係地がある場合には，黙示の合意の有無を丁寧に確認すべきだと指摘する学説もある。*Ref.*, Callies（2015）pp. 210-211）。
(319)　たとえば，スイス国際私法120条は，消費者契約に関しては準拠法選択を認めず，消費者の常居所地法を準拠法と規定する。
　　また，メキシコにおいても，原則としてメキシコに所在するリスクに関する保険契約の準拠法をメキシコ法に限定しているようである（*Ref.*, Clyde & Co（2013）p. 243）。

159

第 2 章　国際的な保険取引に関する契約準拠法の捉え方

8　小　括

　日本の生命保険会社が，外国居住者を保険契約者兼被保険者とする生命保険契約を日本において締結した場合，日本の裁判所では当該保険契約の成立および効力に関する準拠法は以下のように判断されると考えられる。

　まず，保険約款中に準拠法条項が存在し，日本法が指定されている場合には（準拠法が指定されている場合には，日本法が指定されていることが多いであろう），法例施行下で締結された場合も，通則法施行下で施行された場合も，日本法が準拠法となる（通則法 7 条，同法附則 2 条）。ただし，通則法施行下の事案に関しては，消費者契約の特例の適否を検討する必要がある。特例が適用される場合には，保険契約者の常居所地法である外国法中の特定の強行規定を適用すべき旨の意思を保険契約者側が保険者に対して表示すれば，当該強行規定も適用されることになる（通則法11条 1 項，同法附則 3 条 3 項）。

　他方，保険約款中に準拠法条項が存在しない場合には（日本の生命保険約款には準拠法条項が存在しないことが多い），法例施行下で締結された場合も，通則法施行下で締結された場合も，個別具体的な事案において黙示の準拠法指定（通則法 7 条，同法附則 2 条）がなされることはあり得る。ただし，黙示の準拠

　　　すなわち，メキシコでは海外直接付保が原則として禁止されているので（保険業法（LGISMS: Ley General de Instituciones y Sociedades Mutualistas de Seguros）3 条），メキシコ国内所在リスクはメキシコ国内で保険契約の締結や保険給付が行われることになるが，そのような行為がメキシコ国内で行われる保険契約の準拠法はメキシコ法になる（同法 4 条）。ただし，メキシコ国外で保険契約締結や保険給付等が行われる保険契約に関しては，準拠法はメキシコ法に限定されないので，契約当事者はメキシコ法以外の法を合意できる（同法 4 条）。そして，こと本件保険契約（2010年12月締結）に関しては，日本で保険契約締結や保険給付等が行われるものであるから，日本法を指定する準拠法条項は有効である。なお，メキシコの保険業法はその後全面改正され，2015年 4 月 4 日より保険・保証業法（LISF: Ley de Instituciones de Seguros y de Fianzas）が施行されている。現行法においても海外直接付保規制に関する旧法の規律は基本的には引き継がれている（旧法の 3 条および 4 条は，新法の21条および19条に該当する）。

（320）　たとえば，韓国では，たとえ外国準拠法を選択していても，消費者の常居所地法上の消費者保護に関する強行規定が適用される（韓国国際私法27条 1 項）。ちなみに，日本にも同様の規定がある（通則法11条 1 項）。

160

第1節　外国居住者を保険契約者兼被保険者とする生命保険契約の準拠法

法指定が認定できる場合であっても，通則法下の事案に関しては，消費者契約の特例（通則法11条1項）の適否を検討する必要がある。なお，特定の契約形式であることをもって（具体的には，監督当局の認可等を得た保険約款という普通約款を使用していることをもって），一般的に黙示の準拠法指定が認められることはないと思われる。

次に，明示の準拠法指定も黙示の準拠法指定も存在しない場合は，法例施行下，または，通則法施行下のいずれの時期に保険契約が締結されたかで分けて検討しなければならない。

まず，法例施行下においては，一般的には，準拠法指定がない場合の保険契約の準拠法は保険者の事業所所在地法になると考えられていたので，そうであるとすると日本法が準拠法となる。ただし，リスク所在地法を準拠法とする考え方も存在するが，この立場では被保険者の常居所地法が準拠法となるであろう（なお，保険契約申込書に記載された保険契約者兼被保険者の住所が真実の常居所地である外国ではなく，常居所地でない日本の住所が記入された場合にどのような解釈となるかは不明である）。

他方，通則法施行下では，最密接関係地法が準拠法となるが（通則法8条1項），保険契約において特徴的給付を行うのは保険者であるから，保険者の事業所所在地法である日本法が最密接関係地法と推定される（通則法8条2項）。ただし，消費者契約の特例の適否を検討する必要がある。特例が適用される場合には，保険契約者の常居所地法である外国法が適用されることになる（通則法11条2項）。

なお，上述のとおり，通則法施行下で締結された保険契約に関しては，準拠法指定の有無にかかわらず，準拠法指定の有無に応じた消費者契約の特例の適否が問題となる。けれども，この消費者契約の特例には適用除外規定が設けられており（通則法11条6項1号～4号），そのうちの1号～3号に該当する（すなわち，消費者契約の特例が適用されない）ことが多いと考えられる。

以上のとおり，日本の生命保険会社が，外国居住者を保険契約者兼被保険者とする生命保険契約を，日本において締結した場合であっても，当該保険契約に関する紛争が日本の裁判所で争われる場合には，日本法が契約準拠法となる可能性が高い。

161

第2章　国際的な保険取引に関する契約準拠法の捉え方

　他方，当該保険契約に関する紛争が外国の裁判所（具体的には，保険契約者兼被保険者の常居所地の裁判所。保険金受取人の常居所地も同じである可能性がある）で争われる場合には，まずは当該外国の裁判管轄権の存否を日本の生命保険会社が争うことになろう。確かに，日本の生命保険会社の保険約款には裁判管轄条項が設けられているが，生命保険契約は消費者契約であるため，当該外国の裁判管轄権が認められる可能性を否定できない。そして，当該外国の裁判管轄権が認められれば，日本の生命保険会社の保険約款には準拠法条項が存在せず，また，生命保険契約は消費者契約であるため，当該外国の法が準拠法とされる可能性が十分にある。以上からすると，日本の生命保険会社は，生命保険約款に準拠法条項を設けるべきだと考えられる。

第2節 短期在留外国人を保険契約者兼被保険者とする定期保険契約が本国帰国後に更新されたときの更新後契約の準拠法

1 本節の目的

　日本で暮らす在留外国人は，2013年以降増加傾向にあり，2023年6月末現在で322万人余に達している[321]。新たな外国人材受入れのため，「出入国管理及び法務省設置法の一部を改正する法律」（平成30年法律第102号。2019年4月施行）によって「特定技能」という在留資格が創設され[322]，また，特定技能2号の対象産業分野が拡大されたため（2023年6月9日の閣議決定に基づく同年8月31日の法務省令改正，および，2024年3月29日閣議決定）[323]，今後さらに在留外国人が増加することが予定されている。

　この特定技能という在留資格は，特定産業分野[324]での業務従事に限定されるものであり，特定技能1号と同2号から成る。特定技能1号は，特定産業分野に属する相当程度の知識または経験を必要とする技能を要する業務に従事する外国人向けの在留資格であり，特定技能2号は，特定産業分野に属する熟練した技能を要する業務に従事する外国人向けの在留資格である（出入国管理及

---

[321]　出入国在留管理庁「令和5年6月末現在における在留外国人数について」参照。Available at https://www.moj.go.jp/isa/publications/press/13_00036.html.

[322]　法改正の要点については山中他（2019）を参照。

[323]　出入国在留管理庁「特定技能2号の対象分野の追加について（令和5年6月9日閣議決定）」，および，同「特定技能の受入れ見込数の再設定及び対象分野等の追加について（令和6年3月29日閣議決定）」を参照。Available at https://www.moj.go.jp/isa/policies/ssw/03_00067.html; https://www.moj.go.jp/isa/applications/ssw/2024.03.29.kakugikettei.html.

[324]　特定産業分野とは，①介護，②ビルクリーニング，③工業製品製造業，④建設，⑤造船・舶用工業，⑥自動車整備，⑦航空，⑧宿泊，⑨自動車運送業，⑩鉄道，⑪農業，⑫漁業，⑬飲食料品製造業，⑭外食業，⑮林業，⑯木材産業である。

第2章　国際的な保険取引に関する契約準拠法の捉え方

び難民認定法の別表第1の二の表の「特定技能」の項）。この在留資格において人数的に中心を成すと思われる特定技能1号は，家族の帯同が認められておらず，在留期間は通算で5年に限定されている⁽³²⁵⁾（同法2条の2第3項）。したがって，特定技能1号の在留資格のみで日本に居住する外国人は，別の在留資格（たとえば，特定技能2号）を取得しない限り，特定技能1号の在留資格者としては最長5年で日本を退去しなければならない。

　ところで，こうした特定技能1号の在留資格を持つ外国人も一定期間は日本で居住することになるので，その間に曝される種々の危険に対して付保する経済需要が当該外国人に生じている。従来，日本の生命保険会社は外国人労働者向けの保険引受に積極的ではなかったように思われるが，日本の生命保険会社や損害保険会社による当該外国人に関する保険の引受が今後拡大していくかもしれない⁽³²⁶⁾。そして，その場合，当然のことながら，保険契約者たる外国人

---

(325)　特定技能1号の在留期間は1年，6ヶ月，4ヶ月であり，在留期間の更新も可能であるが（出入国管理及び難民認定法施行規則の別表第2（第3条関係）），通算で5年以内に限定されている。

(326)　生命保険会社に関しては，たとえば日本生命保険は，国籍に関わらず保険加入が可能であるとしつつも，外国人労働者専用の保険商品の販売は予定しておらず，全員加入型の団体保険等を提供しているとのことである。同社第72回定時総代会（2019年7月2日開催）議事要旨の質問9を参照。*Ref.,* https://www.nissay.co.jp/kaisha/annai/sogo/sodaikai/giji72syu.html. 住友生命保険は，重要事項や契約内容等を理解できる日本語理解力があり，かつ，保険契約期間にわたり日本に在留する見込みが確認できれば，日本人と同様の引受判断を行っているとのことである。同社2017年度定時総代会における質疑応答の要旨の13を参照。*Ref.,* https://www.sumitomolife.co.jp/common/pdf/about/company/mutual/meeting/situgi29.pdf. ソニー生命保険も，日本語能力を求めるとともに，保険金受取人も日本居住者であることを求めている。*Ref.,* https://sonylife.secure.force.com/faq/article/000001288. メットライフ生命保険も，外国籍の被保険者に関しては，日本に2年以上引き続いて居住し，日本語を理解でき，かつ，外国人登録証を保有していることを適格性要件としているようである（東京地判令和元年5月21日判例集未登載2019WLJPCA05218005参照）。

　なお，その一方で，在留外国人の保険引受に積極的な姿勢を見せる保険会社もある。たとえば，大同生命保険は，日本語での理解が困難な外国人従業員の契約引受を2019年6月より開始している。*Ref.,* https://www.daido-life.co.jp/company/news/2019/pdf/190121_news.pdf. また，生命保険会社ではないが，日本在住の外国人向けの保険を

第2節　短期在留外国人を保険契約者兼被保険者とする定期保険契約が本国帰国後に更新されたときの更新後契約の準拠法

の日本退去後における保険契約の取扱いが問題となる[327]。

　損害保険契約に関しては，日本退去時に被保険利益がなくなることが一般的であるので（たとえば，火災保険の目的物であった家財の売却，自動車保険の被保険自動車の譲渡），保険契約を解約または失効させて契約が終了することになるのが通常であろう[328]。

　一方，生命保険契約に関しては，被保険者が日本から外国に転居することによって自動的に契約が終了することはない（一般に，生命保険契約の適用地域は日本国内に限定されていない）[329]。そのため，在留外国人を保険契約者兼被保険者とする生命保険契約は帰国後も存続することになるが，当該生命保険契約が定期保険であれば（以下，当初定期保険契約という），帰国後に当該定期保険契約が更新を迎えることになる（以下では，初めての契約更新を帰国後に迎えたものと仮定する）。その後，更新された定期保険契約（以下，更新後定期保険契約という）に関して保険給付等をめぐる紛争が生じると（以下，（本節の）設例という），更新後定期保険契約の準拠法がどの法であるかという問題が顕在化する。なぜなら，当該紛争が日本の裁判所に係属して日本の国際私法によって適

　　中心に引き受けている，株式会社ビバビーダメディカルライフという少額短期保険会社もある（少額短期保険会社は生損保兼営が可能である）。この保険会社は，日本語の他，英語，中国語，ポルトガル語，タイ語，ベトナム語，インドネシア語，マレー語，フランス語のウェブサイトを用意している。*Ref.*, https://vivavida.net/jp.

(327)　こうした論点が存在することについて，既に矢野（2021）247頁が指摘している。なお，本節の設例や背景事情等は同論文に負うところが多い。

(328)　仮に，何ら手続をとらなかったとしても，一般に損害保険契約は短期契約（1年契約）であるから，保険終期の到来によって自動的に契約は終了する。あるいは，被保険利益の喪失により，保険期間の途中で契約が失効することになる（仮に，自動継続特約が付帯されていたとしても，自動継続された保険契約は，契約当初から被保険利益を欠くものとして無効である）。

(329)　損害保険会社が引き受けている傷害保険に関しても，被保険者の外国転居によって保険契約が自動的に終了することはない（たとえば，損害保険料率算出機構「傷害保険標準約款　普通傷害保険普通保険約款」（2018年）2条参照）。けれども，準拠法条項が置かれているため（同約款38条），少なくとも日本の裁判所で争われる限り，更新契約の準拠法が問題となることはないであろう（通則法7条）。ただし，消費者契約の特例によって，消費者の常居所地法中の強行規定が適用される可能性はある（通則法11条6項1号）。

第2章　国際的な保険取引に関する契約準拠法の捉え方

用準拠法が判断されることを前提とすると[330]，一般に日本の生命保険会社の保険約款には準拠法条項が置かれておらず，当初定期保険契約に関しては日本法を準拠法として捉えることができるとしても（前節参照），更新後定期保険契約の準拠法に関しては慎重な検討が必要だと考えられるからである。

　すなわち，当初定期保険契約に関しては，特定技能1号の資格で在留する外国人の常居所が日本であると本国たる外国であるとを問わず，日本法が契約準拠法になると考えられる。

　なぜなら，第1に，保険者および保険契約者において，日本法を契約準拠法とする黙示の合意または意思の一致があったと捉えることができるかもしれない[331]（通則法7条。なお，一般に日本の生命保険会社の保険約款には準拠法条項が規定されていないので，明示の指定はない）。そうであるとすると，当初定期保険契約の準拠法は日本法となるからである。

　なお，この場合，消費者たる保険契約者兼被保険者の常居所が日本であろうと本国たる外国であろうと，結論は変わらない。なぜなら，その常居所が日本であれば[332]，適用すべき法が常居所地法であるので消費者契約の特例（通則

---

(330)　更新後定期保険契約の保険給付請求に関して，外国に常居所のある保険金受取人が日本の生命保険会社を被告として提訴する場合には，被告の主たる営業所や債務履行地といった管轄原因に基づいて，日本の裁判管轄権が認められることになる（民事訴訟法3条の2第3項，3条の3第1号等）。

　　なお，同法における債務履行地に関しても，現実の履行地と契約上の履行地が乖離しているため，本文3(2)で検討したのと同様の問題がある。けれども，保険者は国内の土地管轄（同法5条1号の義務履行地）に関して契約上の履行地を主張するのが通例であるため，日本の裁判管轄権を否定すべく現実の履行地を同法3条の3第1号の債務履行地として主張することは考えにくい。

(331)　中西（2005）28頁，櫻田＝道垣内（2011）195頁［中西康］参照。

(332)　常居所（habitual residence）については法令上の定義規定が存在せず，また，裁判例においても一般的な考え方は固まっていないようである（水戸家裁平成3年3月4日家月45巻12号57頁，横浜地判平成3年10月31日家月44巻12号105頁参照）。

　　ちなみに，戸籍事務の取扱いからすると，技能実習や特定技能1号の資格で日本に在留している外国人は，引き続き5年以上在留している場合に我が国に常居所があるものとして取り扱うとされている（「法例の一部を改正する法律の施行に伴う戸籍事務の取扱いについて」（平成元年10月2日民2第3900号法務省民事局長通達）の「第8　常居所の認定」の1(2)ア）。したがって，戸籍実務上，特定技能1号の在留資格として来日し

166

第2節　短期在留外国人を保険契約者兼被保険者とする定期保険契約が本国帰国後に更新されたときの更新後契約の準拠法

法11条1項）は適用されない。他方，保険契約者兼被保険者の常居所が本国た
る外国であれば，消費者たる保険契約者兼被保険者が保険者の事業所所在地と
法を同じくする地である日本に赴いて当初定期保険契約を締結したものである
から，消費者契約の特例の例外（通則法11条6項1号）に該当し，やはり消費
者契約の特例（通則法11条1項）は適用されないからである。

　第2に，日本法を契約準拠法とする黙示の指定があったと捉えることはでき
ないと考える場合には[333]，定期保険の保険契約者や被保険者は消費者である
から，保険契約者兼被保険者の常居所が日本であるのか，それとも，本国たる
外国であるのかに分けて検討する必要がある。

　保険契約者兼被保険者の常居所が日本である場合には，消費者契約たる当初
定期保険契約の準拠法は，消費者契約の特例（通則法11条2項）により，消費
者の常居所地法である日本法となる。

　一方，保険契約者兼被保険者の常居所が本国たる外国である場合には，消費
者たる保険契約者兼被保険者が保険者の事業所所在地と法を同じくする地であ
る日本に赴いて当初定期保険契約を締結したものであるから，消費者契約の特
例の例外（通則法11条6項1号）に該当し，消費者契約の特例（通則法11条2項）
は適用されない。そのため，保険給付という特徴的給付を行う保険者の事業所
所在地法である日本法が最密接関係地法と推定され（通則法8条2項。前節5(2)
参照），当初定期保険契約に関してこの推定を覆すことは困難であると思われ
るので[334]，日本法が最密接関係地法として契約準拠法となろう（通則法8条
1項）。

　　た外国人については，特定技能1号の在留資格期間中は常居所が日本にあるとは認めら
　　れない（特定技能1号に基づく在留資格は通算5年が限度であるため）。一方，技能実習
　　の資格で来日し，離日しないまま特定技能1号の在留資格に変更した外国人については，
　　特定技能1号の在留資格期間中に引き続き5年以上在留という要件を充足する可能性が
　　あり，その場合には5年経過後は常居所が日本にあると認められることになろう。
（333）　本章第1節4参照。
（334）　外国の要素としては，保険契約者兼被保険者の本国および常居所が特定の外国で
　　あること，そして，保険金受取人の本国および常居所も当該外国であろうことがあるが，
　　日本の保険契約が締結されたことも勘案すると，特徴的給付に基づく最密接関係地の推
　　定を覆すほどではないであろう。

167

第 2 章　国際的な保険取引に関する契約準拠法の捉え方

こうして，日本法を契約準拠法とする黙示の指定があったと捉えることはできない場合も，保険契約者兼被保険者の常居所が日本であろうと外国であろうと，やはり日本法が準拠法となるからである。

以上のとおり，当初定期保険契約の準拠法は日本法になると考えられるが，更新後定期保険契約の準拠法に関しては必ずしも同様に捉えることはできないので，別途，慎重に検討する必要がある。そこで，以下では，更新後定期保険契約を当初定期保険契約とは別個の契約と捉えることができるか否かを検討し（次述 2 ），別個の契約であると捉えたうえで，更新後定期保険契約の準拠法を検討して（後述 3 ），最後に本節の結論を述べる（後述 4 ）。

2　更新後定期保険契約の独立性

もし更新後定期保険契約が，当初定期保険契約とは別個の契約ではなくて，当初定期保険契約と契約としての同一性を保持しているとすると，別個に契約準拠法を捉える必要はないことになる。すなわち，一つの保険契約と捉えたうえで契約準拠法を検討すればよい。たとえば，当初定期保険契約の終期に至った場合には，契約当事者による事前の申し出がない限り，保険期間以外の契約条件を全く変更することなく保険期間の終期が自動的に一定期間延長され続けるという合意が，当初定期保険契約の締結時に合意されていた場合には，そのような考え方を採用する余地がないとは言えないであろう。

ところで，一般に，日本において，定期保険の更新は以下のように行われている（なお，以下では個人保険の定期保険を想定する。団体定期保険は，在留外国人の離日時に当該団体保険契約から脱退することになると思われるため，本書では検討しない[335]）。

---

(335)　生命保険の団体契約ではないが，損害保険会社は，特定技能 1 号の在留外国人向けに，保険契約者を公益財団法人国際人材協力機構とし，海外旅行保険（死亡保障を含む）を主体とする団体保険契約（特定技能外国人総合保険）を用意している（三井住友海上火災保険，損害保険ジャパン，東京海上日動火災保険，あいおいニッセイ同和損保の共同保険）。そして，補償対象期間は，被保険者たる短期在留外国人の帰国時または他の在留資格への変更時に終了するため，本稿のような帰国後の契約更新といった問題

第2節　短期在留外国人を保険契約者兼被保険者とする定期保険契約が本国帰国後に更新されたときの更新後契約の準拠法

　更新の手続方法としては，自動更新制度が一般に利用されている。自動更新とは，「契約時に一定年数を保険期間として設定し，その保険期間が満了になると自動的に次の保険期間として契約が継続となる取り扱い」のことである[336]。ただし，保険期間満了日の一定期間前までに保険契約者が保険者に不更新の申し出をすれば，当該保険契約は更新されない（他方，保険者側には任意の不更新が認められていない)[337]。なお，更新後定期保険契約に関しては保険証券（日本法上は，保険契約締結時書面。保険法40条）が発行されず，契約更新の通知が保険者からなされることが多いようである[338]。

　更新後の保険契約内容は次のとおりである。すなわち，更新であるので更新後契約の保険種類は更新前のものと同一となるが，保険料，保険期間，その他契約内容は更新前契約と同一ではない。

　保険料に関しては，更新日における被保険者の年齢および保険料率に基づいて保険料が再計算される[339]。更新時には被保険者の年齢が高くなっているた

　　は生じないと考えられる。同保険制度については次のウェブサイトを参照。*Ref.*, http://www.k-kenshu.co.jp/pdf/23tokutei1016.pdf.

(336)　生命保険文化センター「生命保険に関するQ&A　契約の「更新」って何？」参照。Available at https://www.jili.or.jp/knows_learns/q_a/life_insurance/life_insurance_q14.html.

(337)　たとえば，日本生命保険の日本生命保険の「定期保険（有配当2012）給付約款」（以下，日本生命・定期保険約款という）8条1項，2項，明治安田生命保険の「個人定期保険普通保険約款」（2020年10月版。以下，明治安田生命・定期保険約款という）25条1項，第一生命保険の「5年ごと配当付定期保険」の普通保険約款（以下，第一生命・定期保険約款という）40条1項，2項，住友生命保険の「5年ごと利差配当付定期保険普通保険約款」（以下，住友生命・定期保険約款という）45条1項参照。Available at https://www.nissay.co.jp/keiyaku/shiori/download/pdf/2020/04/mirainokatachi/02.pdf; https://www.meijiyasuda.co.jp/my_web_yakkan/pdf/2020/0090060020201002.pdf; https://event.dai-ichi-life.co.jp/yakkan/01_2009_10/pdf/01_05148_002.pdf; https://inscloud.jp/ak/01/pdf/emblem_e202004.pdf.

(338)　たとえば，日本生命保険の契約基本約款（2020年4月。以下，日本生命・契約基本約款という。約款掲載場所は前注に同じ）3条3項，明治安田生命・定期保険約款2条3項2号，25条4項，第一生命・定期保険約款40条6項柱書参照。

(339)　生命保険文化センター・前掲注336参照。またたとえば，日本生命・定期保険約款8条7項，明治安田生命・定期保険約款25条1項，第一生命・定期保険約款40条6項1

第2章　国際的な保険取引に関する契約準拠法の捉え方

め，通常，更新後定期保険契約の保険料額は更新前定期保険契約の保険料額よりも上昇することになる[340]（また，保険料率の変動による影響も受ける）。

　保険期間に関しては，期間の長さ自体は更新前定期保険契約と同じであるが，更新後定期保険契約の保険始期（更新日）は更新前定期保険契約の保険終期（保険期間満了日）の翌日となるので[341]，両保険契約では，保険期間の始期および終期が異なる。ただし，告知の引き継ぎを行うため，告知義務および告知義務違反に関しては，更新後定期保険契約の保険期間は更新前定期保険契約の保険期間が継続しているものとして取り扱われることがある[342]。なお，自殺免責に関しては，自殺免責期間の起算点は責任開始日（最初の保険契約の保険始期のこと。ちなみに，更新後定期保険契約の始期は更新日と呼ばれている）と保険約款で規定されているので，更新後定期保険契約に関しても当初定期保険契約の保険始期から起算される[343]。

　保険料，保険期間以外の契約内容のほとんどは保険約款で規定されているが，更新後定期保険契約には更新日時点において当該保険者が使用している保険約款が適用される（当初定期保険契約の保険約款が更新後定期保険契約にも適用される訳ではない）[344]。

　以上の定期保険更新の実態を踏まえて，更新後定期保険契約を別個の契約と捉えるべきか否かを検討する。なお，当然のことながら，この検討は国際私法

　　号，2号参照。

(340)　日本生命保険（2023）34頁参照。

(341)　たとえば，第一生命・定期保険約款40条6項1号，住友生命・定期保険約款45条3項の表の2参照。

(342)　たとえば，日本生命・定期保険約款8条9項，第一生命・定期保険約款40条6項4号参照。なお，告知義務違反解除を行わない場合に限定して，更新前後の保険契約の保険期間を継続したものとみなす約款規定を置いているものとして，たとえば，明治安田生命・定期保険約款25条3項，住友生命・定期保険約款45条3項6号参照。

(343)　たとえば，日本生命・定期保険約款1条1項，明治安田生命・定期保険約款3条1項，第一生命・定期保険約款2条，住友生命・定期保険約款8条1項1号参照。

(344)　日本生命・定期保険約款8条7項，第一生命・定期保険約款40条6項2号，住友生命・定期保険約款45条3項の表の8参照。ただし，住友生命・定期保険約款45条7項では，更新後の契約にも更新前の保険約款を原則として適用するとも規定されており，整合的な解釈が難しい。

第2節　短期在留外国人を保険契約者兼被保険者とする定期保険契約が本国帰国後に更新されたときの更新後契約の準拠法

の観点から行うべきものであって，特定の実質法（たとえば，日本法）における取扱い[345]に従うものではない。

　そこで国際私法の観点から検討するに，自動更新方式の採用によって契約更新手続が簡素化されているものの，契約終期の延伸，あるいは，契約期間の延長という契約方式を採用しておらず，新たな保険期間が開始するものであること，保険料の再設定という契約債務の重要な変更がなされること，保険契約内容の大半を占める保険約款は当初定期保険契約と同一のものではなく，更新時のものが適用されることからすると，更新後定期保険契約は当初定期保険契約とは別個の契約であると考えられる[346][347]。したがって，更新後定期保険契

---

(345)　たとえば，日本の保険法（平成20年法律56号）は同法施行後に締結された保険契約に適用することを原則としているが（同法附則2条），保険法の経過措置の趣旨からすると，既存保険契約が保険法施行後に更新された場合には，更新後契約には保険法が適用されると同法立案担当者は述べている。萩本（2009）217頁注1参照。またたとえば，債権関係が改正された改正民法（平成29年法律44号）において同法施行前に締結された契約に適用しない旨の経過措置が定められている場合においても，当事者間の合意によって同法施行後に契約更新がなされた場合には，新法適用への期待があることを理由に，更新後契約には新法が適用されると同法立案担当者は述べている。筒井＝村松（2018）383頁，同頁注1参照。しかしながら，これらは日本の実質法である保険法や民法における更新契約の取扱いであって，抵触法レベルでの取扱いではない。

(346)　他方，矢野（2021）247頁は，法的安定性や予測可能性を理由に，更新後定期保険契約の締結を当初定期保険契約の締結とは別個の単位法律関係と捉えることに反対する。

(347)　なお，損害保険会社が引き受けている傷害保険契約についても，もし短期在留外国人を被保険者とした傷害保険契約の引受がなされていると，本稿で検討しているのと同じ問題が生じ得る。けれども，損害保険会社の傷害保険においては，更新後の契約内容は更新前契約の保険期間末日における契約内容と同内容にて更新されるものとされており（たとえば，東京海上日動火災保険の傷害総合保険（愛称は「トータルアシストからだの保険」。2021年1月1日以降始期用）の「保険契約の更新に関する特約」3条2項，三井住友海上火災保険のパーソナル総合傷害保険（2016年4月改定）の「自動継続特約」4条1項），また，任意の不更新が保険者にも認められている（たとえば，上述の東京海上日動火災保険の特約2条1項，三井住友海上火災保険の特約3条1項）など，生命保険会社の更新制度とは異なる点も多いため，別途の検討が必要である。このような傷害保険に関しては，更新後の傷害保険契約は更新前の傷害保険契約の保険終期が延長されたものであると捉えることも可能かもしれない。ただし，損害保険ジャパンの傷害総合保険（2020年4月民法改正対応版）の「保険契約の継続に関する特約」では，更

171

第 2 章 国際的な保険取引に関する契約準拠法の捉え方

約の準拠法を独自に決定する必要があることになる[348]。

3 更新後定期保険契約の準拠法

ここでは，更新後定期保険契約の準拠法，具体的には，特定技能 1 号の資格で在留する外国人が日本で定期保険契約を締結したが（当該外国人が保険契約者兼被保険者であり，その配偶者が保険金受取人であると仮定する），間もなく，特定技能 2 号等の他の在留資格を得ることなく本国に帰国し，やがて本国において当初定期保険契約の更新を迎えて開始した更新後定期保険契約の準拠法を検討する（検討対象となる更新後定期保険契約とは，当然のことながら，本国帰国後に始めて迎える契約更新によって成立する契約のみならず，その後，永年にわたって繰り返される契約更新によって成立する契約を含む）。なお，保険金受取人である当該外国人の配偶者は，当該外国人の本国と同じ国籍であり，また，同国に出生以来居住しているものと仮定する（ちなみに，特定技能 1 号の在留資格者は，妻子を日本に帯同することができない。出入国管理及び難民認定法の別表第 1 の四）。

(1) 黙示の準拠法指定

一般に，日本の生命保険会社の保険約款には準拠法条項が置かれておらず（前述 1 参照），明示の準拠法指定はなされていない。そこで，黙示の準拠法指定の有無を検討することになるが，更新後定期保険契約に関して日本法を契約準拠法とする黙示の指定があったと，少なくとも一般的に認定することは困難であると考えられる。

新後の傷害保険契約が新たな保険契約であることが明記されているため（同特約 3 条 1 項），このような解釈は困難であり，生命保険会社の定期保険と同様の問題を抱えていることになる。

(348) 一方，主契約（終身保険など）に付加される定期保険特約には，同特約部分のみが更新されるタイプのものもあるが（更新型定期保険特約），契約としては定期保険特約部分も含めて一つの保険契約と考えられるから（たとえば，定期保険特約付き終身保険），たとえ定期保険特約部分が更新されたとしても，特段の合意がない限り，当該契約全体について同じ準拠法が適用されることになろう。

第2節　短期在留外国人を保険契約者兼被保険者とする定期保険契約が本国帰国後に更新されたときの更新後契約の準拠法

　なぜなら，黙示の準拠法指定に関しては，通則法施行後は，「当事者の現実の意思ではない仮定的な意思を『黙示の意思』として探求することは許されない，少なくともその必要はなくなったと理解する見解」が通則法制定後の通説であるとされている（前節4参照）。そうであるとすると，現実の準拠法選択の有無および内容を検討することになるが，保険契約者兼被保険者は本国たる外国に帰国済みであり，本国帰国の旨を保険者に対して通知済みであり，本国の住所に更新案内が保険者から送付されており，保険金受取人も当該外国に居住していることからすると，また，特に本国に帰国してから定期保険契約の更新が何度も行われ，更新後定期保険契約の通算保険期間が数十年に及ぶ場合には（そして，その間には自動更新の具体的な方法も変わっていくことであろう。後述(2)②(a)参照），更新後定期保険契約の準拠法を日本法とする意思が保険契約者兼被保険者にあったとは，少なくとも一般的には言えないと考えられるからである[349]。

　もちろん，個別事案においては，保険者のみならず保険契約者に関しても，日本法を準拠法とする黙示の意思が存在したことを認定できることもあり得るだろう[350]。その場合には，消費者契約の特例が問題となる。すなわち，黙示の準拠法指定によって日本法を適用すべきであっても，それは消費者たる保険契約者兼被保険者の常居所地法（本国法たる外国法）とは異なるため，常居所地法中の特定の強行規定の適用を保険者に意思表示すれば，当該強行規定をも適用されることになる（通則法11条1項）。ここで常居所地法中の強行規定としては，たとえば，当該外国の保険契約法中の告知義務規整等や，当該外国の越

───────────────

[349]　反対に，当初定期保険契約について準拠法を日本法とする黙示の意思が認められる場合には，更新後定期保険契約に関しても同様の黙示の意思が認められると一般的に言える，とする見解もあり得よう。ただ，そうした立場をとるとしても，個別事案においては，あるいは，自動更新の具体的な方法の変遷次第では，そのような黙示の意思を保険契約者兼被保険者に認めることが困難なこともあり得よう。

　なお，契約当事者が用いた標準契約条件が，特定国の法制度を前提としてその国の官庁の認可を受けているものであった場合には黙示の現実の準拠法選択があったと解釈する学説もあるが（中西（2005）28頁，櫻田＝道垣内（2011）194頁［中西康]），少なくとも本稿の設例のような場合には，こうした解釈を採ることができないように思われる。

[350]　矢野（2021）248頁参照。

第2章　国際的な保険取引に関する契約準拠法の捉え方

境保険取引規制における違反契約の私法上の効果に関する規定が考えられる（後者に関しては後述4参照）。

　なお，消費者契約の特例の能動的消費者に関する例外規定（通則法11条6項1号，2号）は通常は適用されないと考えられる。なぜなら，同項1号に関しては，定期保険契約の更新は一般に自動更新がなされ，保険契約者兼被保険者が日本に赴いて更新手続を行うものではないが，そのような自動更新に関しては，保険契約者兼被保険者は日本に赴かないので該当しない。同項2号に該当しないと考えられることは，準拠法選択がない場合の検討において述べる（次述(2)①参照）。

(2) 準拠法選択がない場合

　日本法を契約準拠法とする黙示の指定があったと捉えることはできないとすると，更新後定期保険契約の保険契約者兼被保険者は消費者であるから，原則として消費者契約の特例が適用されることになる。すなわち，帰国後の保険契約者兼被保険者の常居所地法である外国法が準拠法となる（通則法11条2項）。

　ここで，保険契約者が消費者契約の特例の例外となる能動的消費者（通則法11条6項1号，2号）に該当するか否かを一応検討する必要がある。ただし，保険契約者は，定期保険契約の更新（そのほとんどが自動更新である）を常居所である外国で迎えているので，同項1号には該当しない。問題となり得るのは，同項2号である。

　すなわち，日本の生命保険会社の保険約款においては，持参債務原則（商法516条，保険相互会社については保険業法21条2項）を取立債務に修正して，保険金支払債務の履行地を保険者の「本社（または支社）」と規定していることが多い[351]。したがって，当該約款条項が有効であることを前提として（ただし，

---

(351)　山下（2022）370頁，日本生命（2023）309頁参照。たとえば，日本生命・定期保険約款7条1項参照。なお，住友生命・定期保険約款41条1項では，「会社の本社または会社の指定する支社」を履行地として規定しており，全ての支社が履行地となる訳ではないようである。

　　一方，保険者の本社のみを履行地と規定する大手生命保険会社も存在する。たとえば，第一生命・定期保険約款6条4項，明治安田生命・定期保険約款6条1項参照。

第2節　短期在留外国人を保険契約者兼被保険者とする定期保険契約が本国帰国後に更新されたときの更新後契約の準拠法

保険約款中の履行地条項を制限的に解する考え方も強い。後述3(2)②(b)(b-1)参照),通則法11条6項2号を更新後定期保険契約に単純に当てはめると,保険金受取人が日本において保険債務の全部の履行を受けることとされていたときに該当するので,同号の例外規定に該当することになりそうである[352](なお,定期保険は死亡保険の一種であるが,死亡保険において保険金請求権があるのは保険金受取人であるから,こと通則法11条6項2号に関しては,定期保険契約締結時(更新後定期保険契約に関しては更新時)における保険金受取人を同号における「消費者」と捉えるべきであると考えられる。当然のことながら,通則法11条の他の条項における「消費者」は保険契約者を意味している)。

　しかしながら,定期保険契約について保険事故(被保険者の死亡)が発生し,保険金受取人(保険契約者兼被保険者と同じ外国に常居所があることが多いであろう)が保険金を受領するに際しては,実際には日本に赴くことはないであろう。日本に居住している保険金受取人が保険金を受領する場合も,保険者の「本社または支社」で保険金を受領することは稀であって,ほとんどの場合,保険金受取人が指定する銀行口座等への振込で保険金支払が行われているからである[353]。ましてや,外国居住者が保険金を受領する場合に,保険金受取人に来日を求めることはなく,銀行振込が利用されることになるかと思われる[354]。

　このように,契約上の履行地(取立債務として,保険者の「本社または支社」が履行地となる)と,実際に一般的に債務の履行として行われており,当該債務の履行においても予定されている履行地(銀行振込等が一般的であるので,現実には保険金受取人の住所が履行地となっている。以下,現実の履行地という)と

---

(352)　矢野(2021)248頁は,その旨を主張する。

(353)　岡田(2017)348頁,山下(2022)370頁,日本生命保険(2023)309頁参照。それ以前は,保険金請求者の住所への持参や振込で支払われることが一般的だった(山下(2005)531-532頁参照)。さらにそれ以前は,送金小切手,振替貯金現金払等の方法による送金や支社における即時支払が行われていた(新生命保険実務講座(1966a)154頁[奥村茂]参照)。

(354)　ただし,日本国内で締結された死亡保険契約に関してであるが,被保険者が海外渡航中に死亡した場合,保険実務では保険金受取人による海外からの死亡保険金請求は予定されていないこともあるようである。住友生命保険「海外渡航の手引き」(前掲注256)14頁参照。

第2章　国際的な保険取引に関する契約準拠法の捉え方

が乖離することがある。そのような実態があるにもかかわらず，取立債務を規定する保険約款条項を重視すると，履行地が保険者の事業所所在地である日本となり，消費者契約の特例が例外として排除されてしまうことになる（通則法11条6項2号）。そこで，通則法11条6項2号における「債務の全部の履行を受けることとされていた地」（以下，「債務履行地」という）をどう捉えるかが問題となる。以下では，同号の「債務履行地」を，現実の履行地と捉える立場（次述①）と契約上の履行地（後述②）と捉える立場に分けて検討を行う。

なお，通則法11条6項2号但書に該当する場合には，消費者契約の特例が排除されない。ここで，保険者から保険契約者に宛てた自動更新の案内通知を同号但書の「勧誘」と解釈することができれば，同号但書が適用され，結果的に消費者契約の特例（通則法11条2項）が適用されることになる。確かに，定期保険契約の自動更新の案内通知は個別具体的なものであるけれども，保険契約者側から不更新の申し出をしなければ所定の契約内容で自動的に保険契約が更新される旨の通知であり，契約締結の「勧誘」と言えるかどうかは議論の余地がある。少なくとも，同号但書の「勧誘」として従来議論されてきたもの[355]とは異なる。したがって，同号但書の「勧誘」には該当しないとの解釈も十分に成り立つと思われるので，以下では同号但書には該当しないものとして検討を進める。

① 現実の履行地を「債務履行地」と捉える立場

ここでは，契約上の履行地と現実の履行地が常態的に乖離しており，かつ，当該契約においても両履行地が異なる場合には，現実の履行地を通則法11条6項2号の「債務履行地」と捉える立場について検討する。この立場を採用すると，本稿の設例では，保険金受取人[356]の常居所である外国で債務の全部の履行を受けることとされていたことになるので[357]，すなわち，来日が予定され

---

(355) たとえば，小出他（2006）55頁，神前（2006）98-100頁，櫻田＝道垣内（2011）265-266頁［西谷祐子］，櫻田（2020）232頁，小出（2014）141頁，澤木＝道垣内（2018）205-206頁参照。

(356) より正確には，保険契約締結時（更新後の保険契約に関しては，契約更新時）に指定された保険金受取人であって（前述3(2)冒頭参照），保険期間中に保険金受取人が変更された場合（保険法43条〜46条）における変更後の保険金受取人ではない。

第2節　短期在留外国人を保険契約者兼被保険者とする定期保険契約が本国帰国後に更新されたときの更新後契約の準拠法

ていなかったことになるので，同号の例外規定は適用されないことになる。

　そもそも，特定国の実質法においてはある地が契約上の履行地に該当するとしても，その地が国際私法の消費者契約の特例における「債務履行地」に該当するとは限らない。国際私法の消費者契約の特例における「債務履行地」概念は，国際私法の観点から別個に判断する必要がある[358]。そして，契約上の履行地と現実の履行地が一般的に乖離しており，かつ，当該契約においても乖離している場合には，こと国際私法の消費者契約の特例に関しては，現実の履行地を同号の「債務履行地」と捉える考え方も十分に成り立つと考えられる。

　なぜなら，第1に，通則法11条6項1号のみならず，同項2号に関しても，消費者が事業者の関係事業所所在地の法域に赴くことが要件とされており[359]，両号は，消費者契約の特例対象を受動的消費者に限定し，能動的消費者を特例対象から排除している。けれども，契約上の履行地（事業者の事業所所在地）と現実の履行地（消費者の常居所地）が異なる場合には，契約上の履行地に消費者が赴くことが予定されていないからである。

　ここで能動的消費者とは，「自らの意思で国境を越えて事業者の事業所所在地において契約を締結するような消費者」のことである[360]。なお，この表現では同項2号の能動的消費者が具体的には明示されていないが，同項2号に即して言えば，「自らの意思で国境を越えて事業者の事業所所在地において債務の全部の履行を受けるような消費者」ということになろう。けれども，本稿の設例では，更新後定期保険契約の保険金請求に関しては，保険金受取人が日本に赴くことなく，保険者に保険金の海外送金を依頼して保険金を受領すること

（357）　もちろん，保険金受取人が外国居住者である場合には，来日しないと保険金を受領できないとする実務が一般的に行われている生命保険会社に関しては，当てはまらない。

（358）　この点は，保険金受取人の生命保険会社に対する保険金請求訴訟における国内土地管轄に関して，保険金支払債務の「義務履行地」が争われてきた事案にも同様に当てはまる。すなわち，実体法上の債務の履行地の捉え方とは別個に，手続法における特別裁判籍としての「義務履行地」を検討する必要があることを指摘するものとして住吉（1976）を参照。

（359）　西谷（2007）39頁，櫻田＝道垣内（2011）266頁［西谷祐子］参照。

（360）　法務省（2005）第6-8(3)エ参照。

第2章　国際的な保険取引に関する契約準拠法の捉え方

が一般的に行われており，また，当該更新後定期保険契約に関しても，保険金受取人は海外送金を受け取る方法で当該外国において保険金を受領するのであれば，当該保険金受取人を「能動的消費者」と取り扱って（通則法11条6項2号），消費者契約の特例の適用を排除する必然性や必要性に乏しい。

　ちなみに，日本の民事訴訟における国内土地管轄の一つに義務履行地があるが（民事訴訟法5条），このような特別裁判籍を認めた理由は，「財産権上の請求で義務の履行を伴うもの，すなわち，債権関係を前提とするものは，帰するところその債権関係から生じる義務の履行が中心となり，債権関係の当事者は，義務の履行地で，履行の提供・受領をすることになるから，その地で出訴し，これに応訴することは，いずれの当事者にとっても便宜であり，不当に不利益とならないと解されるからである。」と説明されている[361]。けれども，契約上の履行地と現実の履行地が異なる場合には，契約上の履行地を義務履行地と捉えると，こうした民事訴訟法の趣旨に沿わないことになると考えられている[362]。

　そもそも，通則法11条6項2号の能動的消費者としては，たとえば，海外旅行者が海外のホテルとの間で宿泊予約契約を締結していた事例や[363]，旅行に出発する前に売買契約を締結し，購入した品を旅行先で受け取る事例[364]が挙げられている。すなわち，同号の債務としては，特徴的給付が，それも，金銭給付以外の特徴的給付が想定されているのである。ところで，保険者による保険金支払は特徴的給付（通則法8条2項）に該当すると考えられている。けれども，保険金支払は，消費者契約の特例の例外となる「債務」（通則法11条6項2号）に関して，少なくともその典型例としては想定されていないように思われる[365]。

---

(361)　斎藤他（1991）251頁［小室直人＝松山恒昭］。新堂＝小島（1991）159頁［佐々木吉男］も同旨。

(362)　谷口（1988）161頁は，契約上の履行地と現実の履行地が異なる場合には，現実の履行地を「義務履行地」（民事訴訟法5条）と捉えるべきであるとする。

(363)　神前（2006）97頁，澤木＝道垣内（2018）206頁参照。

(364)　神前（2006）97頁，神前他（2019）144頁参照。

(365)　ただし，損害保険契約について保険者が行う現物での保険給付（たとえば，被保険者に対する治療の現物給付や，保険の目的物に関する修理の現物給付）については，

第2節　短期在留外国人を保険契約者兼被保険者とする定期保険契約が本国帰国後に更新されたときの更新後契約の準拠法

　ちなみに，EU のローマ I 規則（Regulation（EC）No 593/2008, Rome I）においても，消費者契約（Consumer contracts）の特例が規定されているが（同規則6条），消費者向けの保険契約には同条が適用されず，保険契約（Insurance contracts）に関する特則（同規則7条）が適用される（同規則6条1項）。そして，生命保険契約の準拠法は，準拠法を指定する場合には，保険契約締結時のリスク所在地法，保険契約者の常居所地法，保険契約者の本国法の中から指定した法となり，準拠法を指定しない場合には，保険契約締結時のリスク所在地法となる（同規則7条3項）。したがって，こと保険契約の準拠法決定においては，日本の通則法のように保険金債務の履行地が何処かという問題は生じないのである。

　第2に，能動的消費者を消費者契約の特例から排除するのは，「（能動的）消費者についてまでその常居所地法による保護を受けられるとすると，国内的にのみ活動している事業者までも消費者の常居所地法の適用を想定しなければならないこととなるが，このことは，そのような事業者の準拠法に関する予見可能性を阻害し，事業の遂行に支障を来す可能性がある。」ことを理由とする[366]。しかるに，本稿の設例のように，短期在留外国人を保険契約者兼被保険者とする定期保険契約が本人の本国帰国後に更新された更新後定期保険契約に関しては，事業者たる保険者の予見可能性はさほど害されないと考えられるからである。

　すなわち，短期在留外国人向けの定期保険に関しては，日本国内で当初定期保険契約を締結するものの，その後の更新時においては保険契約者兼被保険者が本国たる外国に帰国済みであり，来日することなく更新が行われる事態に至ることを保険者は容易に想定し得る。また，一般に，保険約款において，保険者は保険契約者に住所変更通知を求めており[367]，実際に，保険契約者兼被保険者から保険者に対して，日本から外国への住所変更通知がなされていた場合には，当該事実を保険者も了知していたことになる。さらに，当初定期保険契

　　通則法11条6項2号の「債務」に該当することは間違いないであろう。

（366）　法務省（2005）第6-8(3)エ，櫻田＝道垣内（2011）265頁［西谷祐子］参照。

（367）　日本生命・契約基本約款11条1項，明治安田生命・定期保険約款38条1項，第一生命・定期保険約款31条1項，住友生命・定期保険約款23条1項参照。

第2章 国際的な保険取引に関する契約準拠法の捉え方

約の更新手続にあたり，保険契約者兼被保険者から保険者に通知された外国の
住所に，保険者自身が案内文書を送付している。こうした事情に鑑みると，少
なくとも短期在留外国人向けの定期保険に関しては，当初定期保険契約の締結
後に保険契約者兼被保険者が本国たる外国に帰国し，当該外国で契約更新を迎
えることは特に異常な事態ではないので，あるいは，保険者として十分に想定
している事態であると考えられるので，契約準拠法が外国法となることについ
て保険者の予見可能性は害されていないと考えられる。

　第3に，短期在留外国人向けの定期保険を引き受けている生命保険会社は，
上述のとおり更新時に保険契約者兼被保険者が本国たる外国に帰国済みである
ことも十分に想定できるので，もし外国における更新に基づく更新後定期保険
契約も保険引受対象であると考えているのであれば[368]，そもそも，「国内的
にのみ活動している事業者」とは言えないと考えられるからである。また，少
なくとも日本の大手生命保険会社やその関連会社は各国に海外進出をしてお
り[369]，実質的にも「国内的にのみ活動している事業者」とは言い難い。

---

(368)　他方，在留期間中のみを保険引受の対象としたり，帰国後には自動更新を停止し
たりするのであれば，こうした問題は生じない。たとえば，株式会社ビバビダメディ
カルライフ（前掲注326参照）は，「特定外国人1号向け保険」と称する生命保険等を引
き受けているが，保険期間は4ヶ月，6ヶ月，12ヶ月の3種類である。そして，日本国
内で発症の傷病のみを保障対象としている。同保険については次のウェブサイトを参照。
Ref., https://vivavida.net/jp/skill; https://vivavida.net/jp/faq.

(369)　日本の生命保険会社は，短期在留外国人の多くの出身国であるアジア地域でも積
極的に海外事業を展開している（ただし，支店形態ではなく，現地法人形態で海外進出
している）。たとえば，日本生命保険は，米国・豪州の他，インド，ミャンマー，中国，
タイ，インドネシアにおいて生命保険事業を展開している。*Ref.*, https://www.nissay.
co.jp/kaisha/csr/teikyo. 明治安田生命保険は，米国・欧州の他，中国，タイ，インドネ
シアで海外保険事業を展開している。*Ref.*, https://www.meijiyasuda.co.jp/profile/csr/
pdf/customer_10.pdf. 住友生命保険は，米国の他，中国，シンガポール，インドネシア，
ベトナムで生命保険事業を展開している。*Ref.*, https://www.sumitomolife.co.jp/com
mon/pdf/about/company/ir/disclosure/2019/p058-061.pdf. なお，第一生命保険グルー
プは保険持株会社方式を採用しているため，持株会社である第一生命HDやグループ会
社の出資により，米国，豪州，ニュージーランドの他，ベトナム，カンボジア，ミャン
マー，インド，インドネシア，タイにおいて生命保険事業を展開している。*Ref.*,
https://www.dai-ichi-life-hd.com/about/group/list/asia_pacific.html.

第2節　短期在留外国人を保険契約者兼被保険者とする定期保険契約が本国帰国後に更新されたときの更新後契約の準拠法

　以上の理由により，契約上の履行地と現実の履行地が常態的に乖離しており，かつ，当該契約においても両履行地が異なる場合には，こと国際私法の消費者契約の特例に関しては，現実の履行地を同号の「債務履行地」と捉えるべきであると考えられる。そして，保険契約者兼被保険者たる短期在留外国人が本国帰国後に更新した更新後定期保険契約は，こうした場合に該当すると考えられる。

② 契約上の履行地を「債務履行地」と捉える立場

　ここでは，契約上の履行地と現実の履行地が常態的に乖離しており，かつ，当該契約においても両履行地が異なる場合であっても，契約上の履行地を通則法11条6項2号の「債務履行地」と捉える立場について検討する。

　この立場は，さらに二分される。すなわち，契約上の履行地が通則法11条6項2号の「債務履行地」に該当するので，同号の例外規定が適用されるとする考え方と[370]，こと設例のような事案に関しては，契約上の履行地が通則法11条6項2号の「債務履行地」に該当するものの，同号の例外規定の適用を保険者が主張することは許されないとする考え方に分かれることになろう。以下，順に検討する。

(a) 通則法11条6項2号が適用されるとする考え方

　契約上の履行地と現実の履行地が常態的に乖離しており，かつ，当該契約においても両履行地が異なる場合であっても，契約上の履行地が通則法11条6項2号の「債務履行地」であり，そして，設例では契約上の履行地は保険者の事業所所在地である日本であるので，通則法11条6項2号が適用されるとする考え方である。この立場を採用すると，設例では，保険者の「本社または支社」で債務の全部の履行を受けることとされていたことになるので，外国に当該保

---

(370)　なお，前掲東京地判平成25年5月31日については通則法11条6項2号が適用されると述べたが（第2章第1節6），本節の設例とは相当に異なるものである。すなわち，当該判決の事案は，保険契約者兼被保険者が外国に常居所のある日本出身者であり（国籍は不明），日本に一時帰省した際に死亡保険契約を締結したものの（日本に常居所があると偽って加入した），その後，当該外国で死亡したため，日本在住の保険金受取人が当該死亡保険契約について保険金を請求したものである。つまり，契約上の履行地も，現実の履行地である保険金受取人常居所地も日本である。また，保険契約者兼被保険者は外国に常居所がありながら，日本在住者と偽って保険契約を締結した事案である。

第 2 章　国際的な保険取引に関する契約準拠法の捉え方

険者の支社が存在しない限り，同号の例外規定が適用されることになる。したがって，消費者契約の特例である通則法11条 2 項は適用されず，通則法 8 条 1 項に従って最密接関係地法が準拠法となる。

　ここで，最密接関係地法をいかに判断するかが問われることになる。通則法 8 条 2 項によって特徴的給付を行う保険者の事業所所在地の法が最密接関係地法と推定されるが，設例の更新後定期保険契約に関しては，この推定を覆して，保険契約者兼被保険者および保険金受取人の常居所地である外国の法を最密接関係地法と捉えることもできると考えられる[371]。

　なぜなら，（ア）保険契約者の常居所地は当該外国であること（本国も当該外国であることが多い），（イ）被保険者の常居所地（＝リスク所在地）は当該外国であること（本国も当該外国であることが多い），（ウ）保険金受取人（＝保険契約の受益者）の常居所地も当該外国であることが多いこと（本国も当該外国であることが多い），（エ）更新後定期保険契約の自動継続に関する通知は当該外国の保険契約者住所に送付されていること，（オ）保険金支払債務の現実の履行地は当該外国であることからすると，当該外国との密接関連性が相当程度存在する。一方，日本との関連性は，（カ）保険者の事業所所在地が日本であること，（キ）更新後定期保険契約の自動継続に関する通知が日本から発送されていること（ただし，将来的には，日本からの帰国者が多い外国には，経費削減等の目的で生命保険会社が自動継続通知の発送拠点を設け，当該拠点から当該通知を発送するようになるかもしれない。また，書状による通知ではなくて，電子媒体による通知を保険者が利用するようになるかもしれない），（ク）保険金支払債務の契約上の履行地が日本であること，（ケ）保険約款が日本語で記述されていること，（コ）自動継続通知が日本語で記述されていること（ただし，将来的には，日本からの帰国者が多い外国に関しては，顧客サービス向上等の目的で，当該外国の公用語で記述された通知を生命保険会社が作成するようになるかもしれない），（サ）準拠法が問題とされている更新後定期保険契約ではないが，元々の当初定期保険契約が日

---

(371)　通則法では法律行為に関しては例外条項（clause d'exception. 回避条項（Ausweichklausel）ともいう）が設けられなかったが，原則的抵触規則が最密接関係地法という形になれば，そもそも例外条項は不要だと考えられていたからである。法例研究会（2004）159頁参照。

第2節　短期在留外国人を保険契約者兼被保険者とする定期保険契約が本国帰国後に更新されたときの更新後契約の準拠法

本国内において締結されたこと，である。両者を比較すると，当該外国を最密接関係地法と捉えることもできるかもしれない。そして，その場合には，設例の更新後定期保険契約に関しては，保険契約者兼被保険者および保険金受取人の常居所地である当該外国の法が準拠法になる。

(b)　通則法11条6項2号の主張が許されないとする考え方

　契約上の履行地と現実の履行地が常態的に乖離しており，かつ，当該契約においても両履行地が異なる場合であっても，契約上の履行地が通則法11条6項2号の「債務履行地」であり，そして，設例では契約上の履行地は保険者の事業所所在地である日本であるので，通則法11条6項2号が適用されることになる筈であるが，こと設例のような事案に関しては同号の適用を保険者が主張することは許されないとする考え方である。こうして，もし同号の例外規定の保険者による主張が許されないとすると，消費者契約の特例である通則法11条2項が適用されて，消費者の常居所地法が準拠法になる。

　通則法11条6項2号の適用を保険者が主張できないとする根拠は，保険約款で保険金支払債務の履行地を保険者の「本社（または支社）」と規定しているのは事実であるが，保険金支払債務の履行としては，ほとんどの場合に保険者は保険金受取人指定の銀行口座等への送金で行っている実態，および，当該保険契約に関しても同様の債務履行が予定されていたことに鑑みると，準拠法決定の場面において，消費者契約の特例の適用排除のため，ことさらに保険約款において取立債務と規定されていることを保険者が主張することは，信義則に反し許されないと考えられることにある。

　ただ，一概に信義則とは言っても，どのような局面における信義則であるかを慎重に検討する必要がある。本稿の設例に適用され得る信義則として考え得るものは二つある（なお，準拠法決定の前段階であるから，特定の実質法（たとえば，日本民法1条2項の信義則や同条3項の権利濫用）が問題となる訳ではない）。

(b-1)　民事訴訟における信義則

　一つは，法廷地の手続法である日本の民事訴訟における信義則（民訴法2条。信義誠実訴訟追行義務）である。

　ここで参考になるのが，保険金請求訴訟における国内の土地管轄をめぐる争いである。かつては，保険金受取人が自身の住所を管轄する裁判所に生命保険

183

第2章　国際的な保険取引に関する契約準拠法の捉え方

会社を被告として提訴すると，保険者は本社所在地を管轄する裁判所への移送を申し立て，移送の可否をめぐる争いとなることがあった。その際には，保険者は，本社所在地を管轄する裁判所を管轄裁判所とする管轄合意が保険約款でなされていると主張するとともに（民訴法11条），提訴された裁判所には特別裁判籍が存在しないことを主張する。そして，提訴裁判所に特別裁判籍が存在しない理由として，保険約款で保険金支払債務の義務履行地（民訴法5条1号）が本社にあると規定されていること（以下，履行地条項という）を主張することになる。履行地条項が有効であるとすると，実際には保険金受取人の住所地を履行地とする保険金支払実務が行われているにもかかわらず，義務履行地の特別裁判籍が被告たる保険者の普通裁判籍と同じ地となり，事実上，国内の土地管轄について専属的合意管轄を定めたのと同じ効果を持つことになる。そこで，こうした約款条項の有効性が争われてきた[372][373]。

（372）　履行地条項の有効性を肯定する裁判例が多い。たとえば，高裁レベルの決定としては，高松高決昭和47年6月14日・判時676号38頁，福岡高決昭50年9月12日・判時805号76頁，大阪高決平成8年6月24日・金商1009号28頁。なお，やや特殊な事案であるが，名古屋地決昭和55年5月9日・判タ421号123頁も有効性を肯定する。

　　他方，履行地条項の有効性を否定する裁判例もある。有効性を否定する裁判例の論理としては，いくつかのものがある。

　　たとえば，保険契約上は取立債務の合意が成立しているものの，保険金請求によって保険金受取人が持参払を求めた場合には，それは持参債務へ変更する特約の申込みにあたり，保険者が諾否の通知をしなければ，みなし承諾（商法509条2項）により同特約が成立して履行地は保険金受取人の住所地になるとした裁判例がある（広島高裁松江支決昭和56年8月17日・判タ451号97頁）。ただし，この論理は，保険金受取人が訴外での保険金請求を行っていた場合でないと用いることができないことが多いであろう。

　　またたとえば，当該約款条項は実質的に専属的合意管轄を定めたものに他ならないところ，経済的弱者とも言うべき保険契約者に不利に，しかも保険契約者が十分にその意味を理解していないことからすると，当該約款条項は無効であるとした裁判例がある（高松高決昭和62年10月13日・高民40巻3号198頁）。

（373）　学説は，保険法学においては，保険約款の履行地条項を制限的に解釈する学説が多いが（小林（1998）223頁，山下他（2019）318頁［竹濵修］参照），有効性を認める見解もある（石田満（1997）330頁参照）。

　　一方，民訴法学においては，履行地を規定する約款条項の有効性を認め，当該約款条項に基づいて特別裁判籍である義務履行地を認定する考え方が多いようである。たとえ

第2節　短期在留外国人を保険契約者兼被保険者とする定期保険契約が本国帰国後に更新されたときの更新後契約の準拠法

　広島高決平成 9 年 3 月18日・判タ962号246頁（以下，広島高決平成 9 年とい
う）はそのような事案の一つであるが，広島地裁は保険者による移送申立てを
却下し，即時抗告を受けた広島高裁も抗告を棄却した。広島高裁は，抗告棄却
の理由のうち，専属的管轄合意の主張について次のように述べる。

　「本件においては事故死に基づく保険金請求であり，前記の転落死が被保険
者の重大な過失によるかどうかが争点となって，事故現場の状況，事故前後の
事情に関する人証などの証拠調べを必要とすると予想されるところ，これらの
事情は公平，迅速，適正及び訴訟費用の軽減の見地から本件本案訴訟の審理に
極めて重要であり，右の抗告人（筆者注：保険者のこと）指摘の全契約者の利
益に優る利益である。したがって，保険契約者において契約に際して本件約款
を承知した旨の意思表示が認められることを考慮にいれても，抗告人が本件本
案事件において右の特約に基づき専属的合意管轄を主張することは民事訴訟に
おける信義誠実の原則にもとるものといわなければならない。」

　そして，義務履行地管轄に基づく移送申し立てについても，専属的管轄合意
に基づく移送申し立てを否定する上述の理由と同様の理由により，そのような
主張を保険者が行うことは，「民事訴訟における信義誠実の原則にもとるもの
といわなければならない。」と述べた[374]。

　なお，民事訴訟における信義則違反として一般に示されている訴訟行為類型
は，訴訟上の権能の濫用の禁止，訴訟上の禁反言，訴訟上の権能の失効，訴訟
状態の不当形成の排除の 4 類型（さらに，相手方の訴訟行為の妨害の禁止を加え
て 5 類型に分類することもある）である[375]。広島高決平成 9 年は，これらの類
型のうちの訴訟上の権能（移送申立権）の濫用の禁止に該当すると考えられ
る[376]。

　また，国際民事訴訟に関しても，民事訴訟における信義則が取り上げられる

　　ば，新堂＝小島（1991）164頁［佐々木吉男］，秋山他（2014）109頁（保険者の本社を
　　義務履行地としつつ，民事訴訟法17条による適宜の移送により処理すべきとする）参照。
（374）　小林（1998）も高橋（1999）も，信義則に基づく解決に賛意を示している。
（375）　伊藤（2011）325-326頁，兼子他（2011）30-33頁［新堂幸司＝高橋宏司＝高田裕
　　成］，秋山他（2014）41-50頁参照。
（376）　秋山他（2014）50頁参照。

第2章 国際的な保険取引に関する契約準拠法の捉え方

ことがある。たとえば，アムステルダムの裁判所の専属的管轄を規定する船荷証券約款の有効性を認めた最判昭和50年11月28日・民集29巻10号1554頁について，石黒教授は，当該事案は内国関連性が強いため，「信義則（国際民訴法上のそれ）的観点からの疑問がある。」と批判している[377]。

　このように，民事訴訟においても信義則の考え方が採用されている。したがって，たとえば，設例に関して，仮に保険者が保険金支払債務の不存在確認請求訴訟を日本の裁判所に提訴する場合に，履行地管轄（民訴法3条の3第1号）を基に日本の国際裁判管轄権を保険者が主張することは，民事訴訟における信義則違反として許されないかもしれない。けれども，本節で検討しているのは，設例における適用準拠法であって，消費者契約の特例の例外（通則法11条6項2号）に該当することを保険者が主張することに関しては，民事訴訟における信義則違反が問題になることはないと考えられる。なぜなら，準拠法の決定に関して保険者は何ら訴訟行為を行っていないため，民事訴訟における信義則が適用され得る場面ではないと考えられるからである（また，民事訴訟における信義則違反に関する前述の4類型（あるいは，5類型）のいずれにも該当しない）。

（b-2）国際私法における信義則

　もう一つは，日本の国際私法における信義則違反（とでも言うべきもの）である。準拠法決定にあたり，特定の準拠法決定ルールに該当することを一方当事者が主張することが，当該事案の事情の下では信義則違反として許されないことがあり得ると思われる。

　ただ，そもそも国際私法における信義則違反に関しては，裁判例が見当たらないようである。

　学界においても，従来ほとんど議論がなされていないようであるが，国際私

（377）　石黒（1990）215頁。

　　また，石黒（1986）543頁が承認管轄決定の基準時に関して述べている「信義則的観点」とは，この民事訴訟における信義則を意味していると思われる。

　　なお，裁判ではなく倒産手続に関してであるが，石黒（1990）273-274頁は，国際倒産において，国内倒産手続に組み込まれた債権者や組み込まれるべき債権者が，外国で抜け駆け的な個別執行を行うことを規制すべく，「信義則的観点からの調整をはかるべきである。」と提言する。石黒教授は，既に石黒（1988）195頁において，当該論点に関して，「信義則的観点からして問題ではないか」と問題指摘をしていた。

第2節　短期在留外国人を保険契約者兼被保険者とする定期保険契約が本国帰国後に更新されたときの更新後契約の準拠法

法における信義則について触れている研究としては，次のようなものがある。

　たとえば，三浦正人教授は，適応問題に関して適応が許容されるためには「国際私法上の信義則のごとき超越原則」をそこに認めなければならないとする。そして，「『国際私法における信義則』ともいうべき原則」とは，「現実の事案の解決は正義に従うべしとする法の基本原理に由来し，裁判官の正義感を指導する」ものだとする[378]。

　また，石黒教授は，主権免除について絶対免除主義が判例で採用されていた当時に，絶対免除主義を批判する著述において，外国国家との契約書に免除特権放棄条項が置かれていた場合には，裁判において当該外国国家が主権免除を主張しても，「国際法とて信義則の全く妥当しない法分野があるはずはなく」，明確な放棄がなされていれば当該条項に従った処理を行うべきである等と述べている[379]。

　このように，国際私法における信義則は明文規定がなく，裁判例も存在しないようであり，学界における研究も十分には蓄積されていないようである。けれども，日本の国際私法においても信義則の法理は存在すると考えられる。なぜなら，日本の国際私法の法規定とて完全無欠のものではないのであり，信義則を適用すべき場面が全く存在しないとは考えられない。また，信義則は日本の法体系において根底をなす法理の一つと考えられるからである（その表れの一つが民法1条2項や民事訴訟法2条とも言えよう）[380]。

　そうであるとすると，通則法の適用にあたって，信義則違反が問われることがあり得ることになる。設例に即して言えば，保険約款において履行地を保険者の「本社（または支社）」と規定しているものの，保険者は通例は持参債務として債務を履行しており，当該事案に関しても持参債務として履行する予定であったという事情の下では，保険金受取人が能動的消費者であるとして，消費

――――――――――――

(378)　三浦正人（1964）290頁，61頁。

(379)　石黒（1988）142頁。ただし，裁判における主権免除の主張を制限する機能であるので，この記述はむしろ上述の民事訴訟における信義則（訴訟上の権能の濫用の禁止，または，訴訟上の権能の失効）に分類すべきかもしれない。

(380)　なお，実質法における信義則の考え方は，英米法系の諸国（ただし，米国を除く）では一般的ではないようである。船越（2005）参照。

第 2 章　国際的な保険取引に関する契約準拠法の捉え方

者契約の特例の例外に該当することを保険者が主張することは信義則違反として許されないと考えられる。

4　小　括

　日本で暮らす在留外国人は，近年は増加傾向にあり，また，今後も増加し続けるであろう。そして，日本の生命保険会社は，短期在留外国人向けの生命保険の引き受けに力を入れていくかもしれない。その場合，日本の生命保険会社が引き受けた短期在留外国人向けの生命保険契約のうち，定期保険に関しては，保険契約者兼被保険者が本国たる外国に帰国すると，帰国時に当該定期保険契約を解約したりしない限り，いずれ本国で更新時期を迎えることになる。更新のほとんどは自動継続であるが，更新後定期保険契約は従前の保険契約とは別契約であると考えられる（前述 2）。したがって，改めて更新後定期保険契約の準拠法を決定する必要がある。

　ところで，日本の生命保険会社が一般に使用している保険約款には準拠法条項が置かれていない。そして，帰国後の自動更新の実態に鑑みると，保険者および保険契約者において，日本法を準拠法とする黙示の合意または意思の合致があったとは，少なくとも一般的には言えないであろう。したがって，更新後定期保険契約は，準拠法指定のない契約であることが十分にあり得ることになる（前述 3(1)）。

　その後，本国において保険契約者兼被保険者が死亡すると，やはり同国に居住しているであろう保険金受取人が，日本の生命保険会社に対して保険金を請求することになる。そして，保険金の支払可否や支払額をめぐって紛争が生じると，保険金受取人は，日本の裁判所または当該外国の裁判所に提訴することになるであろう。当該外国の裁判所に提訴した場合には，当該外国の国際私法に従って更新後定期保険契約の準拠法が決まることになる[(381)(382)(383)]。一方，

（381）　特定技能資格での在留外国人のうち最多を占めるのはベトナム人であるが（後掲
　　　注384参照），ベトナムで保険金受取人が提訴した場合には，同国の国際私法である民法
　　　典（2015年11月24日成立。2017年 1 月 1 日施行）中の関連規定（和訳が笠原（2017）46
　　　頁以下に掲載されている）によって準拠法が定まることになる。同法典においても準拠

第 2 節　短期在留外国人を保険契約者兼被保険者とする定期保険契約が本国帰国後に更新されたときの更新後契約の準拠法

日本の裁判所に提訴した場合には，日本の国際私法である通則法に従って更新後定期保険契約の準拠法が決まることになる。

法指定の有効性が原則として認められているが（664条 2 項，683条 1 項 1 文），準拠法指定がない場合には密接関係地法が適用される（683条 1 項 2 文）。そして，①役務契約においては供給者たる法人の設立地法，②消費者契約においては消費者居住国法，等のいずれかの法が密接関係地法とみなされると規定されている（683条 2 項）。ただし，①と②の優劣関係は法文上からは明らかではない。

（382）　特定技能資格での在留者が 2 番目に多いのはインドネシア人であるが，インドネシアの国際私法では，行為地法が準拠法となるのが原則である（「立法に関する総則」（Algemeine Bepalingen van Wetgeving voor Nederlands Indië（General Legislative Provisions for the Dutch East Indies），State Gazette 1847 No. 23）。以下の本注ではAB という）18条）。したがって，更新後定期保険契約の行為地を何処と捉えるかが問題となろう。

ただし，電子取引に関しては特別法である電子情報・取引法が制定されている（Undang-undang tentang Informasi dan Transaksi Elektronik（Law regarding Electronic Information and Transaction Law），Law No. 11 of 2008）。そして，同法18条 2 項は準拠法選択の有効性を認めている。したがって，更新後定期保険契約が同法の国際的な電子取引に該当すれば，更新後定期保険契約で指定された法が準拠法となる。けれども，日本の生命保険会社の保険約款には準拠法条項がないことが一般的である。更新後定期保険契約が国際的な電子取引に該当したとしても，準拠法の指定がないので，インドネシアの国際私法の原則に従って準拠法が決定されることになる（同法18条 3 項）。そのため，準拠法条項のない更新後定期保険契約は，やはり AB18条に基づいて，行為地法が準拠法になると思われる。インドネシア国際私法について佐々木（2010）75-77頁，Allagan（2017）pp. 406-410，Kusumadara（2021）を参照。

（383）　特定技能資格での在留者が 4 番目に多いのは中国人であるが，中国で保険金受取人が提訴した場合には，同国の国際私法である「渉外民事関係法律適用法」（2010年10月28日成立。2011年 4 月 1 日施行）によって準拠法が定まることになる。同法41条は契約準拠法指定を認めているが，こと消費者契約に関しては，準拠法指定の有無を問わず，消費者の常居所地法と商品・役務提供地法との選択的連結となる（同法42条 1 文，2 文前段）。なお，消費者の常居所地において事業者が関連する経営活動に従事していなかった場合には，商品・役務提供地法が準拠法となる（同法42条 2 項後段）。したがって，保険金受取人が中国で提訴した場合には，定期保険契約の自動更新が事業者の中国における経営活動に該当するのか否か（該当するのであれば同法42条 2 項後段は適用されないので，消費者の常居所地法と役務提供地法の選択的連結となり，中国法が準拠法として選択される可能性がある），また，該当しない場合には保険給付債務の履行地がどこになるのかが中国法の解釈として問題となろう。

第2章　国際的な保険取引に関する契約準拠法の捉え方

　日本が法廷地となり通則法が適用される場合には，更新後定期保険契約は，消費者契約の特例の例外（通則法11条6項2号）には該当しないとも考えられる。なぜなら，契約上の履行地と現実の履行地が常態的に乖離しており，かつ，当該契約においても両履行地が異なる場合において，現実の履行地を通則法11条6項2号の「債務履行地」と捉える立場では，同号には該当しないからである。したがって，更新後定期保険契約の準拠法は，消費者契約の特例が適用されるので，最密接関係地法（通則法8条）ではなく，保険契約者兼被保険者の常居所地法である外国法になると考えられる（通則法11条2項。前述3(2)①)。

　一方，もし契約上の履行地と現実の履行地が常態的に乖離しており，かつ，当該契約においても両履行地が異なる場合にも，契約上の履行地を通則法11条6項2号の「債務履行地」と捉える立場を採ると，更新後定期保険契約は消費者契約の特例の例外（通則法11条6項2号）に該当することになる。そのため，消費者契約の特例（通則法11条2項）が適用されずに最密接関係地法が準拠法となる（通則法8条1項）。けれども，特徴的給付に関する推定規定があるものの（通則法8条2項），更新後定期保険契約に関してはこの推定規定を覆して，保険契約者兼被保険者の常居所地法である外国法が最密接関係地法として準拠法になることもあると考えられる（前述3(2)②(a))。また，そもそも，更新後定期保険契約が消費者契約の特例の例外（通則法11条6項2号）に該当する旨を保険者が主張すること自体が，国際私法における信義則に反し許されないとも考えられる。この場合は，更新後定期保険契約の準拠法は，消費者契約の特例が適用されることになるので，最密接関係地法（通則法8条）ではなく，保険契約者兼被保険者の常居所地法である外国法になると考えられる（通則法11条2項。前述3(2)②(b))。

　したがって，いずれの立場に立つとしても，更新後定期保険契約の準拠法は保険契約者兼被保険者の常居所地法である外国法になる可能性があると考えられる。その場合には，更新後定期保険契約の成立や効力は，保険契約者兼被保険者の常居所地法である外国法に従って判断されることになる。

　ところで，保険契約者兼被保険者である在留外国人の帰国後に契約更新を迎えた場合に，更新後定期保険契約を日本の保険会社が引き受け続けることは，当該外国における越境保険取引規制に抵触する可能性が高い。なぜなら，世界

第2節　短期在留外国人を保険契約者兼被保険者とする定期保険契約が本国帰国後に更新されたときの更新後契約の準拠法

的に，海外直接付保規制または免許制によって保険の越境取引が規制されているのが一般的であり（先進諸国の規制状況に関しては第1章第2節2および3を参照），短期在留外国人向け定期保険契約の保険契約者兼被保険者の帰国後の常居所である外国にも，そのような規制が存在する可能性が高いからである。むしろ，短期在留外国人の出身国は開発途上国であることが多いので[384]，厳格な越境保険取引規制が存在する可能性が非常に高いと言えよう。たとえば，特定技能資格での在留外国人のうち最多を占めるのはベトナム人であるが，ベトナムにおいては，同国に居住する者を被保険者とする生命保険契約や健康保険契約は越境取引が認められていない[385]。次に多いのはインドネシア人であるが，インドネシアでは保険業に関して免許制が採用されている[386]。3番目に多いのはフィリピン人であるが，フィリピンにおいても，やはり保険業免許を取得しないとフィリピンにおいて保険引受を行うことができない[387]。4番目に多いのは中国人であるが，中国においては，外資系保険会社は，「外資保険会社管理条例」に基づいて設立された保険会社または開設された支店でないと保険事業を営むことができない[388]。このように，外国の規制に抵触するような越境保険引受を日本の保険会社が行うことは，日本の監督法上も容認し難いであろう（保険業法100条の2）。

　こうして，更新後定期保険契約が当該外国における越境保険取引規制に抵触

---

(384)　出入国在留管理庁・前掲注321の付属の公表資料の第3表によると，特定技能の資格で在留している外国人の国籍別割合の上位は，ベトナム（56.3％），インドネシア（14.6％），フィリピン（10.2％），中国（6.6％），ミャンマー（4.6％）である（2023年6月末現在。構成比は筆者が算出した）。

(385)　*Ref.*, Decree No. 123/2011/ND-CP of December 28, 2011, Article 3.4.

(386)　Law of the Republic of Indonesia Number 40 Year 2014 on Insurance, §8.

(387)　The Insurance Code of Philippines, §§192-195. *Ref.*, Campbell（2023b）§39-42 by Jacinto Jimenez.

(388)　*Ref.*, Campbell（2023a）§12.20 by Chu Xiaoqing.
　　内資系保険会社に関しては，2009年中国保険法6条を参照（保険会社設立の許可に関する規定は同法67条，支店開設の許可に関する規定は同法74条）。事業者向け保険契約に関しては，直接付保規制も別途存在する（同法7条）。ちなみに，2009年2月28日改正後の中国保険法の和訳が清河＝周（2010）266-308頁に掲載されている（ただし，その後，同法は2014年，2015年に改正されている）。

第 2 章　国際的な保険取引に関する契約準拠法の捉え方

することになると，当該外国においては，更新後定期保険契約は私法上も無効
となる可能性がある[389]。そのような法域において，保険契約者が保険契約の
無効を主張する場合には（たとえば，被保険者が死亡しないまま保険期間の満了を
迎えた更新後定期保険契約について，当該保険契約は無効であったとして支払済の
保険料相当額の返還を求める場合），当該外国において提訴する可能性が高い。
そして，当該保険契約は無効とされ，保険契約者は保険料の返還を受けること
ができる可能性がある。

　他方，そのような法域において，被保険者の死亡を受けて，当該外国に居住
している保険金受取人が死亡保険金を請求する場合には，保険給付を受けるこ
とができないかもしれない。なぜなら，もし，保険金受取人が当該外国で保険
金請求訴訟を提起して，当該外国の国際私法において更新後定期保険契約の準
拠法が当該外国法と判断されると，当該保険契約は私法上も無効となり，保険
給付を受けることができない。また，当該外国の国際私法において更新後定期
保険契約の準拠法が日本法と判断されても，法廷地の強行的適用法規として当
該外国の越境保険取引規制違反に関する規律が適用されてしまうと，やはり当
該保険契約は私法上も無効となり，保険給付を受けることができない可能性が
あるからである（もちろん，いずれの場合も当該外国における越境保険取引規制違
反契約の取扱い次第であるので，保険金請求が認められる可能性もある[390]）。そこ
で，保険金受取人は，当該外国での提訴を避けて，わざわざ日本の裁判所に赴
いて提訴するかもしれない。けれども，上述のとおり，日本の国際私法におい
ても，更新後定期保険契約の準拠法は当該外国法になる可能性があり，その場
合には当該外国の越境保険取引規制違反に関する規律を準拠法国の強行的適用

（389）　先進国である日本においても，海外直接付保規制に抵触する保険契約は私法上も
　　無効と解されている。山下（2018）206頁参照。
（390）　越境保険取引規制違反であっても，保険契約者側が契約無効を主張しない限り，
　　当該保険契約を有効な保険契約として取り扱う法域もある。たとえば，先進国ではある
　　が，日本と同じく海外直接付保規制を採用するフランスでは，規制違反契約を原則とし
　　て無効としつつも，保険契約者等が善意であれば，保険契約者等との関係では有効であ
　　る（前述第 1 章第 2 節 3（2）参照）。また，免許制によって越境取引を規制するドイツに
　　おいても，無免許保険者による越境取引であることによって保険契約の有効性は否定さ
　　れない（前述同節 3（3）参照）。

第2節　短期在留外国人を保険契約者兼被保険者とする定期保険契約が本国帰国後に更新されたときの更新後契約の準拠法

法規と捉えて特別連結すべきか否かを検討する必要がある。他方，日本の国際私法において，更新後定期保険契約の準拠法が日本法になる場合には，当該外国の越境保険取引規制違反に関する規律を第三国の強行的適用法規と捉えて特別連結すべきか否かを検討する必要がある（次節参照）。

　このように，短期在留外国人向けの定期保険契約について当該外国人の帰国後に更新される定期保険契約は，当該外国の越境保険取引規制に抵触する可能性があると考えられる。そのため，短期在留外国人向けの定期保険契約に関しては何らかの対策を講じる必要があろう[391]。当該外国の越境保険取引規制の内容次第であるが，たとえば，定期保険の被保険者の海外移住や外国への帰国を保険約款の保険者側からの不更新事由に加えたうえで[392]，海外移住の場合には定期保険を更新できない旨を広く保険契約者等に周知するとともに，保険契約者兼被保険者から海外転居や帰国の通知が保険者になされた時点で，当該保険契約の更新を停止する準備や対応を行うことが考えられる。

---

(391)　ただし，本人帰国後の更新後定期保険契約は，日本の国際私法上も（本文2参照），また，当該外国の越境保険取引規制上も，当初定期保険契約と別契約ではない，との解釈を採用するのであれば，特段の対応は不要かもしれない。

(392)　生命保険会社の現行約款では，被保険者の海外移住は不更新事由とされていないようである。たとえば，日本生命・定期保険約款8条2項，明治安田生命・定期保険約款25条1項，第一生命・定期保険約款40条2項，住友生命・定期保険約款45条1項但書参照。

第3節　外国の越境保険取引規制の特別連結

1　本節の目的

　一般に，日本の保険会社は，日本において生命保険契約を引き受ける場合には，保険契約締結時における内国居住者を保険契約者や被保険者としており，外国居住者を保険契約者や被保険者とする保険契約は，基本的には引受対象としていないと思われる。したがって，外国の越境保険取引規制に抵触するような保険引受を日本の保険会社が行うことはない筈である。

　けれども，実際には，保険者としては意図的ではないであろうが，外国居住者を保険契約者や被保険者とする生命保険契約を，日本において，日本の保険会社が引き受けてしまうことがあるようである。そうした実例の一つが，本章第1節で検討した前掲東京地判平成25年5月31日（以下，本節では平成25年東京地判という）である。そして，もう一つの実例が，東京地判令和元年5月21日・判例集未登載（平成29年（ワ）34518号。既払保険料返還等請求事件。2019WL-JPCA05218005。以下，本節では令和元年東京地判という）である[393]。両事案が実際に外国の越境保険取引規制に抵触したか否かは置くとして，日本の生命保険会社による日本国内における生命保険契約の引受が，外国の越境保険取引規制に抵触してしまう可能性は現実にも存在するのである。

　もし，こうして引き受けられた保険契約を巡る紛争が日本の裁判所に係属した場合，法廷地法は日本法であり，契約準拠法も日本法となることが多いであろうが，外国の越境保険取引規制違反は，日本法上は保険契約法上も違法ではなく，日本の公序良俗にも反しない[394]。そのため，もし第三国の強行的適用

---

(393)　評釈として三室（2021），村田（2021），松下（2022）がある。

(394)　海外所在の人や財産を保険の対象として，日本国内において日本国の保険業免許を受けた保険会社が保険契約を引き受けても，一般に日本法上は直接的には問題となら

第2章　国際的な保険取引に関する契約準拠法の捉え方

法規（絶対的強行法規，渉外実質法，介入規範等々とも呼ばれているが，本書ではこの語を用いる）(395)の特別連結が認められ得るとすると，第三国の強行的適用法規として当該外国の越境保険取引規制を特別連結すべきか否かが問題となる筈である（なお，本節において「第三国」とは，準拠法国でもなく，また法廷地でもない国を指す。また，「特別連結」とは，ある法的問題につき，第三国の法規を適用することを指すこととする）。けれども，第三国の越境保険取引規制の特別連結に関する検討が上述の2裁判例では全くなされていない(396)。

　そこで以下では，まず第三国の越境保険取引規制の特別連結という考え方を整理し（次述2），平成25年東京地判および令和元年東京地判を概観したうえで（後述3），来訪外国人が締結した保険契約への第三国の越境保険取引規制の特別連結について一般的に検討し（後述4），最後に結論を述べる（後述5）。

　ないと思われる。

　　ただし，保険業の認可等にあたり，監督当局がそのような保険契約の引受を除外しているとしたら，認可等の違反となる。具体的には，たとえば生命保険業免許申請時の基礎書類の一つである事業方法書（保険業法4条2項2号。なお，変更に関しては同法123条参照）において，「被保険者の範囲」が記載事項の一つと規定されている（同法施行規則8条1項1号）。ここで「被保険者の範囲」とは，「生命保険等に関する被保険者の年齢等の属性の範囲等」と解されている（安居（2016）58頁参照）。したがって，もし事業方法書において日本居住者を引受対象として規定していた場合には，外国居住者を被保険者とする生命引受は認可違反に該当する可能性がある。

　　けれども，事業方法書違反の保険引受であっても，当該認可違反がただちに私法上の効力に影響を及ぼすことはないと考えられる。大森（1985）319頁注4，岩崎（1988）199頁，関西保険業法研究会（1990）193頁［長谷川宅司］，鴻（2001）24頁［田中啓二］も同旨。ただし，東京控判大正12年6月21日・新聞1195号15頁は，保険相互会社の事業方法書は社員たる保険契約者を拘束するとする。なお，安居（2016）57頁は，「見解が分かれている」とする。

(395)　強行的適用法規とは，国家の社会的・経済的政策を体現し，準拠法如何に拘らず法廷地で通常常に適用される法規のことである。櫻田＝道垣内（2011）34頁以下［横溝大］。

(396)　もちろん，両事案とも外国の越境保険取引規制に抵触していなかったがために検討がなされなかったのかもしれない。

2 第三国の越境保険取引規制の特別連結

(1) 第三国の強行的適用法規の特別連結

通則法には強行的適用法規の特別連結に関する明文規定がないものの，契約準拠法のいかんを問わず，法廷地の強行的適用法規が適用されることは判例[397]・学説[398]の認めるところである。また，準拠法国の強行的適用法規の適用が認められた裁判例もある[399]。

けれども，法廷地でもなく，準拠法国でもない，第三国の強行的適用法規の特別連結を正面から認めた裁判例は存在しない（むしろ，東京地判平成30年3月26日・金判1596号17頁は，第三国であるアルゼンチンの国家緊急事態法の適用を否定した）。学説においては，第三国の強行的適用法規の適用は，解釈論としては困難だと考えるのが多数説だと言われている[400]。その一方で，実際に肯定的な立場を表明している学説も多い[401]。この論点に是非について態度を表明している学説は少ないものの，態度を表明している学説は，むしろ一定の要件の下に適用を認める立場が優勢であると言えよう。

---

(397) 最判昭和40年12月23日・民集19巻9号2306頁および最判昭和50年7月15日・民集29巻6号1029頁（共に，外国為替および外国貿易管理法，外国為替管理令に関する事件），最判昭和53年6月29日・民集60巻8号2853頁（人身保護規則4条に関する事件）参照。「国際私法の現代化に関する要綱中間試案」（別冊NBL編集部編『法の適用に関する通則法 関係資料と解説』（商事法務。2006年）所収）第4の5（注），第4の6（注）参照。

　　なお，最判平成18年10月17日・民集60巻8号2853頁（特許法35条に関する事件）は，特許法35条が強行的適用法規であることを認めなかった（横溝（2012）107頁参照）。

(398) 櫻田＝道垣内（2011）40頁［横溝大］参照。

(399) 大判大正9年10月6日・評論9巻諸法481頁（横山（1995）参照），東京高判昭和28年9月11日・高民集6巻11号702頁（イラン石油国有化事件。ただし，判決に対する批判について竹下（2012）37頁）参照。

(400) 桑田（1952）65-66頁，溜池（2005）362-363頁，神前他（2019）147頁，中西他（2022）137頁参照。また，中野（1998）40頁は，立法論としても慎重な態度を表明している。

(401) 横山（1995）（なお，横山教授は，既に横山（1983）において，第三国の禁止法規の特別連結を主張されている），横溝（2006）229-230頁，西谷（2007）47-49頁，櫻田＝道垣内（2011）44-45頁［横溝大］，吉澤＝横溝（2018）22-27頁参照。

第2章　国際的な保険取引に関する契約準拠法の捉え方

(2) 第三国の越境保険取引規制の強行的適用法規性

　仮に第三国の強行的適用法規の特別連結を一定の条件の下に認めるべきだとすると，次に，越境保険取引規制が強行的適用法規に該当するか否かを検討する必要がある。これは具体的な第三国の越境保険取引規制についての検討となるが，一般に，越境保険取引規制には罰則が設けられていることが多い。また，越境保険取引規制は，個別的な利益の保護，あるいは，私人間の権利義務の調整を目的とするよりは，主として全体的な利益の保護を目的とするもの[402]，あるいは，国家の政治的・社会的・経済的秩序の維持を目的とするものである[403]，と言えよう。ちなみに，日本の保険業法における海外直接付保規制の立法趣旨は，免許を受けた保険会社との権衡維持，日本市場の攪乱防止，日本の保険事業の健全な発達，海外直接付保を行う保険契約者等の保護にあるとされている[404]。このような立法趣旨は，越境保険取引規制を導入している各国において，各項目の軽重について差違はあろうが（一般的に，開発途上国ほど国内の保険産業保護の色彩が強い），それほど大きな相違はないと考えられる。

　そうであるとすると，越境保険取引規制違反は罰則の適用対象であり，しかも，越境保険取引規制の保護法益は一般的であるから，あるいは，国家の政治的・社会的・経済的秩序の維持であるから，越境保険取引規制は基本的には強行的適用法規に該当すると考えられる[405]。

3　外国人を被保険者とする死亡保険契約に関する2件の裁判例

(1) 保険金請求事案

　平成25年東京地判は，死亡保険契約の被保険者が死亡したため，保険金受取

---

(402)　横溝（2006）230-231頁，櫻田＝道垣内（2011）36-37頁［横溝大］参照。

(403)　西谷（2007）41-42頁，櫻田＝道垣内（2011）268頁［西谷祐子］参照。

(404)　保険審議会答申「非免許の外国保険事業者に対する付保の規制に関する答申」（1963年1月25日），第43回参議院委員会議事録10号（1963年2月26日大蔵委員会），青井（1963）20頁参照。なお，1995年保険業法改正前は「外国保険業者に関する法律」が海外直接付保を規律していた。

(405)　越境保険取引規制の一つである海外直接付保規制の強行的適用法規性について吉澤＝横溝（2018）28-29頁参照。

198

第3節　外国の越境保険取引規制の特別連結

人が日本の生命保険会社に保険金の支払を求めた裁判である（詳細は本章第1節を参照）。

ところで，被保険者はメキシコ居住者であり，メキシコで免許を受けていない保険会社（日本のPGF生命）がメキシコ居住者を被保険者とする生命保険契約を引き受けるものであるから，当該保険契約はメキシコの越境保険取引規制に抵触する可能性がある（他方，被保険者は日本に居住していないので，日本の海外直接付保規制には抵触しない）。したがって，メキシコの越境保険取引規制の特別連結の可否を検討すべきだった可能性があることになる。けれども，裁判所は特別連結について全く検討しなかった。

なお，原告である保険金受取人は，当該保険契約が有効であることを前提に保険金を請求するのであるから，特別連結を主張することはない。他方，被告である生命保険会社は，特別連結が認められれば当該保険契約が無効となり，保険金支払を免れる可能性があったが，やはり特別連結の主張はしなかった。メキシコの保険業法では，海外直接付保が原則として禁止されており[406]，当該規制に違反すると，保険者のみならず保険契約者も自由刑および罰金刑が科され[407]，当該規制に違反する保険契約は，私法上も無効になると規定されて

---

(406)　保険契約者の海外直接付保に関してはメキシコ旧保険業法（LGISMS: Ley General de Instituciones y Sociedades Mutualistas de Seguros）3条2項1号が，一方，保険者の海外直接引受に関しては同法3条4項第1パラが規定していた。*Ref.,* Gonzales (2002) p. 120, Campbell (2015) §33:26 by Ramos Miranda, 東京海上火災保険（1965）389頁，同（1983）496頁，内藤（2014）25-27頁参照。なお，平成25年東京地判には，このメキシコ旧保険業法が適用され得る。

　　　その後2015年4月4日に施行されたメキシコの現行の保険・保証業法（LISF: Ley de Instituciones de Seguros y de Fianzas）においても，メキシコの免許保険者が引き受けない場合でない限り，海外直接付保（同法21条）や海外直接引受（同法23条）が禁止されている。*Ref.,* Campbell (2023b) §33:26 by Ramos Miranda.

(407)　メキシコ旧保険業法では，保険者がメキシコの海外直接引受規制に違反した場合には，2年から10年の自由刑，および，750日から3,000日の法定最低賃金相当額の罰金刑が科された（同法141条1項第2パラ。なお，メキシコ国内での無免許営業にも該当する場合には，さらに刑罰が重くなる。同項第1パラ）。他方，保険契約者がメキシコの海外直接付保規制に違反した場合には，3年から10年の自由刑，および，200日から2,000日の法定最低賃金相当額の罰金刑が科された（同法141条2項第1パラ）。内藤

第2章　国際的な保険取引に関する契約準拠法の捉え方

いた[408]。ただし，人保険に関しては，保険契約締結時に被保険者がメキシコ国内にいない場合には，当該規制は適用されない（"mobility exception"と称されることが多い）[409]。当該事案はまさにこの例外規定に該当して海外直接付保規制違反とはならないがために，生命保険会社は，メキシコの海外直接付保規制を第三国の強行的適用法規として特別連結すべきことを主張しなかったのかもしれない（あるいは，そもそも，そうした検討は社内においてもなされなかったのかもしれない）。

(2) 保険契約無効確認請求事案

　令和元年東京地判は，死亡保険契約（法人契約）について，保険契約者が生命保険会社に既払の保険料相当額の返還を求めた裁判である。

　引受保険会社は，日本の内国保険会社免許を有するメットライフ生命保険株式会社（以下，メットライフ生命という）である[410]。そして，メットライフ生

(2014) 27頁注53，Hayaux-du-Tilly (2013) p. 218, Gonzales (2002) pp. 121-122参照。古い資料であるが，東京海上火災保険 (1965) 389頁も参照。

(408)　メキシコ旧保険業法3条4項第2パラ，現行のメキシコ保険・保証業法24条。*Ref.*, Hayaux-du-Tilly (2013) p. 218.

(409)　現行のメキシコ保険・保証業法では，メキシコ居住者が保険契約者となる人保険契約は，保険契約締結時に当該保険契約者がメキシコ国内にいる（"present"）場合にのみ規制対象とされている（同法21条1項）。メキシコ旧保険業法においても，人保険の契約締結時に被保険者がメキシコ国内にいなければ海外直接付保規制は適用されなかった（同法3条2項1号。他方，保険者に対する海外直接引受規制は，メキシコ国内で保険業を営まなければ適用されなかった。同法3条4項第1パラ）。*Ref.*, Gonzales (2002) pp. 120-121.

(410)　メットライフ生命の日本での営業は，米国の巨大保険企業である AIG（American International Group, Inc.）グループの一つであるアメリカン・ライフ・インシュアランス・カンパニー（Alico: American Life Insurance Company）が1954年に日本支店を開設し，日本在住の外国人向けの営業を開始したことに始まる。1972年になって漸く日本人向け営業の認可を取得し，翌年より日本人向けの営業も開始した。*Ref.*, https://www.metlife.co.jp/content/dam/metlifecom/jp/corp/pdf/about/results/report/2020/ar_2020_chap6.pdf.

　その後，AIG グループが金融危機で巨額の負債を抱えて公的管理下に入り，生命保険事業を売却することになったため，2010年に Alico は米国の巨大生命保険企業である

第3節　外国の越境保険取引規制の特別連結

命から保険募集を委託された乗合かつ専業の保険仲介者（資本金6,000万円。東京本社の他，札幌支社と福岡支社がある）の札幌支社は，2013年7月に本件裁判で問題となる死亡保険契約を保険契約者と締結した。

　この死亡保険契約は「逓増定期保険（初期低解約返戻金型）」である[411]。ちなみに，この逓増定期保険は，2019年2月に国税庁が税務上の取扱いを変更するまで（契約日が2019年7月8日以降か否かで適用税制が異なる），節税目的の法人保険として非常に良く売れた保険商品であった。当該保険契約者も，退職金の準備および節税効果のために本件保険契約を締結した（前期期間は8年間で主契約保険金額の逓増率は0％，後期期間は11年間で主契約保険金額の逓増率は50％）[412]。

　　メットライフ（MetLife, Inc.）に162億ドルで売却された。*Ref.*, https://www.metlife.com/about-us/newsroom/2010/november/metlife-completes-acquisition-of-american-life-insurance-company. 2011年，ブランド名がメットライフアリコ（MetLife Alico）に変更され，2012年には日本法人であるメットライフアリコ生命保険株式会社が営業を開始し，アリコ日本支店から同社へと保険契約の包括移転がなされた。*Ref.*, https://www.metlife.co.jp/content/dam/metlifecom/jp/corp/pdf/about/press/2011/110331.pdf; https://www.metlife.co.jp/content/dam/metlifecom/jp/corp/pdf/about/press/2011/110930.pdf.

　　2014年には，同社の社名が「メットライフ生命保険株式会社」に変更され，ブランド名もメットライフ生命に変更されて現在に至っている。*Ref.*, https://www.metlife.co.jp/content/dam/metlifecom/jp/corp/pdf/about/press/2014/140416.pdf.

　　このように，同社の日本営業の始まりは，日本在住の外国人向けに保険を販売するAlico日本支店であった。したがって，日本における外国人の保険引受に永い歴史を有する保険者である。

(411)　メットライフ生命のディスクロージャー誌である『メットライフ生命の現状2014』によると，逓増定期保険（初期低解約返戻金型）は，「死亡もしくは高度障害状態の際の事業保障資金として事業の安定にお役立ていただけます。保険料は変わらず，一定期間経過後，保障額は年50％で所定の限度まで逓増します。」と記載されており（同誌60頁），2013年度の新契約は7,621人で保険金額304,371百万円（約3,000億円），保有契約は29,034人で保険金額1,128,652百万円（約1.1兆円）である（同誌141頁。被保険者1人あたりの平均保険金額は約4,000万円となる）。

(412)　令和元年東京地判の生命保険契約は，経過年数8年までの保険金額は2,000万円，同9年で3,000万円，同10年で4,500万円，同11年で6,750万円，同12年以降，満期となる同19年（被保険者年齢75歳）までは1億円であった。解約返戻金は，経過年数8年およ

201

第2章　国際的な保険取引に関する契約準拠法の捉え方

　保険契約者兼保険金受取人は法人（食品の輸入・販売を行う商社。北海道小樽市）である。保険料は，年払方式で，毎年244万円強であり（保険期間終期（2032年。被保険者年齢75歳）まで毎年同額の保険料），2013年7月と2014年7月に保険契約者は年払保険料を支払った。

　被保険者は当該法人の取締役の一人であり，中華人民共和国（以下，中国という）に在住の中国籍の者である。中国において加工食品の買い付けを行い，それを日本に輸出する業務を担当していた。被保険者は日本の在留資格を有しておらず，日本には年4回程度ほど，多いときで毎月来日していたが，来日時にはホテルや当該法人の代表者宅に滞在していた。

　なお，当該保険会社の社内規定においては，外国籍の者であっても，日本に2年以上居住しており，日本語が理解でき，かつ，外国人登録証を保有していれば，被保険者として保険引受できたとのことである。この点に関して，保険契約者は保険仲介者に対して，被保険者は日本在住が30年となり，保険契約者の代表者宅に居住しており，また，外国人登録をしている，と虚偽の説明をした。一方，保険仲介者も，在留カード等によって被保険者の在留資格を確認することはなかった。

　その後，2014年12月に当該法人の代表者が死亡し，新しい代表者が就任した。2015年6月頃に年払保険料の支払案内が保険会社から来着したが，新代表者は外国人を被保険者とする本件保険契約に不審感を抱いた。そして，契約締結の経緯を確認するうちに，本件保険契約は保険仲介者の誤説明によって締結に至ったものであると認識するようになり，本件保険契約を当初からなかったものとするよう保険会社に求めた。けれども，保険会社は，被保険者適格要件の確認に不備があったことを認めたものの，本件保険契約は有効に成立しているとして，保険契約者の要求を拒んだ。

　そこで，2016年11月，保険契約者は生命保険業界の裁判外紛争解決機関（ADR）である生命保険協会生命保険相談室に苦情申立てを行った。生命保険協会は保険会社に解決依頼をしたものの，保険会社は応じなかった。そこで，

　び9年のときに既払累計保険料を上回る。また，保険料の損金算入効果を勘案すると，経過年数7年〜13年のときに既払累計保険料を上回るものであった（乙3号証：設計書）。

第3節　外国の越境保険取引規制の特別連結

2017年1月，保険契約者は生命保険協会生命保険相談所裁定委員会に裁定手続を申し立て，審理が行われた。同年9月には裁定書による和解案受諾が勧告された。和解案の要旨は，将来の保険金請求に必要となる書類を和解条項に明記すること，未払保険料の支払を前提に保険会社は失効中の本件保険契約を有効に継続させること，保険会社が保険契約者に解決金として5万円を支払うことである。保険会社は受諾の意思を表明したものの，保険契約者が受諾しなかったため，裁定不調となって裁定手続は終了した[413]。

　2017年10月，保険契約者が，保険料相当額の返還を求めて生命保険会社を提訴したのが本件裁判である（主張の根拠は，主位的には保険募集時の説明義務違反に基づく損害賠償請求であり，予備的には錯誤無効および詐欺取消である）。審理の結果，保険契約者の意思どおりに保険契約が締結されており，被保険者による付保の同意もあり，また，事後的ではあるが，保険契約者も当該保険契約を有効な保険契約として取り扱う旨の意思を表明していることから，保険契約は有効に成立している。また，保険仲介者による説明義務違反はなく，欺罔行為も認められないとして，裁判所は，保険契約者による既払保険料相当額の返還請求を棄却した。

　本件は，生命保険契約の被保険者が外国居住の外国人であり，また，日本居住という被保険者適格要件が問題とされているので，渉外性のある事案である。しかるに，特に検討することもなく，準拠法が日本法であることを前提に裁判は進められた。そこで，準拠法について検討するに，当該保険契約の約款には準拠法条項は存在しないものの，保険契約者が法人であるので消費者契約（通則法11条1項）には該当しない[414]。そして，黙示の準拠法指定（通則法7条）が認められないとしても，一般に保険契約は特徴的給付を一方当事者のみが行

---

(413)　生命保険協会の裁定審査会が取り扱った事案の概要は公表されている。本件事案については次のウェブサイトを参照。*Ref.,* https://www.seiho.or.jp/contact/adr/item/pdf/28-325.pdf.

(414)　三室（2021）6頁は令和元年東京地判に関する評釈であるが，当該事案の保険契約は，消費者契約ではないため消費者契約に関する特例（通則法11条）が適用されないと正しく指摘する一方で，その直後の記述において，同条1項の適用を検討しており，論理が混乱している。

203

第2章　国際的な保険取引に関する契約準拠法の捉え方

う契約であると考えられているので（前述本章第1節5⑵参照），保険者の事業所所在地法が最密接関係地法と推定され（通則法8条2項），日本法が準拠法となる（通則法8条1項）。また，裁判において，両当事者の代理人弁護士間で日本法を準拠法とする事後指定（通則法9条）がなされた可能性もある。いずれにしても，特に検討はなされていないものの，本件保険契約の準拠法が日本法であることについて特に異論はないであろう。

ところで，本件保険契約は，中国で免許を受けていない日本の保険会社が中国居住者を被保険者とする生命保険契約を引き受けるものであるから，中国の越境保険取引規制に抵触する可能性がある（他方，被保険者は日本に居住していないので，日本の越境保険取引規制である，日本の保険業法における海外直接付保規制には抵触しない）。したがって，中国の越境保険取引規制の特別連結の可否を検討すべきだった可能性があることになる。けれども，裁判所は特別連結について全く検討しなかった。

なお，被告である生命保険会社は当該保険契約が有効であることを前提に契約手続の正当性を主張するのであるから（なお，生命保険会社の主張が正しいとすると，第3保険年度以降の保険料支払がなされていないので，当該保険契約は失効している），当該生命保険会社が特別連結を主張することはない。他方，原告である保険契約者は，特別連結が認められれば当該保険契約が無効となり，既払保険料相当額全額の返還を受けることができる可能性があったが，やはり特別連結の主張はしなかった（なお，このように，外国の越境保険取引規制の特別連結に基づいて保険契約の無効を主張する利害状況は，保険金受取人による保険金請求事案（たとえば，平成25年東京地判の事案。前述3⑴参照）と，保険契約者による保険契約無効確認請求事案とでは異なる）。

ちなみに，中国の越境保険取引規制を参照すると，中国においても免許制が採用されており，中国保険法に基づいて設立された保険会社または法令で定められた保険組織でないと営利保険事業を営むことができない（前述本章第2節4参照）。そして，免許制とは別に，海外直接付保規制が存在するが，規制対象は中国国内の法人・団体向け保険契約に限定されている（中国保険法7条）(415)。けれども，本件保険契約の保険契約者は日本の法人であるので，この規制には抵触しない。ところで，中国国内の法人・団体向け保険契約以外の

保険契約に関しては，越境保険取引を禁止する直接的な規定が見当たらないように思われるが，他の条項や解釈・運用等によって規制がなされている可能性もあり，全く無規制であるか否かは不明である（たとえば，免許制を用いて越境保険取引を規制しているかもしれない）。むしろ，個人向け保険契約の越境保険取引が全くの無規制であるとは考え難い。なぜなら，世界の多くの国で越境保険取引規制が設けられており，しかも，法人・団体向け保険契約よりも個人向け保険契約の方がより越境保険取引規制が厳しいのが一般的だからである[416]。また，一般に，先進国よりも開発途上国の方が越境保険取引規制が厳しいからである。ただし，本件生命保険契約は法人契約であって保険契約者は個人ではなく（ただし，被保険者は中国在住の中国人），また，保険募集や保険契約締結が中国国外で行われているので，越境保険取引規制の規制対象外である可能性はある。

4 越境保険取引規制の特別連結

(1) 海外渡航による越境保険取引規制違反契約の締結

免許制や海外直接付保規制を用いて越境保険取引を原則として禁止するのが世界各国の大勢である（前述第1章第2節2，3参照）。そして，少なくとも越境保険取引規制のうち海外直接付保規制に関しては，自国を出国して外国において外国保険者に付保する場合には適用しない国もあれば（mobility exception. たとえば，メキシコ。前述本節3(1)参照），その場合にも適用する国もある（たとえば，日本)[417]。そこで，保険契約者が外国に赴いて外国保険者に付保する場

---

(415) 村田（2021）21頁注7は，中国保険法7条を根拠に，被告保険会社は中国の直接付保規制に抵触しないと断言する。

(416) 越境保険取引規制の例外とされているのは，一般に，事業者向け保険契約のうちの MAT 保険（海上保険，航空保険，運送保険）や大企業向けの保険契約であり，こと消費者向けの保険契約に関しては，担保危険の地理的範囲が海外に及ばざるを得ない海外旅行保険が例外とされることが多い。

(417) 日本の保険業法が規定する海外直接付保規制（同法186条）に関しては，国外において契約締結行為の全てが完結する場合であっても規制対象になると金融庁は解している。前掲注24参照。

第2章　国際的な保険取引に関する契約準拠法の捉え方

合にも越境保険取引規制を適用する国（海外直接付保規制では後者がそれにあた
る）の居住者に関して次のような一般的な事例を仮定して，準拠法国でも法廷
地国でもない第三国の越境保険取引規制の特別連結の可否を検討することにす
る。

　すなわち，外国に赴いて外国保険者に付保する場合にも越境保険取引規制が
適用される国（以下，A国という）の居住者（以下，Xという）が，外国（以下，
B国という）に赴いて，外国保険者（以下，Yという）と，保険契約（契約準拠
法はB国法）を締結した。そして，この保険契約はA国の越境保険取引規制
違反に該当する。その後，何らかの事情で，XはYに対し，当該保険契約を
無効処理して，既払保険料相当額を返還するよう求めたが，Yは応じなかっ
た。そのため，Xは，たとえ契約準拠法がB国法であるとしても，当該保険
契約は保険契約者の居住国であるA国の越境保険取引規制違反であり，関連
するA国法を特別連結すべきであると主張して，当該保険契約の無効確認お
よび既払保険料相当額の返還を請求する訴訟をB国の裁判所に提起した。な
お，XがA国の裁判所に提訴すれば，A国の越境保険取引規制は法廷地の強
行的適用法規に該当するとして特別連結される可能性が高いが，A国にはY
の拠点および資産が存在せず，A国の勝訴判決を得ても保険料相当額が返還
される実効性に乏しいため，B国の裁判所に提訴することにも合理性がある。
また，Yの保険約款においてB国裁判所の専属的裁判管轄権が規定されてい
るため，XがB国の裁判所に提訴することも十分考えられる。このような仮
定事例を図にすると【図2：越境保険取引規制違反の渡航付保】のようになる。

(2) 日本居住者が越境保険取引規制違反を犯す場合

　ここで，たとえば，A国を日本，B国をオフショアの国と仮定して，日本居
住者がB国に赴いてB国の保険者と越境保険取引規制違反となる保険契約を
締結した設例を検討する。オフショアの国は，タックス・ヘイブンであるため
現地で課される税が無税または低い税率あり，そして，高利回りの投資性生命

　　なお，日本居住者が海外に赴いて海外直接付保した場合にも保険業法の海外直接付保
　規制が適用される可能性があることは，吉澤＝横溝（2018年3月）9頁注16で既に指摘
　していたところである。細田（2018年5月）296頁も同旨。

206

第3節　外国の越境保険取引規制の特別連結

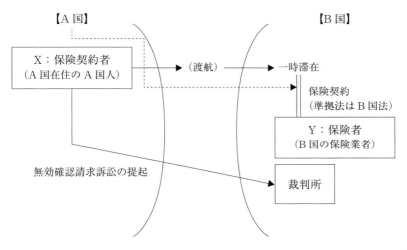

【図2：越境保険取引規制違反の渡航付保】

注：点線は越境保険取引規制を表す。　　　　　　　　　　　　　（筆者作成）

保険商品が販売されている可能性があるし、さらには現地資産を日本の国税当局に秘匿できると考えられている可能性がある。また、Xは、現地に渡航して保険契約を締結すれば日本の海外直接付保規制に抵触しないと誤解している可能性があるし[418]、日本の保険業法違反であるとしてもオフショアの生命保険商品に惹かれて違法行為を意図的に行う可能性もあるので、こうした保険契約の締結は現実的な仮定である[419]。なお、そのような保険契約の契約準拠法は当該オフショア国の法が指定されているであろう。

その後、何らかの理由で（たとえば、思っていたような利回りが得られない、

---

[418]　たとえば、「富裕層三つの節税術」週刊ダイヤモンド2021年8月7日・14日合併号52頁には、海外往訪型自発的アクセスであれば海外直接付保規制を免れると誤解しているかのような記事が掲載されている。

[419]　海外直接付保規制に抵触するが、日本居住者がオフショア地域に信託を設定したり法人を設立したりしたうえで、当該信託または当該法人が保険契約者となってカナダのサンライフ生命保険に加入していることが判明している。奥山＝畑（2022）231-233頁参照。

第2章　国際的な保険取引に関する契約準拠法の捉え方

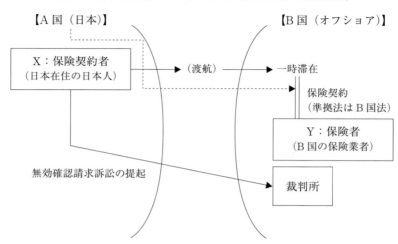

【図3：日本居住者によるオフショア生命保険の渡航付保】

注：点線は越境保険取引規制を表す。　　　　　　　　　　　　　　　　（筆者作成）

保険金・満期金や解約返戻金が払込保険料を下回る，保険募集時の商品説明に虚偽があった，肝心な不利益情報が保険募集時に開示されていなかったといった理由が考えられる），Xが当該保険契約の無効を主張して既払保険料相当額の返還を求めるに至ることもあり得よう。そして，交渉による解決が得られず，Xが当該オフショア国の裁判所に既払保険料の返還を求めて提訴したと仮定する（【図3：日本居住者によるオフショア生命保険の渡航付保】参照）。

　こうした事案においても，法廷地法かつ契約準拠法であるB国法によって，Xが納得する解決が得られるのであれば問題ない。けれども，保険契約締結時の保険会社や保険仲介者の説明義務の内容や保険契約者保護の程度は国によって区々である。B国法では十分な救済が得られないと見込まれる場合には，日本の越境保険取引規制である海外直接付保規制の特別連結をB国の裁判所に認めてもらうことが必要となる。日本の海外直接付保規制の目的の一つが保険契約者保護にあるとすると，まさに当該規制が発動されるべき事態が生じていると言えよう。

　しかしながら，B国の裁判所が，準拠法でも法廷地法でもない，第三国の強

第3節　外国の越境保険取引規制の特別連結

行的適用法規の特別連結を認めているか否かは分からない。また，仮にB国が第三国の強行的適用法規の特別連結を認めているとしても，日本の海外直接付保規制を強行的適用法規として取り扱うか否かも分からない。さらに，仮に日本の海外直接付保規制を強行的適用法規として取り扱うとしても，日本で海外直接付保規制違反の保険契約の私法上の効果について明文規定が存在せず，判例も存在せず，学界における議論も進んでいないため，B国の裁判所としては適用方法が分からないかもしれない。

　けれども，日本国としては，日本の保険業法の海外直接付保規制の趣旨からすると，日本の裁判所のみならず，外国（特に，日本の海外直接付保規制に違反して保険契約を締結した保険者の事業所所在国）の裁判所においても，保険契約を無効として取り扱われることを望んでいると思われる。行政罰だけでは十分な規制効果が得られにくいからである。

　すなわち，外国保険者は，日本の海外直接付保規制（保険業法186条1項）に違反すると，2年以下の懲役または300万円以下の罰金という刑罰が科される（同法316条4号。両罰規定あり。同法321条1項4号）。一方，保険契約者は，日本の海外直接付保規制（同法186条2項）に違反すると，50万円以下の過料という秩序罰に処される（同法337条1号）。けれども，海外の保険者は日本に拠点を有していないことが多く，その場合には実際に罰則が執行されることはないし，日本の監督当局が実効的な行政規制を当該保険者に及ぼすこともできない。他方，日本の保険契約者に対しては罰則を執行することは可能であるが，保険契約者のみに罰則を執行することはあまり現実的ではなく，また，執行したとしても将来の同様の規制違反を抑止する予防効果が十分には発揮されないかもしれない。

　そうであるとすると，大きな抑止効果が期待できるのは，違反をした海外の保険者（および，保険仲介者）に経済的ダメージを与えることである[420]。罰則の執行や実効的監督が困難であるとしても，規制に違反して締結された保険契約の私法上の効果を否定することができれば経済的なダメージを与えることができるので，違法な海外直接引受に萎縮効果を与えることができるかもしれない。

___

（420）　吉澤＝横溝（2018）33-34頁参照。

第 2 章　国際的な保険取引に関する契約準拠法の捉え方

したがって，仮に当該紛争が日本の裁判所に係属した場合には，契約準拠法が外国法であるとしても，日本の裁判所としては，法廷地の強行的適用法規として海外直接付保規制を特別連結すべきであろう。そして，海外直接付保規制に違反する保険契約の私法上の効果に関する規律が保険業法等で明定された場合には（諸外国の中には越境保険取引規制違反契約の私法上の効果に関する規律を明定する国があるが[421]，日本にはそのような規律は存在しない[422]），日本の裁判所は当該規律を特別連結しやすくなるであろうから，こうした規律を設けるべきである。

けれども，上述のとおり，実際には紛争が B 国の裁判所に係属することが多いであろう。そのため，B 国の裁判所が第三国である日本の海外直接付保規制を特別連結してくれることを，日本国として期待することになる（その場合にも，日本の法律で海外直接付保規制違反契約の私法上の効果に関する規律が明定されていれば，外国の裁判所としても特別連結しやすいであろう。その意味でも，そうした規律を設けるべきである）。もし，そうであるとすると，逆の事態が生じた場合においても，日本の裁判所は第三国の越境保険取引規制を特別連結すべきであることになろう。そこで次に，図 3（日本居住者によるオフショア生命保険の渡航付保）とは逆の事態を検討する。

(3) 外国居住者が越境保険取引規制違反を犯す場合

ここでは，A 国を開発途上国，B 国を日本と仮定して，A 国居住者が来日のうえ日本の保険者と越境保険取引規制違反となる保険契約を締結した設例を検討する。開発途上国では，自国の保険業に対する国民の不信感が強いことが

---

(421)　たとえば，メキシコにおいては，海外直接付保規制に違反して締結された保険契約は絶対無効であると規定されている（メキシコ保険・保証業法24条）。またたとえば，フランスや英国については前述第 1 章第 2 節 3 (2)，(4)を参照。

(422)　日本においては，海外直接付保規制に違反して締結された保険契約の私法上の効果に関する規定は存在せず，また，裁判例も存在しないようである。学界においてもほとんど議論されていないが，山下友信教授は，海外直接付保規制に抵触する保険契約は，「この規制が強度の経済政策的なものであることは否定できないが，規制に対する違反が刑事制裁の対象とされていること等に照らして私法上も無効といわざるをえないであろう。」と述べている（山下（2018）206頁）。同旨，吉田（2018）519頁参照。

第3節　外国の越境保険取引規制の特別連結

ある。他方，日本では，相対的に保険監督が行き届いており，保険契約者保護の制度や仕組みがしっかりとしている。また，生命保険会社の健全性が高く，多様な保険商品を販売していると一般的には言えるので，こうした保険契約の締結は現実的な仮定である。なお，日本の生命保険会社の保険約款には準拠法条項が置かれていないことが多いものの，日本で裁判がなされる場合には，能動的消費者（法適用通則法11条6項1号）として消費者契約の特例（同法11条6項）は適用されず，特徴的給付を行う保険者の事業所所在地法である日本法が最密接関係地法と推定され（同法8条2項），日本法が最密接関係地法として契約準拠法となるであろう（同法8条1項）。

　その後，何らかの理由で（たとえば，居住国において越境保険取引規制違反であることを指摘された），Xが当該保険契約の無効を主張して既払保険料相当額の返還を求めるに至ることもあり得よう。そして，交渉による解決が得られず，Xが日本の裁判所に⁽⁴²³⁾既払保険料の返還を求めて提訴したと仮定する（【図4：外国居住者による日本の生命保険の渡航付保】参照）。

　こうした事案においても，法廷地法かつ契約準拠法である日本法によって，Xが納得する解決が得られるのであれば問題ない。けれども，日本法上はYに落ち度のない契約締結行為がなされていた場合には，日本法上はXの請求は棄却されるであろう。また，当該保険契約は日本の海外直接付保規制に抵触するものではないので（なぜなら，日本に居住する人に関する海外直接付保ではな

---

(423)　なお，令和元年東京地判の事案では，保険金請求および保険料払込免除請求に関する訴訟について，保険者の本店所在地または保険金受取人の住所地を管轄する高等裁判所（本庁）の所在地を管轄する地方裁判所が，管轄裁判所として保険約款で合意されている。しかしながら，当該事案は被保険者契約締結をめぐる不法行為，錯誤無効，詐欺取消に関する訴訟であるから，この管轄合意の対象外である。ただし，当該事案の生命保険契約は法人契約であって，保険契約者たる法人は日本法人であり，保険料相当額の返還を求める裁判であるので，原告たる保険契約者が日本の裁判所に提訴したのは自然である。

　ただ，なぜ，札幌地裁小樽支部に提訴しなかったのかは不明である。契約締結時の関係資料および関係者は全て北海道の小樽市や札幌市に所在しており，被保険者も中国在住ではあるものの年数回は小樽市に来ているからである（東京地裁に提訴したのは，単に，原告の受任弁護士の都合だったのかもしれない）。

211

第2章　国際的な保険取引に関する契約準拠法の捉え方

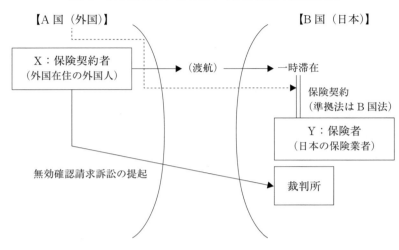

【図4：外国居住者による日本の生命保険の渡航付保】

注：点線は越境保険取引規制を表す。　　　　　　　　　　　　　　（筆者作成）

いため），同規制が発動する余地はない。したがって，保険契約者としては，本国であるA国の越境保険取引規制の特別連結を日本の裁判所に認めてもらうことが必要となる。けれども，この裁判において，A国は準拠法国でも法廷地国でもないので，第三国の強行的適用法規としての特別連結の可否を検討することになる。

　まず，日本において，そもそも第三国の強行的適用法規の特別連結が認められるか否かが問題となるが，裁判例は存在せず，学説は分かれている（前述2(1)参照）。仮に，第三国の強行的適用法規の特別連結が認められるとすると，次に，越境保険取引規制が強行的適用法規に該当するか否かが問題となる。この点に関しては，学界において十分な議論はなされていないが，免許制によるものであろうと海外直接付保規制によるものであろうと，越境保険取引規制は強行的適用法規であると考えられる（前述2(2)参照）。そうであるとすると，日本の裁判所が外国の越境保険取引規制を第三国の強行的適用法規として特別連結することは可能であると考えられる。

　次に，外国の越境保険取引規制を特別連結する必要性について検討するに，

212

第3節　外国の越境保険取引規制の特別連結

第1に，もし，日本居住者が外国（たとえば，オフショアの国）の保険者と越境保険取引を行って締結された保険契約について，紛争が当該外国の裁判所に係属した場合に，日本の海外直接付保規制が特別連結されることを日本として期待するのであれば（前述(2)参照），逆の事態が生じた場合，すなわち，外国居住者が日本の保険者と越境保険取引を行って締結された保険契約について紛争が日本の裁判所に係属した場合には，当該外国（ただし，逆の事態が生じた場合に，日本の海外直接付保規制を特別連結してくれることが期待できる友好国に限られよう[424]）の越境保険取引規制を特別連結すべきであると考えられる[425]。

　第2に，そもそも，外国の規制に抵触するような越境保険引受を日本の保険会社が行うことは，日本の監督法上も容認し難いところである（保険業法100条の2）。そのため，たとえ保険契約締結時に，保険契約者が日本居住者であると虚偽の事実を述べ，保険者がそれを信じたことに落ち度がなかったとしても，外国の規制に抵触することが後日に判明した場合には，当該外国の規制を参照し，基本的には当該外国における越境保険取引規制違反契約の私法上の取扱いに従って当該保険契約を無効処理するなどして，違法状態を解消するのが原則であると考えられる。もし，日本の裁判所がそのような保険契約の有効性を維持し続けると，外国の越境保険取引規制に抵触する保険契約締結を推進する効果を発揮することになる惧れがある。もちろん，日本の保険者自身が外国の越境保険取引規制に抵触する保険契約の締結を積極的に推進することはないであろうが，保険仲介者の中には，そのような保険契約締結の代理や媒介に躊躇しない者もいるかもしれない。そして，何より，外国の保険契約者自身が，日本の保険者が提供する保険商品に魅力を感じたり，日本の保険制度の安定性・健全性を信頼したりするがため，当該外国の越境保険取引規制に違反してでも日本の保険者と保険契約を締結したいと願うことは十分あり得るところである。

　以上のとおり，越境保険取引規制が強行的適用法規であるとすると，日本の裁判所が外国の越境保険取引規制を特別連結することは可能であり，また，そ

---

(424)　吉澤＝横溝（2018）31頁参照。

(425)　法廷地裁判所がコミテイ（国際礼譲）に基づいて外国公法や外国の強行的適用法規を適用するといった，一方的・自発的な協力もギヨメ（Johanna Guillaumé）等によって提唱されているようである。横溝（2015）118-119頁，119頁注55参照。

第 2 章　国際的な保険取引に関する契約準拠法の捉え方

の必要性もあると言えよう。

5　小　括

　外国の越境保険取引規制に違反して締結された保険契約について，保険契約者側が無効を主張することが現実に起こり得ることが，令和元年東京地判で明らかになった[426]（なお，当該事案が当該外国の越境保険取引規制違反であったか否かは不明である）。本節では，第三国，すなわち，法廷地でもなく準拠法国でもない国の越境保険取引規制を特別連結することが理論的に可能であることに簡単に触れたうえで（前述 2 ），越境保険取引規制に違反して締結された可能性のある保険契約について，実際に，保険契約者側が保険金を請求した事案（平成25年東京地判）と，保険契約者側が保険契約の無効確認と保険料相当額の返還を請求した事案（令和元年東京地判）を概観した（前述 3 ）。そのうえで，越境保険取引規制違反であることを理由に保険契約者側が契約無効を主張する事案を一般化して，第三国の越境保険取引規制の特別連結について理論的な検討を行った（前述 4 ）。

　検討の結果，次のように考えられる。第 1 に，外国居住者が日本の保険者と越境保険取引を行った場合には（前述 4 (3)），日本の裁判所は，第三国の強行的適用法規の特別連結があり得ることを一般的に認めたうえで，第三国の強行的適用法規たる外国の越境保険取引規制を特別連結すべきである（ただし，第三国が日本の友好国である場合に限られよう）。それは，当該外国の越境保険取引規制の実効性を高めることになるので国際協調に合致するとともに，逆の事態が生じた場合（すなわち，日本居住者が当該外国の保険者と越境保険取引を行った場合。前述 4 (2)）に，日本の海外直接付保規制を当該外国の裁判所が特別連結することの契機・誘因となるからである。

　第 2 に，日本の海外直接付保規制に違反して締結された保険契約は私法上も無効（または取消）となることを，保険業法等で明定すべきである。それは，

　（426）　そのような事態が生じ得ることは，既に吉澤＝横溝（2018）37頁で示していたところである。

214

第3節　外国の越境保険取引規制の特別連結

規制違反時の私法上の効果を明らかにする意義があり，また，日本の裁判所も当該規定を適用して違反契約の私法上の効果を否定しやすくなると考えられるからである（第1章第2節参照）。さらに，私法上の効果が明定されていれば，外国の裁判所が日本の海外直接付保規制を特別連結しやすくなると考えられるからである。日本の海外直接付保規制の実効性を高めるには，違反行為を行った外国の保険者（や保険仲介者）に対して経済的ダメージを与えることが肝要である。

結　び

　本書では，第1章において，国際的な越境保険取引に関する保険監督法の論点を取りあげた。国際的な保険取引は，MAT 保険（海上保険，航空保険，運送保険）と再保険を除き，日本のみならず，ほとんどの諸外国においても制限されている。そして，この越境保険取引を制限する法的枠組みとしては，保険業の免許制で対応する国と，海外直接付保規制で対応する国とがある。ところで，日本は海外直接付保規制を基に国際的な保険取引を原則として禁止している。そのため，越境保険取引の規制に関する研究の中心課題は，海外直接付保規制のあり方，保険者側からすると海外直接引受規制のあり方の検討となる。

　第1節「海外直接付保規制のあり方(1) —— 海外保険者に対する参入規制の整合性の観点から」では，日本の保険市場への参入規制の観点から日本の海外直接付保規制の分析と検討を行った。すなわち，海外直接引受は，海外の保険者にとっては日本の保険市場への参入形態の一種であるので，海外保険者による日本保険市場参入に対する規制間の整合性，および，いわゆる日系の内国保険会社に対する規制との均衡を検証することにより，海外直接付保規制の規制内容の適否を検討した。

　その結果，第1に，規制対象について，外国保険会社免許制では「保険業」という概念を，海外直接付保規制では保険契約という概念を基準としているがために，両規制内容の整合性に欠ける状況が生じていることが判明した。また，外国保険会社免許制と海外直接付保規制は，同じく外国において保険引受を業として行う者に対する日本市場への参入規制であり，「外国保険業者」という概念を共通にしている。けれども，両規制とも「外国保険業者」概念を共通にしているがために，海外直接付保規制において不具合が生じていることが判明した。

　第2に，「外国保険業者」の日本市場への進出方法としては，保険免許を受けずに海外直接引受を行う方法，外国保険会社免許を受けて，日本に設置した「支店等」で「保険業」を営む方法，内国保険会社免許を受けて，日本で設立

結 び

した内国保険会社で「保険業」を営む方法の3種類がある。ところで，こうして日本に進出する「外国保険業者」やその「子会社等」である内国保険会社（いわゆる外資系の保険会社）は，いわゆる日系の内国保険会社と競争関係に立つので，両者間の競争条件の均衡確保が要請されることになる。けれども，「外国保険業者」が内国保険会社を設立した場合には，保険契約者が監督官庁の許可を受ければ，当該「外国保険業者」自身が，その日本国外の本支店から海外直接引受をすることができる。この点において，いわゆる日系の内国保険会社のうち，海外に支店や現地法人を展開していない者よりも実質的に有利であることが判明した。

　海外直接付保規制はきわめて通商政策的意味合いの強い制度であり，合理性および整合性のある規制を設定するとともに，いわゆる日系の内国保険会社との競争条件の実質的均衡を確保すべきであると考えられる。

　第2節「海外直接付保規制のあり方(2) —— 通信による越境保険取引規制の観点から」では，インターネットなどの通信を用いた日本と海外との越境保険取引に関する規制の観点から，保険の通信越境取引について日本が採用すべき規制を検討した。

　その結果，海外保険者（外国保険会社免許を受けていない「外国保険業者」）による海外直接引受に関する規制枠組みとしては，免許制ではなくて，従来どおり海外直接付保規制を維持すべきであると考えられる。

　ただ，現行の海外直接付保規制の改正を検討すべき事項も存在する。第1に，現行の海外直接付保規制の一般的な適用除外としては，付保対象ベースでの除外事由のみが規定されているが（MAT保険，再保険等），付保主体ベースでの除外事由（たとえば，損害保険会社が保険契約者となる元受保険契約）の新設を検討すべきである。

　第2に，現行の海外直接付保規制の実効性は，海外保険者に対する罰則を現実に適用することが困難であるので，保険契約者に対する罰則および保険契約者に対する周知に依存している。こうした問題を解決すべく，すなわち，海外直接付保規制の実効性を高めるため，一つには，海外直接引受における保険募集において，海外直接付保には監督当局の許可が必要である旨を保険契約者に明示する義務を海外保険者に課す規制の創設を検討すべきである。もう一つに

は，それでも監督当局の許可を得ずに海外直接付保がなされてしまうことがあり得るため，違反契約の私法上の効果に関する規定，具体的には，違反契約が無効（または，取消）となる旨の規定を創設すべきである。

第3節「日本の事業会社によるキャプティブ保険会社の設立・利用」では，内国キャプティブ・海外キャプティブ，元受キャプティブ・再保険キャプティブのそれぞれについて，日本の事業会社がピュア・キャプティブを設立したり利用したりすることに対する規制のあり方を検討した。ここでキャプティブ保険会社を取りあげたのは，キャプティブ規制のあり方が，海外直接付保規制のあり方と深く関連しているからである。

検討の結果，再保険キャプティブには大きな法的問題が起こり得ることが明らかとなった。具体的には，フロンティング保険会社を利用した違法行為や脱法行為の問題と，フロンティング保険会社の保険契約者保護の問題である。両者ともに再保険キャプティブの仕組みから必然的に発生するものである。そして，こうした再保険キャプティブの問題点は，内国キャプティブであろうが海外キャプティブであろうが，理論的にはほとんど相違がない（なお，海外直接付保規制の脱法行為の危険性は，再保険キャプティブのみならず，内国元受キャプティブにもある）。

また，内国元受キャプティブに関しては次の問題もあろう。すなわち，保険業法等における保険とは何かが明確にされていないがために，内国元受キャプティブが引き受けるリスク移転契約が保険契約としての取扱いを受けることができるのか否かが判然としない。また，内国元受キャプティブから海外再保険者（正確には，外国保険会社免許を受けていない「外国保険業者」）への付保が「再保険」として取り扱われて，海外直接付保規制の適用除外となるのか否かも判然としない，という問題である。ただし，この保険該当性の論点は，内国再保険キャプティブでも，海外元受キャプティブでも，海外再保険キャプティブでも問題となる。

こうして，キャプティブ保険会社は，内国キャプティブであろうと海外キャプティブであろうと，また，元受キャプティブであろうと再保険キャプティブであろうと，様々な法的課題を抱えていることが明らかとなった。そのため，我が国としてキャプティブ保険を推進するか否かの立法政策判断（具体的には，

結　び

キャプティブ保険会社法制創設可否の判断）では，こうした法的課題を乗り越え
てまでキャプティブ保険を推進していくべき大きな利益が我が国に存在するか
否かが問われることになる。この判断を行う際には，次の2つの観点からの検
討が必要である。第1は，キャプティブ推進に伴って生じる，関係者の利害得
失と日本国全体の利害得失である。第2は，日本の通商政策の問題である。

以上からすると，日本においてキャプティブ保険会社法制の創設可否を検討
するにあたっては，関係者および日本国全体の利害得失を踏まえたうえで，海
外直接付保規制との関係に目配りしながら，通商政策の一つとして是非を政策
決定すべきであろう。

次に第2章において，国際的な保険契約に関する契約準拠法の論点を取りあ
げた。海上保険以外の一般的な保険契約に関しては，日本では保険契約準拠法
に関する議論がほとんどなされていないが，渉外性のある事案に関しては仔細
に検討すべき場合があると考えられるからである。特に生命保険契約の準拠法
に関する検討が不可欠である。

第1節「外国居住者を保険契約者兼被保険者とする生命保険契約の準拠法」
では，外国居住者を保険契約者兼被保険者として，日本の生命保険会社が日本
国内で締結した生命保険契約について，その成立および効力に関する契約準拠
法を検討した。その結果，日本の裁判所では，当該保険契約の準拠法は，契約
準拠法の合意がなされている場合には（保険約款中に準拠法条項が存在する場合，
および，準拠法条項は存在しないが黙示の合意が認められる場合），合意された準
拠法である日本法が契約準拠法となるのが原則である。他方，契約準拠法の合
意がなされていない場合には，法例施行下で締結された保険契約と通則法施行
下で締結された保険契約に分けて検討する必要があるが，いずれの場合も日本
法が準拠法となるであろう。

なお，通則法施行下で締結された保険契約に関しては，準拠法指定の有無に
かかわらず，消費者契約の特例（通則法11条1項，2項）の適否が問題となる。
けれども，この消費者契約の特例には適用除外規定が設けられており（同条6
項1号～4号），そのうちの1号～3号に該当する（すなわち，消費者契約の特例
が適用されない）ことが多いと考えられる。

このように，日本の生命保険会社が，外国居住者を保険契約者兼被保険者と

結　び

する生命保険契約を，日本において締結した場合であっても，当該保険契約に関する紛争が日本の裁判所で争われる場合には，日本法が契約準拠法となる可能性が高い。けれども，当該保険契約に関する紛争が外国の裁判所で争われる場合には，そして当該外国の裁判管轄権が認められれば，日本の生命保険会社の保険約款には準拠法条項が存在せず，また，生命保険契約は消費者契約であるため，当該外国の法が準拠法とされる可能性が十分にある。以上からすると，日本の生命保険会社は，生命保険約款に準拠法条項を設けるべきだと考えられる。

　第2節「短期在留外国人を保険契約者兼被保険者とする定期保険契約が本国帰国後に更新されたときの更新後契約の準拠法」では，短期在留外国人を保険契約者兼被保険者として日本の生命保険会社が日本国内で定期保険契約を締結したものの，当該保険契約者兼被保険者が本国帰国後に更新された更新後契約について，その準拠法を検討した。

　日本が法廷地となり通則法が適用される場合には，更新後定期保険契約は，消費者契約の特例の例外（通則法11条6項2号）には該当しないとも考えられる。この立場では消費者契約の特例が適用されるので，更新後定期保険契約の準拠法は，最密接関係地法（通則法8条）ではなく，保険契約者兼被保険者の常居所地法である外国法になると考えられる（通則法11条2項）。

　一方，消費者契約の特例の例外（同号）に該当すると考える立場では，消費者契約の特例（通則法11条2項）が適用されずに最密接関係地法が準拠法となる（通則法8条1項）。けれども，特徴的給付に関する推定規定があるものの（通則法8条2項），更新後定期保険契約に関してはこの推定規定を覆して，保険契約者兼被保険者の常居所地法である外国法が最密接関係地法として準拠法になることもあると考えられる。また，そもそも，更新後定期保険契約が消費者契約の特例の例外（通則法11条6項2号）に該当する旨を保険者が主張すること自体が，国際私法における信義則に反し許されないとも考えられる。

　したがって，いずれの立場に立つとしても，更新後定期保険契約の準拠法は保険契約者兼被保険者の常居所地法である外国法になる可能性があると考えられる。

　ところで，外国居住者や外国人を保険契約者や被保険者として日本の生命保

221

結　び

険会社が引き受ける生命保険契約は，当該外国の監督法の立場からすると，第
1章で検討したとおり，免許制違反や海外直接付保規制違反と評価されるべき
ものとなる可能性がある。そのため，そのような生命保険契約について日本の
裁判所が裁判を行う場合には，当該外国の保険監督法を特別連結すべきか否か
が理論的には問題となる。そこで，第3節「外国の越境保険取引規制の特別連
結」では，越境保険取引に関する外国の保険監督法を強行的適用法規として特
別連結すべきか否かを検討した。その結果，次のように考えられる。

　第1に，外国居住者が日本の保険者と越境保険取引を行った場合には，日本
の裁判所は，第三国の強行的適用法規の特別連結があり得ることを一般的に認
めたうえで，第三国の強行的適用法規たる外国の越境保険取引規制を特別連結
すべきである（ただし，第三国が日本の友好国である場合に限られよう）。それは，
当該外国の越境保険取引規制の実効性を高めることになるので国際協調に合致
するとともに，逆の事態が生じた場合（すなわち，日本居住者が当該外国の保険
者と越境保険取引を行った場合）に，日本の海外直接付保規制を当該外国の裁判
所が特別連結することの契機・誘因となるからである。

　第2に，日本の海外直接付保規制に違反して締結された保険契約は私法上も
無効（または取消）となることを，保険業法等で明定すべきである。それは，
規制違反時の私法上の効果を明らかにする意義があり，また，日本の裁判所も
当該規定を適用して違反契約の私法上の効果を否定しやすくなると考えられる
からである（第1章第2節参照）。さらに，私法上の効果が明定されていれば，
外国の裁判所が日本の海外直接付保規制を特別連結しやすくなると考えられる
からである。

参 考 文 献*

青井勝豊（1963）「無免許外国保険事業の規制を強化」時の法令473号

青木浩子（2007）「外国証券業者に対する監督権の行使」黒沼悦郎＝藤田友敬『企業法の理論（下巻）』商事法務

青谷和夫監修（1974ab）『コンメンタール保険業法(上)(下)』千倉書房

秋山幹男他編（2014）『コンメンタール民事訴訟法Ⅰ』（2版追補版）日本評論社

飯島慶紀（2023）「被保険利益から考察するグローバル保険プログラム」保険学雑誌662号

井口富夫（1994）「日米生命保険会社の海外進出活動」龍谷大学経済学会経済学論集33巻4号

井口富夫（2006）「保険の個人輸入と消費者利益 —— 保険業法第186条をめぐって」龍谷大学経済学論集46巻3号

池内光久＝杉野文俊＝前田祐治（2013）『キャプティブと日本企業　リスク・マネジメントの強化に向けて』保険毎日新聞社

石黒一憲（1983）「バミューダ島におかれた自家保険会社 —— いわゆるキャプティヴ・インシュアランス・カンパニーについて」ジュリスト804号

石黒一憲（1986）『現代国際私法 上』東京大学出版会

石黒一憲（1988）『国際的相克の中の国家と企業 —— 法的省察への序章』木鐸社

石黒一憲（1990）『国際私法』（新版）有斐閣

石黒一憲（1992）「証券取引法の国際的適用に関する諸問題 —— 序説的覚書として」証券研究102巻

石田勝士（2016）『なるほど保険業法 平成26年保険業法改正の解説』保険毎日新聞社

石田満（1995）「外国保険事業者に関する法律」落合誠一他編『現代企業立法の軌跡と展望』商事法務研究会

石田満（1997）『商法Ⅳ（保険法）』（改訂版）青林書院

石田満（2019）『保険業法2019』文眞堂

市川秀雄（1964）「在日外国保険会社の現況とその特異性」保険学雑誌426号

伊藤眞（2011）『民事訴訟法』（4版）有斐閣

稲田行祐＝大平修司（2015）「保険会社の破綻手続等の概要」MS&AD 基礎研 REVIEW 18号

岩崎稜（1988）「相互会社の事業方法書の拘束力」生命保険判例百選（増補版）

岩崎稜（1992）「保険事業の定義」竹内昭夫編『保険業法の在り方 下巻』有斐閣

＊　参考文献および脚注で示したウェブサイトの採取閲覧日は，全て2024年2月8日である。

参 考 文 献

岩原紳作（1994）「保険監督諸法の改正」商事法務1363号

江頭憲治郎（2022）『商取引法』（9版）弘文堂

鴻常夫編（1995）『註釈自動車保険約款(下)』有斐閣

鴻常夫監修（2001）『保険業法コンメンタール』安田火災記念財団

大森忠夫（1957）『保険法』有斐閣

大森忠夫（1985）『保険法（補訂版)』（中西正明補訂）有斐閣

岡田豊基（2017）『現代保険法』（2版）中央経済社

奥田安弘（2009）『国際私法と隣接法分野の研究』中央大学出版部

奥山俊宏＝畑宗太郎（2022）「パンドラ文書を解読する(下)」世界952号

落合誠一（1992）「外国保険事業者」竹内昭夫編『保険業法の在り方 下巻』有斐閣

笠原俊宏（1998）「メキシコ国際私法の改正とその特質について」東洋法学42巻1号

笠原俊宏（2017）「新しいベトナム国際私法・邦訳と解説『婚姻及び家族に関する法律』及び『民法典』」中の国際私法規定(上)」戸籍時報762号

兼子一他（2011）『条解 民事訴訟法』（2版）弘文堂

カーター，ロバート（東亜火災海上保険訳）（1983）『再保険概論』保険研究所

神谷高保（1993）「国際的な保険事業者の強制管理および保険契約の包括移転の研究」損害保険研究55巻1号

川又良也（1995）「当事者自治 ── 黙示の指定」渉外判例百選（3版）

川村正幸編（2009）『金融商品取引法』（2版）中央経済社

関西保険業法研究会（1989）「保険業法逐条解説（I)」文研論集87号

関西保険業法研究会（1990）「保険業法逐条解説（IV)」文研論集91号

関西保険業法研究会（1998）「保険業法逐条解説（I)」文研論集125号

関西保険業法研究会（2004）「保険業法逐条解説（XXIII)」生命保険論集148号

神前禎（2006）『解説 法の適用に関する通則法 ── 新しい国際私法』弘文堂

神前禎＝早川吉尚＝元永和彦（2019）『国際私法』（4版）有斐閣

神田秀樹他編著（2014）『金融商品取引法コンメンタール2 ── 業規制』商事法務

北尾敏明（2011）「ダイレクト損保の10年」保険学雑誌612号

木下孝治（2002）「外国保険会社規制の目的と海外直接付保規制」阪大法学52巻3・4号

木村昭二（2001）「金融庁発表の外国証券業者によるインターネット等を利用したクロスボーダー取引に関する事務ガイドラインについて」New Finance 31巻1号

清河雅孝＝周喆（2010）「2009年の中国改正保険法」産大法学43巻3・4号

金融サービスの電子取引等と監督行政に関する研究会（脚注では金融サービス研究会という）（2000）『金融サービスの電子取引の進展と監督行政』Available at http://www.fsa.go.jp/p_fsa/news/newsj/f-20000418-1.pdf.

金融審議会金融分科会第二部会（2008）「保険法改正への対応について」（2008年1

月31日）Available at https://www.fsa.go.jp/singi/singi_kinyu/tosin/20080208-2. html.

金融法委員会（2002）「金融関連法令のクロスボーダー適用に関する中間論点整理 —— 証券取引法を中心に」商事法務1643号

久保岩太郎（1959）『国際私法』有信堂

桑田三郎（1952）「国際私法における強行的債務法の連結問題」法学新報59巻11号

経済産業省リスクファイナンス研究会（2006）『リスクファイナンス研究会報告書 —— リスクファイナンスの普及に向けて』Available at https://www.meti.go.jp/ policy/economy/keiei_innovation/sangyokinyu/jinzai04.pdf.

小出邦夫他（2006）「『国際私法の現代化に関する要綱』の概要」別冊 NBL 編集部編 『法の適用に関する通則法関係資料と解説』商事法務

小出邦夫（2014）『逐条解説 法の適用に関する通則法』（増補版）商事法務

小林登（1998）「判批」損害保険研究60巻3号

斎藤秀夫他編著（1991）『注解民事訴訟法(1)』（2版）第一法規出版

榊原憲（2013）「グローバル人口動態からみたオフショア・コールセンター立地に関 する検討」日本テレワーク学会誌11巻1号

櫻田嘉章（2000）「契約の準拠法」国際私法年報2号

櫻田嘉章＝道垣内正人編（2011）『注釈国際私法 第1巻』有斐閣

櫻田嘉章（2020）『国際私法』（7版）有斐閣

佐々木彩（2010）『インドネシア国際私法における総論的課題』東洋大学アジア文化 研究所研究年報44号

佐藤達文＝小林康彦（2012）『一問一答 平成23年民事訴訟法等改正 —— 国際裁判管 轄法制の整備』商事法務

佐藤雅俊（2013）「欧州連合における新しい保険監督法制」保険学雑誌621号

澤木敬郎（1976）「証券取引法の域外適用」証券研究50巻

澤木敬郎＝道垣内正人（2018）『国際私法入門』（8版）有斐閣

島田真琴（2010）「判批」慶應法学17号

下和田功編（2014）『はじめて学ぶリスクと保険』（4版）有斐閣

新川浩嗣編著（2005）『無認可共済の法規制 —— 保険業法改正のコンメンタール』金 融財政事情研究会

新生命保険実務講座刊行会（1966a）『新生命保険実務講座 第5巻 選択・保全・経 理・財務』有斐閣

新生命保険実務講座刊行会（1966b）『新生命保険実務講座 第6巻 法律』有斐閣

新堂幸司＝小島武司編（1991）『注釈民事訴訟法(1) 裁判所・当事者(1)』有斐閣

杉野文俊（2015）「米国キャプティブの新展開に関する一考察 —— 『オンショアへの 回帰』をめぐる現状・要因・論点について」専修商学論集100号

参 考 文 献

住吉博 （1976）「判批」判タ332号

生命保険実務講座刊行会 （1958）『生命保険実務講座 第4巻 法律編』有斐閣

生命保険文化センター （2021）『2021（令和3）年度 生命保険に関する全国実態調査』生命保険文化センター

損害保険事業総合研究所（損保総研）（2011）『ソルベンシーⅡ 枠組指令に関する調査・研究（資料編）』損保総研

損保総研 （2015）『アジア諸国における損害保険市場・諸制度の概要について（その2）』損保総研

Sompo Japan Research Institute （2013）「バークシャーが本格参戦した米国サープラスライン市場」*Global Insurance Topics*, Vol. 19.

高橋徹 （1999）「判批」判タ1005号

高橋康文＝堀天子＝森毅 （2023）『新・逐条解説 資金決済法』（2版）金融財政事情研究会

竹下啓介 （2012）「外国における国有化の効力」国際私法判例百選（2版）

武田久義 （2008）『生命保険会社の経営破綻』成文堂

龍田節 （1975）「証券の国際取引に関する法的規制」証券研究41巻

田中誠二 （1971）「外国証券業者に関する法律について」商事法務558号

谷口知平 （1988）「判批」生命保険判例百選（増補版）

溜池良夫 （2005）『国際私法講義』（3版）有斐閣

月足一清 （1989）「国際団体保険市場 —— その形成と現況と展望」保険学雑誌525号

筒井健夫＝村松秀樹編著 （2018）『一問一答 民法（債権関係）改正』商事法務

トーア再保険 （2011）『再保険 その理論と実務』（改訂版）日経BPコンサルティング

土井輝生 （1963）「渉外保険契約における国際私法問題」早稲田法学38巻3・4号

道垣内正人 （2007）『ポイント国際私法 総論』（2版）有斐閣

道垣内正人 （2012）『国際契約実務のための予防法学 —— 準拠法・裁判管轄・仲裁条項』商事法務

東京海上火災保険編 （1965）『新損害保険実務講座 第3巻 損害保険市場』有斐閣

東京海上火災保険編 （1983）『損害保険実務講座 第1巻 損害保険法と市場』有斐閣

東京海上火災保険編 （1990）『損害保険実務講座 第6巻 自動車保険』有斐閣

東京海上火災保険編 （1992）『損害保険実務講座 第5巻 火災保険』有斐閣

東京海上火災保険編 （1997）『損害保険実務講座 補巻 保険業法』有斐閣

遠山聡 （2009）「定額保険における現物給付」保険学雑誌607号

遠山聡 （2018）「判批」事例研レポート319号

遠山優治 （2020）「保険法制定後の監督規制の動向と私法上の課題 —— 生命保険実務の立場から」保険学雑誌649号

参 考 文 献

内藤正人（2014）「メキシコの損害保険事情」損保総研レポート109号

長崎正造（1952）「欧米各国の保険行政について」日本保険学会年報

長崎正造（1991）『戦後保険法制の諸問題』損保総研

長島・大野・常松法律事務所（2019）『アドバンス 金融商品取引法』（3版）商事法務

中西康（2005）「契約に関する国際私法の現代化」ジュリ1292号

中西康＝北澤安紀＝横溝大＝林貴美（2022）『国際私法』（3版）有斐閣

中野俊一郎（1998）「法例7条をめぐる解釈論の現状と立法的課題」ジュリ1143号

仲野悠一（2015）「判批」事例研レポート292号

ナッシュ，リチャード（1997）『日本人のためのオフショア金融センターの知識 —— 新・国際資産運用の衝撃』ダイヤモンド社

西島梅治（1998）『保険法』（3版）悠々社

西谷祐子（2007）「消費者契約及び労働契約の準拠法と絶対的強行法規の適用問題」国際私法年報9号

西谷祐子（2015）「当事者自治原則の現代的意義 ——『国際商事契約の準拠法選択に関するハーグ原則』をめぐって」国際私法年報17号

日本生命保険（2023）『生命保険の法務と実務』（4版）金融財政事情研究会

日本損害保険協会（2023）『ファクトブック2023 日本の損害保険』日本損害保険協会

野一色直人（2012）「キャプティブ保険会社への保険料の損金該当性をめぐる米国の裁判例の展開について(1)(2・完)」大阪学院大学法学研究38巻2号，39巻1号

萩本修編著（2009）『一問一答 保険法』商事法務

浜田健一郎＝河野英介＝小島弘敬（2023）『キャプティブ保険会社の実務』保険毎日新聞社

早川吉尚（2003）「準拠法の選択と『公法』の適用」国際私法年報5号

早川吉尚（2007）「通則法における契約準拠法」国際私法年報9号

樋口範雄（2015）『アメリカ渉外裁判法』弘文堂

廣岡知（2014）「米国オンショアキャプティブの動向」損保ジャパン総研レポート Vol. 64

船越優子（2005）「コモン・ローにおける信義誠実の原則の展開」神戸法学雑誌55巻2号

古瀬政敏（2006）「保険業法上の保険と保険デリバティブ」生命保険論集156号

米国保険情報協会（Insurance Information Institute）（2021）『2021 ファクトブック Insurance Fact Book』Available at https://www.sompo-ri.co.jp/wp-content/themes/sompori/assets/pdf/fact_2021.pdf.

ヘルデーゲン，マティアス（2013）『EU法』（中村匡志訳）ミネルヴァ書房

参 考 文 献

法制審議会保険法部会（2007）「保険法の見直しに関する中間試案」（2007年 8 月）
　　Available at https://public-comment.e-gov.go.jp/servlet/PcmFileDownload?seq
　　No=0000028429.
法務省民事局参事官室（2005）「国際私法の現代化に関する要綱中間試案 補足説明」
　　（2005年 3 月）民事月報60巻 5 号 Available at https://www.moj.go.jp/content/
　　000071219.pdf.
法務省民事局参事官室（2007）「保険法の見直しに関する中間試案の補足説明」
　　（2007年 8 月）Available at https://public-comment.e-gov.go.jp/servlet/PcmFile
　　Download?seqNo=0000028430.
法例研究会（2003）『法例の見直しに関する諸問題(1)―― 契約・債権譲渡等の準拠
　　法について』別冊 NBL80号
法例研究会（2004）『法例の見直しに関する諸問題(4)―― 代理，信託，親族関係等
　　の準拠法及び総則規定について』別冊 NBL89号
保険業法研究会編（1986）『最新保険業法の解説』大成出版社
保険研究会編（1996a）『最新保険業法の解説』大成出版社
保険研究会編（1996b）『コンメンタール保険業法』財経詳報社
細田浩史（2018）『保険業法』弘文堂
前田祐治（2016）「リスクマネジャーによるキャプティブドミサイルの選択」Busi-
　　ness & Accounting Review 18号
マーシュブローカージャパン（2022）『プロが教えるキャプティブ自家保険の考え方
　　と活用』中央経済社
松岡博（1967）「責任保険契約における国際私法問題」阪大法学62号
松岡博（1993）『国際取引と国際私法』晃洋書房
松岡博（高杉直補訂）（2015）『国際関係私法講義（改題補訂版）』法律文化社
松尾直彦（2011）「金融商品取引法の国際的適用範囲」東京大学法科大学院ローレ
　　ビュー 6 号
松木太郎（1951）「再保険の法的考察(1)」損害保険研究13巻 3 号
松下泰浩（2022）「判批」ジュリスト1572号
三浦正人（1964）『国際私法における適応問題の研究』有斐閣
三浦義道（1935）「国際保険契約法研究」『中央大学五十周年記念論文集法律之部』
三室徹（2021）「判批」保険事例研レポート338号
村田大樹（2021）「判批」保険事例研レポート340号
森宮康（1997）『キャプティヴ研究』損保総研
安居孝啓編著（2016）『改訂 3 版 最新 保険業法の解説』大成出版社
弥永真生（2008）「インターネットと証券取引規制 ―― 先進国における動向」Avail
　　able at http://www.fsa.go.jp/news/20/sonota/20080724-2.html.

参 考 文 献

柳澤宜明（2019）「キャプティブ保険会社の成立要因」立教ビジネスデザイン研究16号

矢野慎治郎（2021）「外国人当事者の生命保険契約に対する国際私法の適用」泉裕章他編『保険法の新潮流 —— SDGs 時代における保険法の役割と諸法との交錯』法律文化社

山下友信（1994）「保険事業者の国際的事業活動と法規制」損保総研『創立六十周年記念損害保険論集』損保総研

山下友信（1996）「保険業の意義」商事法務1434号

山下友信（2005）『保険法』有斐閣

山下友信（2009a）「保険の意義と保険契約の類型 —— 定額現物給付概念について」竹濵修他編『保険法改正の論点』法律文化社

山下友信（2009b）「キャプティブに関する序論的考察」前田庸先生喜寿記念『企業法の変遷』有斐閣

山下友信＝米山高生（2010）『保険法解説 —— 生命保険・傷害疾病定額保険』有斐閣

山下友信（2018）『保険法（上）』有斐閣

山下友信他（2019）『保険法』（4版）有斐閣

山田鐐一＝澤木敬郎（1970）『国際私法講義』青林書院新社

山田鐐一（2004）『国際私法』（3版）有斐閣

山戸嘉一（1953）「保険契約に関する準拠法」私法9号

山中政法＝佐藤義一＝福山和昭（2019）『改正入管法のポイント —— 外国人材の受入れと在留資格「特定技能」』法律情報出版

横溝大（2006）「抵触法における不正競争行為の取扱い —— サンゴ砂事件判決を契機として」知的財産法政策学研究12号

横溝大（2012）「特許法上の職務発明」国際私法判例百選（2版）

横溝大（2015）「グローバル化時代の抵触法」浅野有紀他編著『グローバル化と公法・私法関係の再編』弘文堂

横山潤（1983）「国際契約と官庁の許可」遠藤浩＝林良平＝水本浩監修『現代契約法大系(8) 国際取引契約1』有斐閣

横山潤（1992）「外国の輸出管理と国際私法」国際法外交雑誌91巻5号

横山潤（1995）「外国公法の適用」渉外判例百選（3版）

吉川吉衞監訳（1994）『ドイツの保険監督法 —— 監督法・渉外法・競争法』日本損害保険協会

吉澤卓哉（2006）『保険の仕組み』千倉書房

吉澤卓哉（2007）「保険契約法の現代化と保険事業 —— 保険法現代化が損害保険実務に与える影響」保険学雑誌599号

吉澤卓哉（2011）「保険法における人保険契約の分類」損害保険研究73巻1号

参 考 文 献

吉澤卓哉（2013）「海外保険者に対する参入規制の整合性」損害保険研究75巻 3 号
吉澤卓哉（2014）「大成火災破綻前史 —— 破綻への途から外れる機会はなかったのか」保険学雑誌627号
吉澤卓哉（2015）「大成火災破綻に関する取締役の任務懈怠責任」産大法学49巻 3 号
吉澤卓哉（2016）「通信による保険の越境取引に関する規制の在り方(1)(2完)」損害保険研究78巻 1 号，2 号
吉澤卓哉＝横溝大（2018）「外国居住者を保険契約者兼被保険者とする生命保険契約への当該外国の海外直接付保規制の適用可否」生命保険論集202号
吉澤卓哉（2019）「保険先取特権の準拠法 —— 直接請求権の準拠法をてがかりに」損害保険研究81巻 2 号
吉澤卓哉（2022）「来訪外国人を被保険者とする生命保険契約への第三国の越境保険取引規制の特別連結 —— 東京地判令和元年 5 月21日を契機として」産大法学55巻 3 ・ 4 号
吉澤卓哉（2023）『インシュアテックをめぐる法的論点』保険毎日新聞社
吉田和央（2023）『詳解 保険業法』（2 版）金融財政事情研究会
レイク II，チャールズ（2013）「新たなグローバル経済のアーキテクチャーと保険業界」保険学雑誌620号

Abraham, Kenneth and Daniel Schwarcz（2020）*Insurance Law and Regulation, Cases and Materials*, 7th ed., Foundation Press, US.
Allagan, Tiurma（2017）Indonesian Private International Law: The Development After More Than A Century, *Indonesian Journal of International Law*, 14-3.
Axco（2007）*Insurance Market Report, Regulation & Supervision: Non-Life*（*P&C*）, Axco.
Basel Committee on Banking Supervision（2003）Management and Supervision of Cross-Border Electronic Banking Activities. Available at https://www.bis.org/publ/bcbs99.pdf.
Bawcutt, Paul A.（1997）*Captive Insurance Companies*, 4th ed., Wither by & Co., UK.（邦訳：日吉信弘＝齋藤尚之共訳『キャプティブ保険会社』（増補・改訂版。1999年）保険毎日新聞社）
Beckmann, Rainer, Carsten Eppendorfer and Markus Neimke（2002）Financial integration within the European Union: Towards a single market for insurance, *MPRA Paper* No. 5280. Available at http://mpra.ub.uni-muenchen.de/5280.
Bělohlávek, Alexander J.（2010）*Rome Convention, Rome I Regulation, Commen-*

tary, Juris, US.

Booth, Garry and Tony Dowding (1999) *Alternative Risk Transfer, the way ahead, the complete guide to alternative risk financing solutions for corporates and the insurance industry,* Financial Times Finance Management Reports, UK.

Calliess, Gralf-Peter (2015) *Rome Regulations Commentary*, 2nd ed., Wolters Kluwer, NL.

Campbell, Dennis ed. (2015) *International Insurance Law and Regulation*, Vol. 2, Thomson Reuters, US.

Campbell, Dennis ed. (2023ab) *International Insurance Law and Regulation*, Vol. 1 and 2, Thomson Reuters, US.

Carter, Robert, Leslie Lucas & Nigel Ralph (2013) *Reinsurance*, 5th ed., Witherby Insurance and Legal, UK.

Chang, Mu-Sheng and Jiun-Lin Chen (2018) Characteristics of S&P 500 companies with captive insurance subsidiaries, *Journal of Insurance Regulation* 37-2.

Clyde & Co (2013) Key components of insurance and reinsurance, Law and practice in Latin jurisdictions, A practical guide. Available at http://www.clydeco.com/uploads/Files/Publications/2013/CC003846_Latin_America_Guide_A5_25.10.13.pdf.

Condon, Bradly J., Joyce C. Sadka and Tapen Sinha (2003) *Insurance Regulation in North America, Integrating American, Canadian and Mexican Markets,* Kluwer Law International, UK.

Dearie, John P. Jr. ed. (2014) Excess and Surplus Lines Laws in the United States, Edwards Wildman. Available at https://media.lockelord.com/files/uploads/SurplusLines/ExcessandSurplusLinesManual122014.pdf.

Dowding, Tony (1997) *Global Developments in Captive Insurance*, FT Financial Publishing, UK.

Dunhum, Wolcott B. Jr. ed. (2009) *New Appleton New York Insurance Law*, LexisNexis, US.

EC (European Commission) (2010) *White Paper on Insurance Guarantee Schemes*, SEC (2010) 840, SEC (2010) 841. Available at https://ec.europa.eu/finance/consultations/2010/whitepaper-on-igs/docs/whitepaper_en.pdf.

EC (2014) *Final Report of the Commission Expert Group on European Insurance Contract Law*, EC. Available at https://www.uibk.ac.at/zivilrecht/forschung/evip/restatement/final_report.pdf.

参 考 文 献

ECIROA (European Captive Insurance and Reinsurance Owners Association) (2012) Position paper on Treatment of captives in SOLVENCY II. Available at https://www.eciroa.org/wp/wp-content/uploads/2008/09/ position-paper-captives-solvency-ii.pdf.

Emmanuel, John and Zachary Lerner (2023) Excess and Surplus Lines Laws Manual, 22ⁿᵈ ed., Locke Lord LLP, US. Available at https://surplusmanual. lockelord.com.

European Consumer Centre Germany (2014) *The European Single Market, Cross-border insurance contracts: conclusion or exclusion?*. Available at https://www.cec-zev.eu/fileadmin/Media/PDF/publications/ Etudes-Rapports_FR/Etude_Assurances-resume_EN.pdf.

French, Christopher and John Dobbyn (2022) *Insurance Law in a Nutshell*, 6ᵗʰ ed., West Academic, US.

Gonzales, Sergio Yarittú (2002) Mexico, in David D. Whelehan ed., *International Life Insurance*, A Chancellor Publication, UK.

Hall, Robert M. (2001) Fronting: Business Considerations, Regulatory Concerns, Legislative Reactions and Related Case Law, XII *Mealey's Reinsurance Report* No. 14.

Hayaux-du-Tilly, Yves (2013) Mexico, in Peter Rogan ed., *The Insurance & Reinsurance Law Review*, Law Business Research, UK.

IAIS (International Association of Insurance Supervisors) (2004) *Principles on the Supervision of Insurance Activities on the Internet*, IAIS.

IAIS (2006) *Issues Paper on the Regulation and Supervision of Captive Insurance Companies*, IAIS.

IAIS (2008) *Guidance Paper on Enterprise Risk Management for Capital Adequacy and Solvency Purposes*, Guidance Paper No. 2.2.5, IAIS.

IAIS (2015) *Application on the Regulation and Supervision of Captive Insurers*, IAIS.

IOSCO (International Organization of Securities Commissions) (1998) *Report on Securities Activity on the Internet*, IOSCO.

Jerry, Robert II and Douglas Richmond (2018) *Understanding Insurance Law*, 6ᵗʰ ed., Carolina Academic Press, US.

Kiln, Robert and Stephen Kiln (2001) *Reinsurance in Practice*, 4ᵗʰ ed., Witherby, UK.

Koch, Robert (2018) *Insurance Law in Germany*, Wolters Kluwer, NL.

Kusumadara, Afifah (2021) *Indonesian Private International Law*, Hart Publishing,

UK.

Maeda, Yuji, Yoshihiko Suzawa and Nicos Scordis (2011) Shareholder Value: The Case of Japanese Captive Insurers, *Asia-Pacific Journal of Risk and Insurance*, Vol. 5, No. 1.

OECD (Organisation for Economic Co-operation and Development) (1999) *Liberalization of International Insurance Operations, Cross-border Trade and Establishments of Foreign Branches*, OECD.

OECD (2000) Cross-Border Trade in Financial Services: Economic and Regulation, *Financial Market Trends (OECD)*, No. 75.

OICU-IOSCO (2001) *Report on Securities Activity on the Internet II*, OICU-IOSCO.

Project Group: Restatement of European Insurance Contract Law (2009) *Principles of European Insurance Contract Law (PEICL)*, sellier, DE.

Project Group: Restatement of European Insurance Contract Law (2016) *Principles of European Insurance Contract Law (PEICL)*, 2nd ed., ottoschmidt, DE.

Prölss/Kollhosser (2005) *Versicherungsaufsichtsgesetz: mit Europäischem Gemeinschaftsrecht und Recht der Bundesländer*, 12 Aufl., Beck, DE.

Prölss/Dreher (2018) *Versicherungsaufsichtsgesetz mit Nebengesetzen*, 13 Aufl., Bech, DE.

Schoenmaker, Dirk and Jan Sass (2016) Cross-border Insurance in Europe, *The Geneva Papers on Risk and Insurance. Issues and Practice*, Vol. 41, No. 3.

Souter, Gavin (2023) Captives grow as property, cyber rates rise, *Business Insurance*, March 2023.

St. John, Angele (2017) Embracing Change: The Regulatory Evolution of Captive Insurance Companies, in Pierpaolo Marano and Michele Siri eds., *Insurance Regulation in the European Union, Solvency II and Beyond*, palgrave macmillan, CH.

Subcommittee on Oversight and Investigations of the Committee on Energy and Commerce, U.S. House of Representatives (1990) *Failed Promises, Insurance Company Insolvencies*, U.S. Government Printing Office, US.

Tiller, Margaret W., James D. Blinn and John J. Kelly (1988) *Essentials of Risk Financing*, Volume II, 1988, Insurance Institute of America, US.

Valençon, Alexis and Nicolas Bouckaert (2023) The Insurance and Reinsurance Law Review: France, in Simon Cooper ed., *Insurance and Reinsurance Law Review*, 11th ed., Law Business Research, UK.

Vargas, Jorge (2005) The Federal Civil Code of Mexico, 36 *University of Miami Inter-American Law Review* 229.

参 考 文 献

Yoshizawa, Takuya (2024) The Impact of InsurTech on the Legal Treatment of Cross-border Insurance Transactions by Telecommunications, in Dai Yokomizo, Yoshizumi Tojo, and Yoshiko Naiki eds, *Changing Orders in International Economic Law*, Volume 2, Routledge, UK.

Young, John and Hogan Lovells (2011) *A Practitioner's Guide to the Regulation of Insurance*, Sweet & Maxwell, UK.

初 出 一 覧

　本書各節の記述内容の初出は以下のとおりであるが，記述内容を補記したり修正
したりした箇所が相当にある。

第 1 章第 1 節
　「海外保険者に対する参入規制の整合性」損害保険研究75巻 3 号（2013年）

第 1 章第 2 節
　「通信による保険の越境取引に関する規制の在り方(1)(2 完)」損害保険研究78巻 1
　号，2 号（2016年）

第 1 章第 3 節
　「日本の事業会社によるキャプティブ保険会社の設立・利用を巡る法的論点」保険
　学雑誌595号（2006年）

第 2 章第 1 節
　「外国居住者を保険契約者兼被保険者とする生命保険契約の準拠法 ―― 東京地判平
　成25年 5 月31日を素材として」生命保険論集199号（2017年）

第 2 章第 2 節
　「短期在留外国人を保険契約者兼被保険者とする定期保険契約が本国帰国後に更新
　されたときの更新後契約の準拠法」産大法学（京都産業大学）55巻 2 号（2021年）

第 2 章第 3 節
　「来訪外国人を被保険者とする生命保険契約への第三国の越境保険取引規制の特別
　連結 ―― 東京地判令和元年 5 月21日を契機として」産大法学（京都産業大学）55
　巻 3 ・ 4 号（2022年）

235

判例索引

◆日本

大審院明治 38 年 4 月 8 日決定・民録 11 輯 475 頁（東洋順済事件）…………………… 102

大判大正 4 年 12 月 24 日・民録 21 輯 2182 頁 （稚内大火事件）……………………………… 140

大判大正 9 年 10 月 6 日・評論 9 巻諸法 481 頁 ……………………………………………………… 197

東京控判大正 12 年 6 月 21 日・新聞 195 号 15 頁 ……………………………………………… 196

東京高判昭和 28 年 9 月 11 日・高民集 6 巻 11 号 702 頁（イラン石油国有化事件）…… 197

東京地判昭和 31 年 10 月 15 日・下民集 7 巻 10 号 2906 頁 …………………………… 144

東京高判昭和 35 年 4 月 9 日・下民集 11 巻 4 号 765 頁 ………………………………… 144

最判昭和 39 年 10 月 15 日・民集 18 巻 8 号 1637 頁 ………………………………………… 144

東京地判昭和 40 年 4 月 26 日・下民集 16 巻 4 号 739 頁 ………………………………… 144

最判昭和 40 年 12 月 23 日・民集 19 巻 9 号 2306 ……………………………………………… 197

最判昭和 42 年 10 月 24 日・集民 88 号 741 頁 ……………………………………………………… 140

高松高決昭和 47 年 6 月 14 日・判時 676 号 38 頁 …………………………………………… 184

最判昭和 50 年 7 月 15 日・民集 29 巻 6 号 1029 頁 ………………………………………… 197

福岡高決昭和 50 年 9 月 12 日・判時 805 号 76 頁 …………………………………………… 184

最判昭和 50 年 11 月 28 日・民集 29 巻 10 号 1554 頁 ……………………………………… 186

東京地判昭和 52 年 5 月 30 日・判時 880 号 79 頁 ……………………………………………… 4

最判昭和 53 年 4 月 20 日・民集 32 巻 3 号 616 頁 ……………………………… 142, 144

最判昭和 53 年 6 月 29 日・民集 60 巻 8 号 2853 頁 ………………………………………… 197

名古屋地決昭和 55 年 5 月 9 日・判タ 421 号 123 頁 …………………………………………… 184

広島高裁松江支決昭和 56 年 8 月 17 日・判タ

451 号 97 頁 …………………………………… 184

高松高決昭和 62 年 10 月 13 日・高民 40 巻 3 号 198 頁 ………………………………… 184

札幌地判平成 2 年 3 月 29 日・判タ 730 号 224 頁 …………………………………………… 140

大阪高決平成 8 年 6 月 24 日・金商 1009 号 28 頁 …………………………………………… 184

広島高決平成 9 年 3 月 18 日・判タ 962 号 246 頁 …………………………………………… 185

神戸地判平成 9 年 6 月 17 日・判タ 958 号 268 頁 …………………………………………… 140

東京高判平成 12 年 2 月 9 日・判時 1749 号 157 頁 ……………………………………………… 4

東京地判平成 13 年 5 月 28 日・判タ 1093 号 174 頁 …………………………………… 4, 141

東京地判平成 14 年 2 月 26 日・判例集未登載 （LEX/DB28082189）………………… 4, 141

最判平成 18 年 10 月 17 日・民集 60 巻 8 号 2853 頁 ………………………………………… 197

名古屋地判平成 23 年 3 月 24 日・税務訴訟資料 261 号順号 11654（中央出版事件）………… 43

東京地判平成 25 年 1 月 28 日・判例集未登載 （LEX/DB25510428）………………………… 144

名古屋高判平成 25 年 4 月 3 日・訟務月報 60 巻 3 号 618 頁（中央出版事件）………… 43

東京地判平成 25 年 5 月 31 日・判例集未登載 （LEX/DB25513039）……………… 134, 195

東京地判平成 26 年 7 月 1 日・判例集未登載 （LEX/DB25520480）………………………… 144

最判平成 26 年 11 月 25 日・刑集 68 巻 9 号 1053 頁 ……………………………………………… 52

最判平成 29 年 1 月 24 日・民集 71 巻 1 号 1 頁 ……………………………………………………… 154

東京地判平成 30 年 3 月 26 日・金判 1596 号 17 頁 …………………………………………… 197

東京地判令和元年 5 月 21 日・判例集未登載 （2019WLJPCA05218005）……………… 195

東京地判令和 4 年 1 月 20 日・判例集未登載 （LEX/DB25604106）（日産自動車事件）…… 100

東京高判令和 4 年 9 月 14 日・判タ 1511 号 128 頁（日産自動車事件）………………… 100

判例索引

最判令和 6 年 7 月 18 日・判例集未登載（裁判所
　ウェブサイト）（日産自動車事件）·············· 100

◆英米

Allgeyer v. Louisiana (1897) 165 U.S. 578, 17 S.Ct
　427 ·· 67
*Bedford Insurance Co. Ltd. v Instituto de
　Resseguros do Brazil* [1985] Q.B. 966 ··········· 64
Carnival Cruise Lines, Inc. v. Shute, 499 U.S. 585
　(1991) ··· 157
Cornelius v Phillips [1918] A.C. 199 ·············· 64
DR Insurance Co v Seguros America Banamex
　[1993] 1 Lloyd's Rep 120 ··························· 64
Hartman & Daniels v. Hollowell (1905) 126
　Iowa 643, 102 NW 524 ······························ 66
Hooper v California (1894) 155 U.S. 648, 15 S.Ct
　207 ·· 67
Hussey Tie Co. v. Knickerbocker Ins. Co. (1927,
　CCA 8th) 20 F.2d 892 ······························· 66
International Shoe v. Washington, 326 U.S. 310
　(1945) ··· 156

People v. British & American Casualty Co., 133
　Misc. 2d 352, 505 N.Y.S.2d 759 (N.Y. Sup. Ct.
　1986) ·· 69
*Secretary of State for Trade and Industry v
　Great Western Assurance Co. SA* [1997] 6 Re
　LR 197, 1 Lloyd's Rep 377 ························· 64
Smith v Anderson [1880] 15 Ch. D. 247, 277 ···· 64
Sparks v. National Masonic Accident Association
　(1896, CC) 73 F. 277 ·································· 66
*State Board of Insurance v. Todd Shipyards
　Corporation* (1962) 370 U.S. 451, 82 S.Ct 1380
　·· 67
Stevens v. Rasin Fertilizer Co., (1898) 87 Md
　679, 41 A 116 ··· 66
The Bremen v. Zapata Off-Shore Company, 407
　U.S. 1 (1972) ··· 157
*U.N.F. Services v. Insurance Co. of North
　America*, 236 A.D.2d 388, 653 N.Y.S.2d 366
　(N.Y. App. Div. 1997) ································· 68
*United General Commercial Insurance
　Corporation, Re* [1927] 2 Ch. 51 ················ 64

事 項 索 引

＊を付した事項は本書特有の用語であり，当該用語の初出頁のみを示している。

◆ あ 行 ◆

あいおい損害保険 ······························ 122
あいおいニッセイ同和損保 ················· 168
あおば生命保険株式会社 ····················· 135
あざみ生命保険株式会社 ····················· 135
アジャスター ···································· 56
アフラック生命保険株式会社 ················· 41
アメリカン ファミリー ライフ アシュアランス
　カンパニー オブ コロンバス（通称，アフラック）
　··· 41
アリコ ·· 68
アルゼンチン ··································· 197
暗号資産 ·· 16
安全率（安全割増） ··························· 121
遺族年金付養老保険 ···························· 42
インドネシア ··································· 191
宇宙運送 ·· 20
ウルグアイ・ラウンド ························· 32
上乗せ（トップアップ）課税 ················ 127
上乗せ手数料（overriding commission or
　overrider） ···································· 118
エーアイユーインシュアランスカンパニー
　（通称，AIU 保険会社） ····················· 41
英文海上保険 ······································ 4
越境取引 ·· 47
延長保証 ··· 124
オフショア ······································ 206
オンショア・キャプティブ ·················· 105

◆ か 行 ◆

＊海外往訪型自発的アクセス ················· 85
＊海外キャプティブ ·························· 100
海外商業拠点設置 ······························ 47
海外旅行 ·· 20
外貨建て生命保険契約 ························· 20
外航貨物海上保険 ····························· 141
外国暗号資産交換業者 ························· 25
外国資金移動業者等 ···························· 25
外国証券業者 ····································· 49
＊外国保険会社免許 ··························· 12

＊外国保険会社免許を受けた「外国保険業者」
　··· 12
外国保険事業者に関する法律 ·················· 9
外国保険者リスト（IID List） ··············· 71
回避条項 ··· 182
カナダのサンライフ生命保険 ··············· 207
ガーンジー ······································ 105
勘定帰属説 ·· 33
鑑定人 ·· 56
キーマン保険 ····································· 83
＊旧 VAG ··· 60
＊旧外者法 ··· 9
＊旧外証法 ·· 74
救急搬送サービス ····························· 124
キュミュル禁止原則（non-cumul rule） ······ 36
キュミュル小禁止 ······························ 61
共分散（covariance） ························· 120
金融行為監督機構（FCA） ···················· 63
クレーム・エージェント ····················· 56
グローバル・ミニマム課税 ·················· 127
経営者保険 ·· 83
経済金融活性化特別地区 ····················· 105
繋船保険 ·· 42
ケイマン諸島 ··································· 105
契約締結地説 ····································· 32
＊現実の履行地 ································· 175
健全性監督機構（PRA） ······················· 63
健全性監督破綻処理機構 ······················ 59
現地国（host country） ······················· 57
現物給付（型） ···························· 15, 178
＊更新後定期保険契約 ························· 165
更新日 ··· 170
構造改革特区 ··································· 102
拘束条件付取引 ································· 119
国外消費 ·· 47
国際海上運送 ····································· 20
国際航空運送 ····································· 20
国際人材協力機構 ····························· 168
国際団体保険 ····································· 27
国際倒産 ··· 186
告知の引き継ぎ ································· 170

239

事 項 索 引

コミテイ（国際礼譲）………………… 213
コルレス保険契約 ……………………… 61

◆ さ 行 ◆

債権法改正 ……………………………… 141
＊債務履行地 …………………………… 176
詐欺罪 …………………………………… 51
サービス貿易自由化 …………………… 32
サープラスライン ……………………… 66
自家保険（self-insurance）…………… 99
資金決済に関する法律 ………………… 25
事後拠出制 ……………………………… 16
持参債務 ………………………………… 174
地震保険 ………………………………… 42
示談代行 ………………………………… 56
シティバンク銀行 ……………………… 136
自動更新 ………………………………… 169
自動車保険 ……………………………… 144
ジブラルタ生命保険株式会社 ………… 135
住宅設備機器の保証 …………………… 124
主権免除 ………………………………… 187
受動的消費者 …………………………… 177
少額短期保険業 ………………………… 12
条件付免許外国生命保険会社等 ……… 20
承認管轄 ………………………………… 186
少人数共済 ……………………………… 16
少人数保険 ……………………………… 16
消費者金融商品隔地販売指令 ………… 58
消費者信用保険 ………………………… 124
信 託 …………………………………… 43
信用医療保険 …………………………… 124
信用失業保険 …………………………… 124
信用生命保険 ……………………… 100, 124
ストライキ危険 ………………………… 42
住友生命保険 ……………………… 133, 164
制度共済 ………………………………… 16
生命保険統合指令 ………………… 57, 148
責任開始日 ……………………………… 170
責任準備金 ……………………………… 124
絶対免除主義 …………………………… 187
1906 年英国海上保険法 ………………… 117
船主責任相互保険 ……………………… 42
相互扶助制度 …………………………… 16
総代理店（general agency）………… 12
ソニー生命保険 ………………………… 164

ソフトバンク・ファイナンス ………… 135
ソルベンシーⅡ枠組指令 ……………… 57
損害保険ジャパン ……………………… 168
損害保険第 2 次指令 …………………… 57

◆ た 行 ◆

＊第三国 ………………………………… 196
第三国の保険会社 ……………………… 60
大成火災海上保険 ………………… 82, 122
大同生命保険 …………………………… 164
タックス・ヘイブン ……………… 43, 206
ターゲット・アプローチ ……………… 73
団体内保険 ……………………………… 16
中 国 …………………………………… 189
調査会社 ………………………………… 56
直接支払サービス ……………………… 15
直接募集法 ……………………………… 67
＊通信越境取引型自発的アクセス …… 86
定期保険特約 …………………………… 172
定期預金 ………………………………… 144
定型約款 ………………………………… 141
抵触法リステイトメント ……………… 148
逓増定期保険 …………………………… 201
適応問題 ………………………………… 187
＊適用除外事業 ………………………… 16
＊適用除外保険 ………………………… 14
デュー・プロセス条項 ………………… 156
電子商取引指令 ………………………… 58
店舗総合保険 …………………………… 138
ドイツ保険監督法（VAG）…………… 60
東京海上日動火災保険 ………………… 168
投資型生命保険 ………………………… 52
当事者代替契約（novation）………… 115
＊当初定期保険契約 …………………… 165
同第 3 次指令 …………………………… 57
特定技能 ………………………………… 163
特定産業分野 …………………………… 163
＊特別連結 ……………………………… 196
ドミサイル（domicile）……………… 100
トランジット損害保険会社 …………… 122
取立債務 ………………………………… 174

◆ な 行 ◆

＊内国キャプティブ …………………… 100
＊内国保険会社 ………………………… 12

240

事 項 索 引

＊内国保険会社免許 ……………………… 12
日産火災海上保険 ……………………… 122
日産生命保険相互会社 ………………… 135
2000 年金融サービス市場法（Financial Services
　and Markets Act 2000）………… 63
＊日本所在財産 …………………………… 20
日本生命保険 …………………………… 164
日本徴兵保険株式会社 ………………… 134
能動的消費者 …………………………… 174

◆ は 行 ◆

排他条件付取引 ………………………… 119
バミューダ ……………………………… 105
バルバドス ……………………………… 105
人の移動による役務提供 ………………… 47
ビバビーダメディカルライフ ………… 145
非弁行為 ………………………………… 119
ピュア・キャプティブ ………………… 100
広く共有することが有効な相談事例（保険業法関係）
　…………………………………………… 19
フィリピン ……………………………… 191
フォートレス・リー（Fortress Re）…… 122
不特定性 ………………………………… 103
船荷証券 ………………………………… 141
ブリュッセル I 改正規則 ……………… 157
ブリュッセル I 規則 …………………… 57
プルデンシャル ジブラルタ ファイナンシャル
　生命保険株式会社 …………………… 134
プルデンシャル生命保険株式会社 …… 135
フロンティング規制（Anti-Fronting Regulation）
　…………………………………………… 119
フロンティング保険会社 ……………… 100
分割指定 …………………………………… 4
ベトナム ………………………………… 191
保険契約者の代表者 …………………… 139
保険契約者変更の手続 ………………… 139

＊保険の通信越境取引 …………………… 48
保険法典（Code des assurances）……… 59
母国（home country）…………………… 57

◆ ま 行 ◆

前払式支払手段 …………………………… 25
三井住友海上火災保険 ………… 122, 168
みなし合意 ……………………………… 141
ミャンマー ……………………………… 191
無免許保険・再保険改革法 ……………… 70
明治安田生命保険 ……………………… 133
メットライフ ……………………………… 68
メットライフ生命保険 ………………… 164
免許特定法人 …………………………… 12
物定額保険 ……………………………… 14

◆ や 行 ◆

役員保険 …………………………………… 83
大和生命保険株式会社 ………………… 135
大和生命保険相互会社 ………………… 135
優越的地位の濫用 ……………………… 119.

◆ 欧 文 ◆

AIG 損害保険株式会社 ………………… 41
AIU 損害保険株式会社 ………………… 41
＊FSMA ………………………………… 63
MAT 保険 ……………………………… 29
MGA（managing general agent）……… 121
MRI インターナショナル事件 ………… 75
NTT ドコモ …………………………… 105
P2P 保険（peer-to-peer insurance）…… 16
＊PGF 生命 …………………………… 135
＊RAO …………………………………… 63
SMBC 信託銀行 ……………………… 136
Traverse 保険会社 …………………… 122

241

〈著者紹介〉

吉 澤 卓 哉 （よしざわ・たくや）

〈学歴〉

1982年　東京大学法学部卒業

1994年　東京大学大学院法学政治学研究科修士課程修了

〈職歴〉

1982年〜2013年　損害保険会社勤務

1999年〜2001年　九州大学経済学部客員助教授

2013年〜2015年　小樽商科大学大学院商学研究科准教授（その後、教授）

2015年〜現在　京都産業大学法学部教授

〈主要著作〉

『企業のリスク・ファイナンスと保険』（千倉書房、2001年）

『保険の仕組み —— 保険を機能的に捉える』（千倉書房、2006年）

「保険先取特権の準拠法 —— 直接請求権の準拠法をてがかりに」

損害保険研究81巻 2 号（2019年）

『インシュアテックをめぐる法的論点』（保険毎日新聞社、2023年）

学術選書
256
保険法

国際保険取引の法的課題
—— 海外直接付保規制と保険契約準拠法 ——

2024（令和 6 ）年11月30日　初版第 1 刷発行

著 者　吉 澤 卓 哉

発行者　今井 貴・稲葉文子

発行所　株式会社 信 山 社

〒113-0033　東京都文京区本郷 6-2-9-102

Tel 03-3818-1019　Fax 03-3818-0344

info@shinzansha.co.jp

笠間才木支店 〒309-1600 茨城県笠間市笠間 515-3

笠間来栖支店 〒309-1625 茨城県笠間市来栖 2345-1

Tel 0296-71-0215　Fax 0296-72-5410

出版契約 2024-8282-5-01010　Printed in Japan

©吉澤卓哉، 2024　印刷・製本／藤原印刷

ISBN978-4-7972-8282-5 C3332.P.256/325.400 a.019 保険法

8282-0101：012-030-015《禁無断複写》

JCOPY 〈（社）出版者著作権管理機構 委託出版物〉

本書の無断複写は著作権法上での例外を除き禁じられています。複写される場合は、
そのつど事前に、（社）出版者著作権管理機構（電話03-5244-5088、FAX03-5244-5089、
e-mail: info@jcopy.or.jp）の許諾を得てください。また、本書を代行業者等の第三者に
依頼してスキャニング等の行為によりデジタル化することは、個人の家庭内利用であっ
ても、一切認められておりません。

国際私法年報26（2024） 続刊
　国際私法学会 編

国際仲裁と国際私法
　中野俊一郎 著

文化財の不正取引と抵触法
　加藤紫帆 著

新海商法（増補版）
　小林　登 著

信山社